BLV Gartenberater

Werner Funke

Der Obstgehölz-schnitt

Obstbäume und Beerensträucher zweckmäßig schneiden und erziehen

263 Schwarzweißfotos
und 84 Farbfotos

Dritte, durchgesehene Auflage

BLV

CIP-Kurztitelaufnahme der Deutschen Bibliothek

Funke, Werner:
Der Obstgehölzschnitt: Obstbäume u. Beerensträucher zweckmäßig schneiden und erziehen / Werner Funke.
– 3., durchges. Aufl. – München; Wien; Zürich:
BLV Verlagsgesellschaft, 1989.
(BLV Gartenberater)
ISBN 3-405-12981-8

Bildnachweis

Alle Fotos vom Autor

Titelfoto: Werner Funke
Grafiken: Hellmut Hoffmann

BLV Verlagsgesellschaft mbH
München Wien Zürich
8000 München 40

Gesamtherstellung: Pustet, Regensburg

Printed in Germany · ISBN 3-405-12981-8

Inhalt

Inhalt

Vorwort

Wie alle heute in Kultur befindlichen Pflanzenarten haben auch die Obstgehölze ihren Ursprung in den verschiedensten Wildformen. Als solche dienten sie von jeher mit ihren Früchten als Nahrungsquelle für Mensch und Tier. Zunächst in Menge, Güte und zeitlichem Anfall der Früchte so, wie die Natur sie lieferte. Jahre des Überflusses und Mangeljahre wechselten daher art- und umweltbedingt, aber nicht unbedingt den Bedürfnissen von Mensch und Tier entsprechend, ständig mehr unregelmäßig als regelmäßig miteinander ab. Darüber hinaus fand als Nebenprodukt auch das Holz der Stämme und Äste eine Verwendung. Bis in unsere Zeit sind das Birn- und Nußholz als Furniere, das Kirschholz für das Kunsthandwerk und das Pflaumenholz zur Herstellung von Holzblasinstrumenten und Faßhähnen noch immer begehrt.

Fortschreitende Zivilisation und der dem Menschen eigene Drang nach Wissensbereicherung und Verbesserung der Lebensqualität erhöhten die Ansprüche an die noch immer wild wachsenden Obstgehölze als Nahrungsquelle. Aus dem »Zufallsprodukt Obst« wurde allmählich ein »Planungsprodukt Obst«. Die erste Maßnahme in Richtung eines kontrollierten Anbaues bestand im Auslesen bestimmter Formen einzelner Obstarten, einer Primitivform dessen, was wir heute Züchtung nennen. Über die Veredlung, eine unabdingbare Voraussetzung für die Formenerhaltung, führten einfache Kronenkorrekturen sehr schnell zu den ersten Eingriffen in das Wachstum der Obstgehölze. Damit war der »Baumschnitt« als Kulturmaßnahme geboren.

Schon die Tatsache, daß Schnittmaßnahmen in die Anfänge der Kultur von Obstgehölzen gehören, macht es verständlich, daß gerade über den Baumschnitt zahlreiches altes Schriftgut existiert. Damit erreichte auch viel Widersprüchliches, aber nicht selten auch inhaltlich gleiches die Leser, weil es an einer ausreichenden Kenntnis über die Wachstumsvorgänge innerhalb der Pflanze fehlte und Unklarheiten im Umgang mit den Begriffen des Obstbaumschnittes eher zu einer Verwirrung, denn zu einer Klärung oder Erklärung der erforderlichen Schnittmaßnahmen führte.

Erst Kemmer, dem ersten deutschen Ordinarius für Obstbau, gelang es, durch eine klare Begriffsfindung und -definition System in die Lehre vom Obstbaumschnitt zu bringen. Seitdem kann weitgehend in einer einheitlichen Fachsprache gesprochen werden. Geringfügige Abweichungen und Abwandlungen als Folge persönlicher Formulierungseigenarten widersprechen dieser Feststellung nicht. Diese Vereinheitlichung, aber auch die Erkenntnis, daß Obstproduktion mehr als nur Obstbaumschnitt bedeutet, hat dazu geführt, daß der Anteil der Literatur über den Obstbaumschnitt, gemessen am gesamten Obstbau-Schriftgut, heute stark zurückgegangen ist. Und das, obwohl eine Erweiterung der Unterlagenpalette, andere Sorten und neue Erziehungsformen und -methoden eine Anpassung auch, oder gerade der Schnittmaßnahmen an die veränderten Voraussetzungen erforderlich machen.

Das vorliegende Buch will daher, ausgehend von den elementaren Kenntnissen über die Gesetzmäßigkeiten in der physiologischen Entwicklung der Obstgehölze, eine Anleitung zur Durchführung des Schnittes und zur Erziehung der Obstbäume und -sträucher unter Berücksichtigung des neuesten Wissensstandes sein. Angesprochen werden sollen alle, die mit der Kultur von Obstgehölzen Berührung haben. Dazu zählen sowohl die Erwerbsanbauer wie die Liebhaber-Gärtner, wobei gerade letztere eine solche Hilfe besonders nötig haben, weil ihnen die erforderlichen Vorkenntnisse im Umgang mit den Obstgehölzen sehr oft fehlen. Die gravierendsten Fehler werden deshalb auch in den Haus- und Siedlergärten begangen. Die besonderen Bemühungen galten daher einer anschaulichen Schilderung und fotografischen Darstellung der erforderlichen Handgriffe beim Obstbaumschnitt gerade für diesen Leserkreis. Besonderer Wert wurde dabei auf die Beachtung der Zusammenhänge zwischen der naturgegebenen Gehölzentwicklung und den zu ergreifenden Schnitt- und Erziehungsmaßnahmen sowie deren Auswir-

Vorwort

kungen auf den Erfolg einer Obstkultur gelegt, wobei den flankierenden und unterstützenden Maßnahmen ein angemessener Platz eingeräumt wurde.
Aber auch für jene Leser, die ihr Wissen bei Schulungen in den Gartenbauvereinen oder bei der Abhaltung von Schnittkursen weitergeben wollen, soll das Buch als Unterstützung bei der Wissensvermittlung dienen. Nicht zuletzt möchte es für alle Auszubildenden in den Betrieben, die Teilnehmer an Meisteranwärterkursen und die Studierenden an den Fach- und Hochschulen ein Leitfaden für ihre praktische und theoretische Ausbildung sein.
Ich danke dem Verlag für die gute Zusammenarbeit, die Aufgeschlossenheit gegenüber Wünschen und Anregungen, die ansprechende Aufmachung und den hervorragenden Druck, insbesondere des umfangreichen Bildmaterials.

Werner Funke

Zum Verständnis des Begriffes »Zweckmäßiger Obstbaumschnitt«

Überall dort, wo Fachleute, Liebhaber oder Laien sich zusammenfinden und über den Obstbaumschnitt diskutieren, fällt eine einheitliche Meinungsbildung in der Bewertung einzelner Schnittmaßnahmen immer schwer. Die Gründe hierfür sind sicher mannigfaltig. Hauptursache dürfte aber das Fehlen eines gemeinsamen und umfassenden Bewertungsmaßstabes sein, was bei der Beurteilung einer Schnittmaßnahme allzuoft zu einem recht leichtfertigen Umgang mit den Prädikaten »Richtig« und »Falsch« führen kann.

Sind denn Bedeutung, Berechtigung, Notwendigkeit und Sinn einer Schnittmaßnahme mit diesen Wertmaßstäben überhaupt ausreichend beurteilt? Sicher nicht. Beide sind unvollkommen in ihrer Aussage, vereinfachen häufig die Problemlösung in ungerechtfertigter Weise und können daher für die umfassende Bewertung von Schnitteingriffen nur bedingt herangezogen werden. »Richtig« und »Falsch« sind nämlich in erster Linie Bewertungsmaßstäbe nach physiologischen Gesichtspunkten. Da jeder Schnitt eines Baumes oder Strauches – bei aller Berücksichtigung der Bedeutung seiner physiologisch richtigen Ausführung aber auch mit einem auf Nutzen, Erfolg und Gewinn für den Anwender ausgerichteten Zweck ausgeführt wird, schließen »Richtig« und »Falsch« einfach nicht alle Bewertungskriterien ein. Das muß zwangsläufig zu Mißverständnissen in der Beurteilung und damit zu einer unterschiedlichen Meinungsbildung führen.

Wenn jeder Schnittmaßnahme zu ihrem Recht in der Beurteilung durch die Praxis verholfen werden soll, scheint ein Wandel im Gebrauch der Wertbegriffe und deren klare Definition daher dringend angebracht. An einem Beispiel kann das leicht deutlich gemacht werden. So kann die Erziehung eines Obstbaumes, dem mehr Aufgaben zugedacht sind als nur die, als Solitärbaum zu wirken, zu einem Hochstamm mit einer reinen Pyramidenkrone (siehe S. 36), einfach nicht nur deshalb bereits als »Richtig« bezeichnet werden, weil der Baum physiologisch in der Tat vielleicht durchaus richtig geschnitten wurde. Eine abschließende Bewertung muß auch die »Zweckmäßigkeitskomponente« mit einbeziehen. Und hier bringt ein Baum, der mit 2 m Stammlänge und einem ungekürzten Mitteltrieb, den Merkmalen eines Pyramiden-Hochstammes, erzogen wurde, aufgrund seiner Höhe eben für jeden Baumbesitzer, ob Erwerbsanbauer oder Liebhaber, so viele Arbeitserschwernisse mit sich, daß er eigentlich eine Doppelbeurteilung erfahren müßte. Er ist möglicherweise zwar »physiologisch richtig geschnitten«, aber mit Sicherheit »arbeitswirtschaftlich falsch erzogen«.

Um unterschiedliche Deutungen zu vermeiden, die sich aus einer fehlenden Doppelbeurteilung ergeben können, sollten bei der Bewertung einer Schnittmaßnahme deshalb die Noten »Richtig« und »Falsch« besser durch »Zweckmäßig« und »Unzweckmäßig« ersetzt werden. Der geschilderte Baum wäre beim Gebrauch dieser Wertmaßstäbe dann schnittmäßig klar als »unzweckmäßig« erzogen anzusprechen. Derselbe Baum, nur als Niederstamm mit einer kombinierten Pyramiden-Hohlkrone (siehe S. 39), also mit einem nur 0,80–1 m langen Stamm und einer entgipfelten Krone aufgebaut, wäre dagegen »zweckmäßig« geschnitten. Die durchgeführten Schnittmaßnahmen wären in diesem Fall nämlich nicht nur physiologisch richtig, sondern durch das Verlagern der »Produktionsfläche Krone« in Bodennähe auch arbeits- und betriebswirtschaftlich erfolgsorientiert erfolgt.

Nicht zuletzt wegen dieses unbedingt notwendigen zweiseitigen Bezuges bei der Beurteilung einer Schnittmaßnahme kann man den Baumschnitt nicht losgelöst von den verschiedenen Erziehungsmethoden der einzelnen Obstarten behandeln. Deshalb stehen alle schnittechnischen Hinweise in diesem Buch bewußt in einer engen Beziehung zu den Erziehungsformen der Obstgehölze.

a △ b ▽

Mit Hilfe der beiden Begriffe »Zweckmäßig« und »Unzweckmäßig« kann jede Schnittmaßnahme unzweideutig beurteilt werden. Wie das Beispiel gezeigt hat, kann ein unzweckmäßig erzogener Baum, aber auch eine ganze Obstanlage durchaus physiologisch richtig geschnitten sein. Trotzdem muß die Beurteilung unter Umständen negativ ausfallen. Ein physiologisch falscher Schnitt kann dagegen niemals zweckmäßig sein, weil ihm der unbedingt erforderliche und über die Zweckmäßigkeit letztlich entscheidende Erfolg nach unseren heutigen Maßstäben versagt bleiben muß. Daraus ergibt sich, daß ein »Zweckmäßiger Schnitt« gleichzeitig immer auch den physiologisch gesehenen richtigen Umgang mit Säge und Schere einschließt (Abb. 1).

Der Begriff »Zweckmäßig« ist damit die alle Kriterien berücksichtigende positive Bewertung einer Schnitt- und Erziehungsmaßnahme.

Da die arbeits- und betriebswirtschaftlichen Verhältnisse ebenso wie die Geräte- und Maschinenausstattung weder in allen Betrieben, noch im Erwerbs- und Liebhaberanbau gleich sind, kann es durchaus möglich sein, daß sich im einen oder anderen Fall unterschiedliche Bewertungen für einzelne Maßnahmen ergeben, deren Ursache in besonderen innerbetrieblichen, aber auch in standortbedingten Gegebenheiten begründet liegt. Das ändert jedoch nichts an den grundsätzlichen Bewertungsmaßstäben für die Beurteilung einer Schnittmaßnahme.

Abb. 1 Zum Verständnis des Begriffes »Zweckmäßiger Obstbaumschnitt«

a Bäume, die einen Teil der Pflege- und Erntearbeiten von der Leiter aus erforderlich machen, können physiologisch richtig, aber niemals »zweckmäßig« erzogen oder geschnitten sein.

b »Zweckmäßig« waren Schnitt und Erziehung, wenn ein physiologisch richtig behandelter Baum auch ein wirtschaftliches Arbeiten ohne nennenswerte Steigevorrichtung erlaubt.

Die Systematik des Obstbaumschnittes

Eine Auseinandersetzung mit Schnittproblemen, der Gedankenaustausch über den Schnitt allgemein oder gar lehrende bzw. belehrende Ausführungen über seine zweckmäßige Anwendung in Wort und Schrift setzen eine einheitliche, allen Beteiligten geläufige Fachsprache voraus. Darüber hinaus müssen die Zusammenhänge zwischen Ursache und Wirkung bestimmter Schnitteingriffe bekannt sein. Deshalb kann ein Buch, das mehr als nur manuelle Fertigkeiten vermitteln will, nur zum Teil aus Hinweisen auf das »Wie« der Ausführung von Schnittmaßnahmen bestehen. Würde es sich hierin erschöpfen, erhielte der Leser nur beziehungslose und daher wenig dienliche schnitttechnische Anleitungen für die Behandlung seiner Obstgehölze. Das reicht für den Umgang mit einer Pflanze, die ein Eigenleben führt, nicht aus. Jeder Schnitteingriff in das Leben des Gehölzes bedeutet nämlich ein Agieren mit dem Ziel der Lenkung eines nach unserem Verständnis nicht zweckmäßigen Ablaufes von Wachstumsvorgängen in eine von uns beabsichtigte Richtung. Nur technisch und physiologisch richtig durchgeführt hat ein solcher Eingriff das erwartete und gewünschte Reagieren der Pflanze zur Folge.

Richtig steuern lassen sich die Reaktionen deshalb nur, wenn auch die Frage nach dem »Warum« und nach dem »Warum-so-und-nicht-anders« beantwortet werden können. Daher ist auch ein ausreichendes Wissen über die Wachstumsabläufe im Inneren der Pflanze erforderlich, die in direkter oder indirekter Beziehung zum Schnitt stehen. Fehlt diese Kenntnis oder lassen wir ihre Wirkungen bewußt oder unbewußt außer acht, wird unsere aktive Rolle des »Agierenden« schnell an die Pflanze übergehen, während uns die passive des »Reagierenden« zufällt.

Die Ausführungen des ersten Teiles dieses Buches haben daher unter dem Leitthema »Systematik des Obstbaumschnittes« die Zusammenhänge und die geregelt, ja geradezu ordnungsgemäß ablaufenden Vorgänge und Wechselbeziehungen zwischen Schnitt und Pflanzenreaktion zum Gegenstand. Darüber hinaus dient dieser Teil einer Begriffsfestlegung und -erklärung, die dem derzeitigen Fachsprachgebrauch entspricht. Dabei beziehen sich die Ausführungen dieses Abschnittes in der hier dargestellten Konsequenz ausschließlich auf das Baumobst. Die Entwicklung des strauchartig wachsenden Beerenobstes weicht vom Verhalten des Baumobstes zum Teil deutlich ab. Diesen Obstarten ist deshalb ein eigenes Kapitel an anderer Stelle dieses Buches gewidmet (S. 156ff.).

a △ b ▽

Abb. 2 Ein »Zweckmäßiger Schnitt« erleichtert die Pflege- und Erntearbeiten

a Ausbrechen von Mehltautrieben an Apfel-Pillarbäumen und

b Ernte von Zwetschen an Y-Hecken vom Boden.

Die Bedeutung des Schnittes für die Obstkultur

Obwohl der Baumschnitt eine bedeutende Rolle bei der Anzucht und Kultur der Obstgehölze spielt, entscheidet er nicht alleine über den Wirtschaftserfolg einer Kultur oder den Erfolg oder Mißerfolg im Umgang mit einem Baum im Haus- oder Liebhabergarten. Schon gar nicht kann die Meinung bestätigt werden, der Schnitt würde zu einer quantitativen Verbesserung der Erträge führen oder gar Bäume, die nicht oder schlecht tragen, zum Fruchten zwingen. Ein derartiger Erfolg könnte sich lediglich nach der Umstellung von einem physiologisch falschen und daher unzweckmäßigen auf einen zweckmäßigen Schnitt einstellen. Grundsätzlich geht jeder Schnitt zu Lasten der Ertragshöhe. Das um so stärker, je mehr die Schnittmaßnahmen das natürliche Wachstum der Gehölze verändern.

Dennoch nimmt der Schnitt eine besondere Stellung unter den obstbaulichen Kulturmaßnahmen ein; denn seine Aufgabe erschöpft sich nicht darin, unmittelbaren Einfluß auf die Entwicklung der Obstgehölze zu nehmen. Zusätzlich unterstützt er auch die Wirkung anderer Kulturmaßnahmen oder erleichtert ihre Durchführung. Nur so kann die Aufgabe des Obstbaumschnittes – unabhängig von speziellen Einzelwirkungen – in seiner ganzen Bedeutung gesehen werden.

So lassen sich Ernte, Schnitt, Binden, Ausdünnen von Früchten oder manueller Pflanzenschutz leichter an Bäumen ausführen, deren Kronen durch den Schnitt zweckmäßig bodennah gehalten wurden, als an Baumkronen auf hohen Stämmen (Abb. 2; S. 11). Jede Leitersprosse, die bestiegen werden muß, erschwert die Arbeit und vermindert nicht selten ihre Qualität. Einige Arbeiten werden an zu hohen Bäumen überhaupt undurchführbar. Hierzu gehört zum Beispiel im Hausgarten der chemische Pflanzenschutz, der aber auch an niedrigen Baumformen um so wirkungsvoller ausgeführt werden kann, je lichter die Kronen sind. Nur an zweckmäßig geschnittenen Bäumen können alle Pflanzenteile gut benetzt werden. Zudem wird an licht- und luftdurchlässigen Kronen der Schädlings-, besonders aber der Krankheitsbefall geringer sein als an dichten Kronen. Dadurch erübrigt sich gelegentlich sogar die eine oder andere Spritzung und es können Mittel eingespart werden.

Auch die ständige Verjüngung der fruchttragenden Organe ist nur durch einen regelmäßig und gleichzeitig zweckmäßig durchgeführten Schnitt gewährleistet. Er verhindert beim Kernobst das Überaltern des Fruchtholzes und sorgt beim Stein- und Beerenobst stets für kräftige und ausreichend lange einjährige Fruchttriebe. Das hat regelmäßige Erträge bei guter Fruchtqualität zur Folge.

Zwangsläufig ist mit jedem Schnitt auch eine Einschränkung der Zahl der Blütenknospen verbunden. Überreichen, die Bäume erschöpfenden Ernten wird hiermit entgegengearbeitet. Das trägt dazu bei, den Ertragsrhythmus zu stabilisieren. Zu reiche Ernten haben nämlich zumindest beim Kernobst häufig Fehl- oder Mindererernten im nächsten Jahr zur Folge. Dieses schwankende Tragen wird mit »Alternanz« bezeichnet. Sie ist dem Betriebserfolg ebenso abträglich wie sie für eine kontinuierliche Versorgung mit Obst aus dem Haus- oder Liebhabergarten unerwünscht ist.

Ein sinnvoll durchgeführter Schnitt verlagert die Fruchtbildung an die äußeren Bereiche der Baumkrone. Es wachsen weniger schlecht gefärbte und geschmacklich unbefriedigende Früchte als sogenannte »Schattenfrüchte« im Kroneninneren heran. Die meisten Früchte können so im vollen Sonnenlicht reifen. Die in dieser Weise verwöhnten Früchte sind nicht nur größer und besser gefärbt, sondern sie besitzen auch mehr wertvolle Inhaltsstoffe. Für den Erwerbsanbauer drückt sich das letztlich in besseren Markterlösen aus.

Nicht zuletzt ermöglicht ein zweckmäßiger Schnitt die Herstellung, Erhaltung oder Wiederherstellung des »Physiologischen Gleichgewichts« der Obstbäume. Eine Erläuterung dieses Zustandes und seiner Bedeutung für eine zweckmäßige Erziehung der Obstbäume mit Hilfe des Schnittes wird auf Seite 16 in einem besonderen Abschnitt gegeben.

Der natürliche Entwicklungsablauf im Leben der Obstgehölze

Obstgehölze durchleben von der Pflanzung bis zu ihrem Abgang aus der Obstanlage oder dem Obstgarten mehrere Entwicklungs- oder Altersphasen. Ohne dem Einfluß von Schnittmaßnahmen unterworfen zu sein, verlaufen diese ausschließlich nach dem natürlichen Lebensrhythmus jeder einzelnen Obstart oder Unterlagen-Sortenkombination. Den jeweiligen Stand ihrer Entwicklung zeigen die Bäume durch ein typisches Erscheinungsbild, »Habitus« genannt, an.

Jugendphase

Insgesamt sind 5 Entwicklungsphasen zu unterscheiden. An ihrem Anfang steht die »Jugendphase«. In ihr sind die Baumkronen schmal. Die Äste zeigen steil aufrecht gerichtetes, sehr kräftiges Wachstum, sind kaum verzweigt und zumindest beim Kernobst noch fast ausschließlich mit Blatt- oder Holzknospen besetzt. Dementsprechend ist diese Altersphase in der Regel auch eine ertraglose Entwicklungsphase.

Phase des ansteigenden Ertrages

Mit der Bildung der ersten Blütenknospen und dem Anfall erster kleiner Ernten geht der Baum von der Jugendphase in die »Phase des ansteigenden Ertrages« über. In ihr werden die Neigungswinkel der Äste durch die Last der zwar noch wenigen, aber in der Regel sehr großen Früchte flacher. Das führt zu vermehrter Seitentriebbildung und merklich verlangsamtem Gesamt-Wachstum gegenüber der Jugendphase.

Ertragsphase

So findet allmählich eine Umstimmung vom jugendlichen Höhenwachstum zum Breitenwachstum der »Ertragsphase« statt. Äußerlich erkennbar wird das Erreichen dieses Altersstadiums an einem weiteren Nachlassen des Höhenwachstums bei gleichzeitig reicher Ausbildung von Fruchtorganen. Die Kronen werden breiter, da auch die kräftigen Äste sich unter der Fruchtlast zunehmend mehr der Waagerechten nähern. In der Ertragsphase erreichen die Bäume ihre volle Kronenausdehnung und liefern Höchsterträge.

Altersphase

Gegen Ende der Ertragsphase überwiegt das alte Fruchtholz. Langtriebe mit gut entwickelten Blättern sind nur noch in geringer Zahl vorhanden. Die Fruchtbildung überwiegt, aber die Einzelfrüchte bleiben immer kleiner. Sie verlieren deutlich an äußerer und innerer Qualität. Die Äste der Bäume bekommen einen stark überhängenden Wuchs. Bäume mit diesem Erscheinungsbild haben die »Altersphase« erreicht. Einem Naturgesetz folgend ist von nun an die Samenbildung zur Sicherung einer ausreichenden Nachkommenschaft vorrangig. Hierzu werden zahlreiche Früchte mit vielen Samen entwickelt. Der Fruchtfleischanteil ist nur gering. Die negativen Erscheinungen des letzten Abschnittes der Ertragsphase setzen sich damit verstärkt fort.

Abgangsphase

Schließlich geht der Baum in die »Abgangsphase« über. Sie ist die jedes natürlich ablaufende Leben eines Baumes beschließende Entwicklungsphase. Mit Erreichen dieses Stadiums lassen nicht nur die für die Entwicklung einer Pflanze unbedingt notwendigen inneren Funktionen schnell nach, sondern es sterben allmählich auch ganze Kronenorgane ab. Trockenes Holz, aufgesplitterte Aststümpfe als Folge von Astbruch und nur noch unbedeutende Erträge der stark eingeschränkten Kronen zeigen das baldige Ende dieser Bäume auch äußerlich an.

Einfluß von Erbanlage und Standort auf den Entwicklungsablauf

Diesem Entwicklungsablauf unterliegen grundsätzlich alle Baumobstarten. Unterschiede gibt es nur in der Verweildauer in den einzelnen Entwicklungsstufen. Einfluß hierauf nehmen neben der Obstart auch die Sorten, Unterlagen und der Standort. So währen Jugendphase und Übergangsphase zur Ertragsphase um so länger, je stärker Obstart, Sorte und Unterlage wachsen und je leistungsfähiger der Boden ist. Andererseits verkürzen aber schwachwachsende Unterlagen, wie M 27, 9 und 26 beim Apfel oder die Quitte bei der Birne, die ertraglose Zeit. Aber auch die Steinobstarten erreichen als Folge einer bereits am einjährigen Holz einsetzenden Fruchtbildung früher das Ertragsstadium, als das beim Kernobst der Fall ist.
Die Ertragsphase wiederum wird stark von der Gesamtlebenserwartung eines Baumes beeinflußt. Kurz- oder mittellanglebige Obstarten, wie Pfirsich, Aprikose und Sauerkirsche, wachsen schneller in die Altersphase als Äpfel auf mittelstark bis stark wachsender Unterlage und Birnen. Sie sind aber auch schneller abgängig als zum Beispiel die langlebigeren Süßkirschen, Pflaumen, Zwetschen, Mirabellen und Renekloden. Durch den Einfluß der Bodenqualität und die Verwendung von Unterlagen können hier allerdings deutliche Verschiebungen im Verhalten der einzelnen Obstarten zueinander auftreten.
Ganz allgemein befinden sich natürlichwachsende und von jeder Säge oder Schere unbeeinflußte Obstbäume für unsere Bedürfnisse zu lange in der Jugendphase und überwinden zu spät die Übergangsphase zum Vollertragsbaum. In dieser wichtigsten Lebensphase eines in einer Obstanlage oder in einem Hausgarten stehenden Baumes verweilen sie dagegen zu kurze Zeit, indem sie zu schnell in das Altersstadium wechseln, das wiederum einen zu großen Anteil am gesamten Lebensablauf eines Obstbaumes hat.

Die Triebförderungsgesetze

Die Gesamtentwicklung der Bäume wird in starkem Maße geprägt durch die Entwicklung seiner Einzelorgane. Sie unterliegt bestimmten Gesetzmäßigkeiten, die »Trieb- bzw. Wachstumsförderungsgesetze« genannt werden.

Stellung in der Krone und Neigungswinkel bestimmen das Triebwachstum

Danach besitzen grundsätzlich alle Organe eines Baumes, die ein anderes in der Höhe ihrer Stellung überragen, eine stärkere Wuchskraft auf als jedes unter ihnen stehende Organ. Verantwortlich hierfür ist sowohl die allen höheren Pflanzen eigene »Polare Organisation« als auch der Saftstromverlauf innerhalb der Pflanze. Zusätzlichen Einfluß auf das Wachstum nimmt die Haltung eines Astes, Zweiges oder Triebes. Grundsätzlich ist das Triebwachstum um so stärker, je aufrechter oder steiler diese stehen. Konkurrieren 2 Organe miteinander in gleicher Höhe der Baumkrone, wird immer das steiler stehende dem flacheren im künftigen Wachstum überlegen sein.

Spitzenförderung

In gleichem Maße wie das Wachstum innerhalb der Krone von der Höhenstellung der einzelnen Organe abhängig ist, besitzt auch das Knospenwachstum am Einzeltrieb, -zweig oder -ast (hier einheitlich »Altholz« genannt) eine höhenabhängige Wuchskraft. An einem aufrechtstehenden Organ treiben daher die Spitzenknospen am stärksten aus. Bis zur Basis des Organs nimmt die Austriebsfähigkeit und -intensität bei dieser Stellung bis zur völligen Knospenruhe ab (Abb. 3a; S. 15). Insgesamt treiben bei der »Spitzenförderung« zwar nur wenige Augen aus, dafür ist ihr Wuchs aber um so stärker. Beim Schnitt muß daher besonders auf eine Eindämmung der Triebbil-

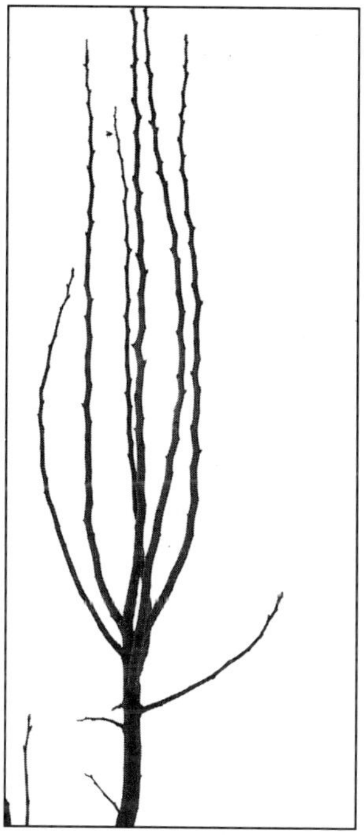
a

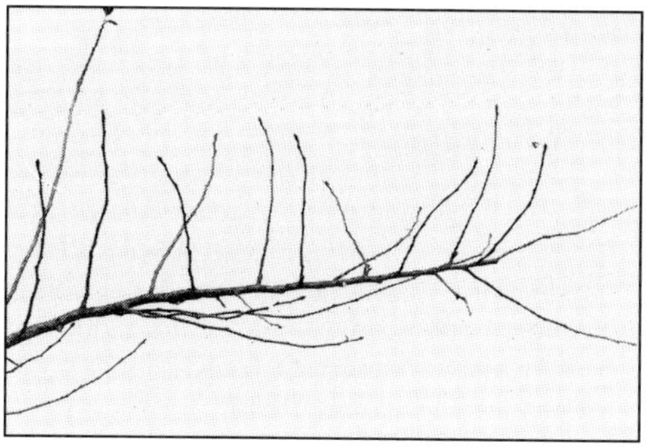
b

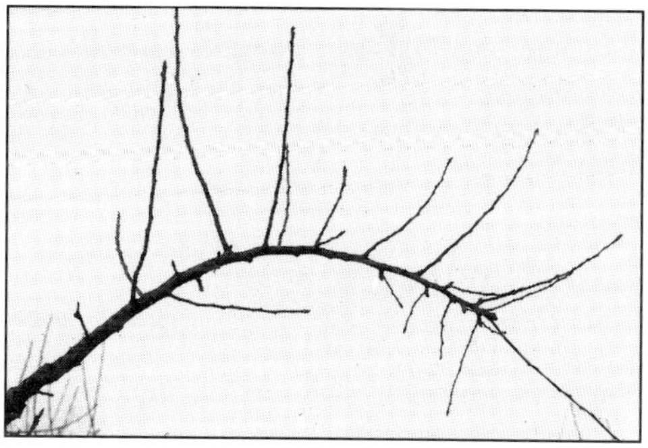
c

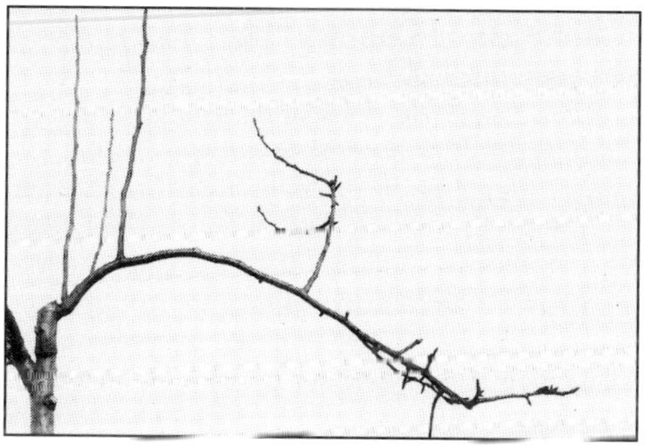
d

Abb. 3 Die Triebförderungsgesetze
a Kronenteile mit aufrechter Haltung zeigen »Spitzenwachstum«.
b Kronenteile mit waagerechter Haltung zeigen »Oberseitenwachstum«.
c Kronenteile mit bogenförmiger Haltung zeigen »Scheitelpunktwachstum«.
d Kronenteile mit wesentlich unter die Waagerechte geneigter Haltung zeigen »Basiswachstum«.

dung in den oberen Teilen einer Krone oder des Altholzes geachtet werden. Aufrechtes Wachstum findet sich außer an den oberen Kronenteilen auch auf Hauptästen in Form von »Wasserschossen« oder »Reitern« (siehe S. 60/61), besonders aber an Jungbäumen. Die Spitzenförderung ist daher in der Jugendphase besonders ausgeprägt. Deshalb muß es das Ziel sein, an jungen Bäumen durch den Schnitt das Spitzenwachstum zugunsten einer flacheren Kronenentwicklung einzudämmen.

Oberseitenförderung

Mit zunehmendem Alter verliert das Altholz seine aufrechte Stellung und neigt sich der Waagerechten zu. Nach dem Gesetz der »Oberseitenförderung« treiben an waagerecht stehenden Organen alle an ihrer Oberseite stehenden Knospen von der Spitze bis zur Basis nahezu gleichmäßig stark aus. Durch die Vielzahl der austreibenden Knospen bleibt das Wachstum jedes einzelnen Neutriebes aber

verhältnismäßig schwach (Abb. 3b; S. 15). Beim Kernobst sind diese Kurztriebe in der Regel Fruchtorgane in Form von »Fruchtaugen«, »Fruchtspießen« oder »Fruchtruten« (siehe S. 79). Damit ist die Oberseitenförderung eine willkommene Fruchttriebförderung. Derartiges Altholz sollte daher geschont bzw. seine Bildung durch den Schnitt gefördert werden. Oberseitenförderung ist ein besonderes Merkmal der Phase des ansteigenden Ertrages.
Nimmt das Altholz eine Zwischenstellung zwischen einer aufrechten und waagerechten Haltung ein, so richtet sich der Austrieb nach dem Neigungswinkel. Es kann sowohl die Spitzenförderung wie auch die Oberseitenförderung überwiegen.

Scheitelpunktförderung

Die Ertragsphase ist durch eine Bogenbildung des Altholzes als Folge des Abhängens unter der Last der Früchte gekennzeichnet. An allen Organen mit dieser Haltung ist die Neutriebbildung um so kräftiger, je näher sie dem Scheitelpunkt als höchstem Punkt des Bogens stehen. Es kann deshalb hier von einer »Scheitelpunktförderung« gesprochen werden. Je weiter sich die Triebbildung vom Scheitelpunkt entfernt und sich der Spitze oder Basis des Altholzes nähert, um so mehr nimmt gleichzeitig die Austriebskraft ab. Sie kann in Basisnähe sogar völlig fehlen und zu ruhenden Augen führen (Abb. 3c; S. 15).

Basisförderung

Am Altholz mit Bogenbildung, das nicht durch geeignete Schnittmaßnahmen daran gehindert wird, sich weiter zu senken, geht die Höhenstellung bald auf die Basis über. Das hat zur Folge, daß die basisnahen Knospen wesentlich stärker austreiben als die basisfernen. Altholz mit »Basisförderung« weist deshalb im Mittelbereich und an der Spitze höchstens kurze Fruchtorgane, jedoch keine Langtriebe auf. Diese werden in erster Linie in der Nähe der Basis gebildet (Abb. 3d; S. 15). Das Wachstum in Form der Basisförderung, das ein charakteristisches Merkmal für die Alters- und Abgangsphase der Obstgehölze darstellt, verhält sich damit entgegengesetzt zur Spitzenförderung und ist wie diese eine unerwünschte Triebförderung.

Das »Physiologische Gleichgewicht« der Obstgehölze

Wurde bisher nur das Verhalten der Bäume aufgrund innerer Wachstumsvorgänge und -anreize erläutert, so beziehen sich die folgenden Kapitel vornehmlich auf Reaktionen, die mit Hilfe des Schnittes als Folge äußerer Einflußnahme erzielt werden. Ohne die Klärung des Begriffes »Physiologisches Gleichgewicht«, das eine besondere Bedeutung für das Kernobst und nur bedingt für die Steinobstarten hat, wären diese Wechselwirkungen zwischen Schnittmaßnahme und Verhalten der Bäume nicht verständlich darzustellen.
Die Lehre von den inneren Lebensvorgängen der Pflanze ist mehrfach unterteilt. Ein Teil dieser Lehre ist die »Physiologie des Formwechsels«. Sie setzt sich mit Wachstum und Entwicklung, sowie mit Fortpflanzung und Vererbung auseinander. Dieses Teilgebiet der Physiologie ist mit dem Begriff »Physiologisches Gleichgewicht« angesprochen, das sich analog dieser Teillehre der Physiologie auf die Wechselwirkungen zwischen dem vegetativen Holztriebwachstum und dem generativen Fruchttriebwachstum bezieht. Nur wenn beides in einem ausgewogenen Verhältnis zueinander vorhanden ist, kann von einem Gleichgewicht gesprochen werden. Bäume im »Physiologischen Gleichgewicht« müssen also gleichzeitig eine ausreichende Holztriebbildung und eine gute Fruchtknospenbildung aufweisen (Abb. 4b; S. 17).
Ausgewogenheit in der Ausbildung der Kronenorgane unterschiedlicher Funktion ist Voraussetzung für ausreichende, regelmäßige und gleichzeitig qualitativ hochwertige Ernten. Je-

a b c

Abb. 4 Die Symptome des »Physiologischen Gleichgewichtszustandes« am Beispiel von Birnbäumen

a 3jähriger Birnbaum mit übermäßig starker Holz- und fehlender Fruchttriebbildung. Beurteilung: Noch nicht im »Physiologischen Gleichgewicht«.

b 15jähriger Birnbaum mit ausgewogener Holz- und Fruchttriebbildung. Beurteilung: Im «Physiologischen Gleichgewicht«.

c 40jähriger Birnbaum mit fehlender Holz- und überreicher Fruchttriebbildung. Beurteilung: Nicht mehr im »Physiologischen Gleichgewicht«.

de Kopflastigkeit nach der einen oder anderen Seite führt zum Mißerfolg. In einem Fall verursacht sie übertriebenes Wachstum ohne ausreichende Fruchtbarkeit, im anderen Fall überreiche Fruchtbildung ohne das erforderliche Wachstum. Jeder Apfel und jede Birne benötigt nämlich für ein ausreichendes Wachstum die Assimilationsleistung von etwa 25–30 gut entwickelten Blättern, die überwiegend an Langtrieben gebildet werden. Fehlen diese Blätter, bleiben nicht nur die heranwachsenden Früchte klein und inhaltsarm, es leidet gleichzeitig auch die Blütenknospenbildung für das folgende Jahr. Ein Eintreten in die Alternanz ist die unausbleibliche Folge. Besonders anfällig für das »Abkippen« aus dem »Physiologischen Gleichgewicht« in Richtung einer übermäßigen Fruchtbarkeit sind Bäume in der zweiten Hälfte der Ertragsphase und selbstverständlich alle Bäume in der Alters- und Abgangsphase (Abb. 4c).

Entgegengesetzt ist das »Physiologische Gleichgewicht« bei Jungbäumen gestört. Hier ist übermäßige Triebbildung mit fehlender oder unzureichender Fruchtbildung gepaart (Abb. 4a). Beim Kernobst sind selbst die wenigen vorhandenen Früchte von minderer Qualität. Als Folge einer zu guten Nährstoffversorgung sind sie übergroß, leiden bei anfälligen Apfelsorten oft unter »Stippigkeit« und haben schlechte Lagereigenschaften.

Ohne einen zweckmäßigen Schnitt würden im Leben eines Obstgehölzes die Abschnitte mit physiologisch unausgewogenem Kronenwachstum überwiegen. Aufgrund ihrer natürlichen Veranlagung wären sie zu lange »triebig« und zu schnell »fruchtlastig«. Zu kurze Zeit würden sie dagegen im wichtigsten Abschnitt der Ausgewogenheit zwischen Holz- und Fruchttriebwachstum verweilen. Deshalb belegt der Begriff »Physiologisches Gleichgewicht« eigentlich am besten die Notwendigkeit und die Aufgabe eines zweckmäßigen Obstbaumschnittes.

Der zweckmäßige Obstbaumschnitt soll den Jungbaum möglichst bald in das »Physiologische Gleichgewicht« bringen und den Ertragsbaum so lange wie möglich in diesem Gleichgewicht halten.

Der Einfluß der Schnittstärke auf das Wachstum

Allgemein gilt, daß jeder während der Vegetationsruhe ausgeführte Schnitt das Wachstum eines Obstgehölzes fördert. Lediglich der Sommerschnitt führt zu anderen Reaktionen. Hierauf wird bei der Darstellung des Einflusses, den der Schnittermin auf die Wuchsleistung ausübt, näher eingegangen (siehe S. 26).
Grundsätzlich werden Obstgehölze geschnitten, um entweder Unregelmäßigkeiten in der Krone sowie überflüssige Kronenteile zu beseitigen, oder um bestimmte Kronenteile zu neuem, kontrolliertem Trieb anzuregen. Im ersten Fall werden ganze Kronenteile durch Wegschneiden oder -sägen an der Basis entfernt. Im zweiten Fall verbleiben dagegen die Kronenteile am Baum, sie werden aber so günstig gestellt, daß sie künftig das angestrebte Wachstum zeigen. Dazu müssen entweder andere oder das zu fördernde Kronenorgan selbst, häufig sogar beide zurückgeschnitten werden. Der Rückschnitt erfolgt entweder als »Anschnitt« an einjährigen Trieben oder als »Ableitungsschnitt« am älteren Holz (siehe S. 34). An einjährigen Trieben wird auf eine Blattknospe, am mehrjährigen Holz auf jüngeres Altholz in Form von Holz- oder Fruchttrieben zurückgeschnitten. Erfordert es der Eingriff in das Kronengefüge, wie zum Beispiel beim später noch zu besprechenden Verjüngungs- oder Umveredlungsschnitt, so kann aus dem Rückschnitt sogar ein Zurücksägen in ganz altes Holz werden.

Auswirkungen auf die Gesamtkrone

Gleichgültig, welche Absicht mit dem Schnitt verfolgt wird, immer werden hierbei die oberirdischen Organe des Baumes oder Strauches verkleinert, die Leistungskraft des Wurzelkörpers bleibt dagegen unvermindert erhalten. Folglich wirken die gleichen Kräfte, die auf ein ungeschnittenes Obstgehölz eingewirkt hätten, auch auf die durch den Schnitt veränderte Krone ein. Der Austrieb aus dem Restteil der Krone muß daher in dem Maße stärker erfolgen, in dem die Krone durch den Schnitt verkleinert wird. Je stärker der Eingriff in die Kronenentwicklung war oder je weiter ein einzelnes Kronenorgan zurückgeschnitten wurde, um so mehr wird also das Gesamtwachstum der Krone gefördert.
Dabei ergeben sich bezüglich der Entwicklung des Neuzuwachses schnittabhängige Unterschiede. Nach starkem Schnitt wird die Anzahl der Neutriebe als Folge der Reduzierung der Knospenzahl gering, ihre Stärke und Länge dagegen beachtlich sein. Andererseits beläßt ein schwacher Schnitt dem Gehölz viele Knospen bzw. Vegetationspunkte, die einen zahlenmäßig reichen Austrieb mit verhältnismäßig kurzen Einzeltrieben ermöglichen (Abb. 5; S. 19). Aus diesem Agieren mit Schere und Säge und dem Reagieren des Baumes läßt sich das »Schnittgesetz Nr. 1« ableiten:

Schnittgesetz Nr. 1:
Jeder Winterschnitt fördert das Wachstum eines Obstgehölzes, und zwar ist bei einer einheitlichen Behandlung ganzer Kronen die Förderung um so kräftiger, je stärker der Eingriff erfolgte.

Daraus folgt als Erkenntnis für die Schnittdurchführung, daß zu schwach wachsende Bäume stark zu schneiden sind und zu stark wachsende nur mäßig geschnitten werden dürfen.

Auswirkungen auf einzelne Kronenorgane

Mit den im Schnittgesetz Nr. 1 aufgezeigten Reaktionen auf den Schnitt kann nur das Wachstum ganzer Kronen beeinflußt werden. Es wird also das Wachstum der Gesamtkrone als Folge des Schnittes entweder stark, mäßig oder schwach ausfallen. Sollen dagegen nur einzelne Triebe, Zweige oder Äste in einer

a

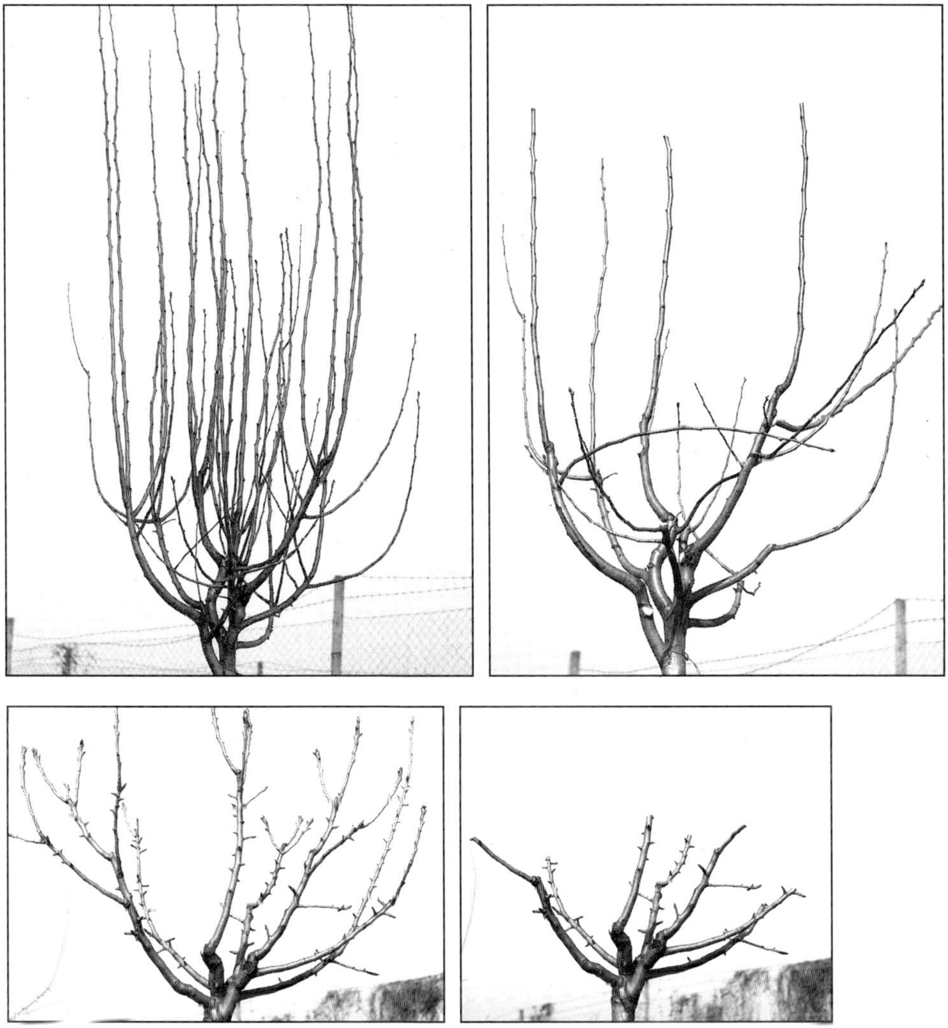

b

Abb. 5 Das »1. Schnittgesetz« und die Bedeutung der Schnittstärke für das Wachstum der Bäume

a Zu stark wachsende Bäume müssen »schwach« geschnitten werden, indem die Leittriebe und der Mitteltrieb nur wenig eingekürzt und von den überzähligen Trieben so wenige wie möglich und nötig entfernt werden. Waagerechtstellen ist hier besser als Entfernen

b Bäume mit unzureichendem Wachstum und übermäßiger Fruchtknospenbildung machen einen »starken« Rückschnitt von Leitästen, Stammverlängerung und Nebenästen bis in das ältere Holz erforderlich.

bestimmten Weise gefördert werden, kann dieses Schnittgesetz unter Umständen eine Umkehrung erfahren. Es kommt bei der Förderung einzelner Baumteile nämlich nur bedingt auf die Schnittstärke an. In erster Linie ist die Position des zu schneidenden Organs innerhalb der Krone und seine Stellung gegenüber den anderen Kronenorganen für das künftige Wuchsverhalten verantwortlich. Dabei gilt, daß aufgrund der natürlichen Wachstumsgesetze ein Organ um so stärker wächst, je höher es in der Krone steht und je steiler seine Haltung ist. Jedes höher stehende Organ ist demnach jedem tiefer stehenden und jedes aufrechter wachsende dem flacher wachsenden in der Wuchsleistung überlegen. Dabei übt die höhere Stellung stärkeren Einfluß aus als der Neigungswinkel eines Baumteiles. Ein flaches, höher stehendes Organ wird daher stärker gefördert als ein steiles, tiefer stehendes. Deshalb ist das Wachstum in der Kronenspitze auch am intensivsten und nimmt mit zunehmender Annäherung an die Kronenbasis ab.

Da es Aufgabe jedes Schnittes ist, dieses natürliche Wuchsverhalten zu unserem Nutzen zu stören, müssen grundsätzlich alle höher stehenden Kronenteile stärker als die tiefer stehenden und alle steiler wachsenden wiederum stärker als die flacher wachsenden geschnitten werden. Ziel dieses Schnittes ist es, die Spitzenknospen oder die höchsten Punkte gleichrangiger oder gleichwertiger Baumteile horizontal auf eine Höhe zu bringen. Auf diese Weise werden sie beim Austrieb gleichmäßig mit den im Zellsaft gelösten Nährstoffen versorgt, was sie zu einem einheitlich starken Wachstum befähigt. Diese einheitliche Schnittebene wird »Saftwaage« genannt (Abb. 6b).

Die Saftwaage kann allerdings nur selten unter Beachtung der im Schnittgesetz Nr. 1 aufgestellten Regel hergestellt werden, wonach starker Schnitt das Wachstum stärker als ein schwacher Schnitt fördert. Ein hoch stehender Trieb, der nach dem Schnitt das gleiche Wachstum wie ein tiefer stehender zeigen soll, muß im Gegensatz zur Regel des ersten Schnittgesetzes stark zurückgeschnitten werden, der tiefer stehende dagegen nur schwach. Wurde der Rückschnitt richtig bemessen, stehen beide in der »Saftwaage« und treiben gleichmäßig aus, obwohl der schwach zu för-

Abb. 6 Das »2. Schnittgesetz« und die Bedeutung der Saftwaage für das Wachstum der Bäume
Bei der Behandlung einzelner Kronenteile wird bei gleichzeitig schwachem Schnitt der tief stehenden und starkem Schnitt der hoch stehenden Triebe (a = vor und b = nach dem Schnitt) die Saftwaage hergestellt (b). Der Trieb im Folgejahr ist nach einem in dieser Weise durchgeführten Schnitt an allen Trieben gleichmäßig stark, wie die Krone im Bild c zeigt (Pfeile = Schnittstellen des Vorjahres).

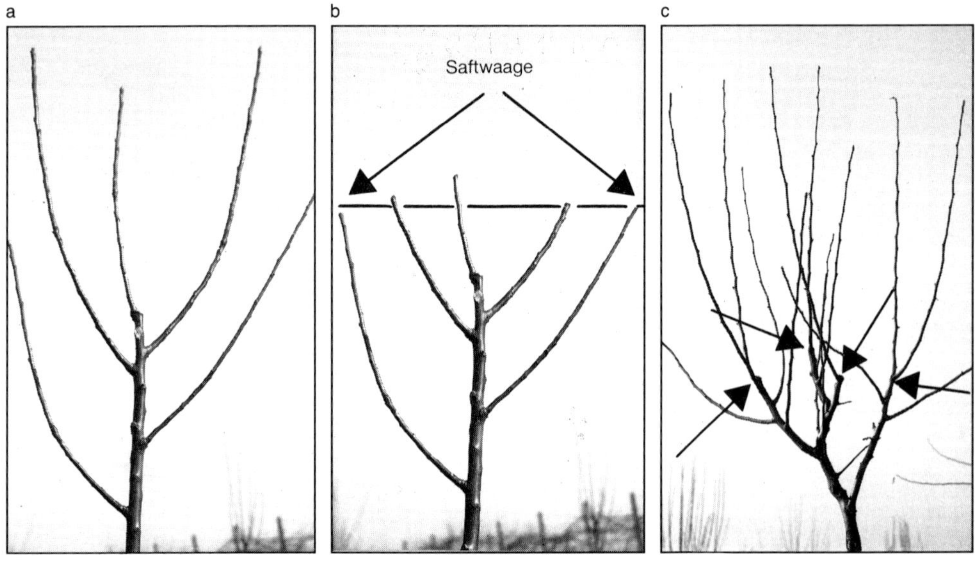

dernde höher stehende stark, der stark zu fördernde tiefer angeordnete schwach geschnitten wurde (Abb. 6c; S. 20). Diese Regel ist im »Schnittgesetz Nr. 2« zusammengefaßt.

Schnittgesetz Nr. 2:
Bei der Behandlung eines einzelnen Kronenteiles ist für das künftige Wachstum eines Kronenorgans nicht in erster Linie die Stärke des Schnittes, sondern die Stellung in der Krone und zu anderen Kronenteilen nach erfolgtem Schnitt ausschlaggebend.

Was bedeutet »stark« und »schwach« schneiden?

Um Mißverständnisse hier und in anderen Zusammenhängen auszuschließen, muß an dieser Stelle eine Definition der Begriffe »starker« bzw. »schwacher« Schnitt oder Rückschnitt gegeben werden. Unter einem »starken Schnitt« ist ein starkes Verkleinern eines Kronenorgans zu verstehen. Nach einem derartigen Schnitt ist der verbleibende Teil eines Astes, Zweiges oder Triebes verhältnismäßig kurz. Bezogen auf die Gesamtkrone heißt das, die Kronenausdehnung wurde stark eingeschränkt und die Krone kräftig ausgelichtet. Dementsprechend sind die verbliebenen Kronenteile nach einem »schwachen Schnitt« lang. Die Gesamtkrone erfährt nur eine geringfügige Verkleinerung und wird lediglich schwach ausgelichtet (Abb. 5; S. 19).
Andere Autoren wählen anstelle der Gradmesser »Stark« und »Schwach« die Begriffe »Scharf« und »Schwach« oder »Kurz« und »Lang«. Die hier gewählten Formulierungen geben am wenigsten zu Mißverständnissen Anlaß. Sie beziehen sich unzweideutig auf das »Wegschneiden« von Holz. »Kurz« und »Lang« lassen dagegen eine Doppeldeutung zu und können sich durchaus auf den »weggeschnittenen« wie auch auf den »stehengebliebenen« Teil des Holzes beziehen.

Die Beziehung zwischen Schnitttermin und Wuchsleistung

Nicht nur »altersabhängig« ist das Wachstum der Obstbäume in den einzelnen Entwicklungsphasen unterschiedlich ausgeprägt (siehe S. 13). Auch der »Jahresablauf« vollzieht sich in Abschnitten, die sich nach der Wuchsleistung, aber auch nach der Funktion der heranwachsenden Triebe unterscheiden. Die von uns wahrgenommene oberirdische Vegetation beginnt mit dem Austrieb der Bäume. Dabei bestehen von der Obstart, der Sorte und dem Standort abhängige Unterschiede. Aber selbst bei gleicher Obstart und -sorte können sich die Austriebstermine unter dem Einfluß der geographischen Lage verschieben. So besteht im Vegetationsbeginn alleine zwischen dem Süden und Norden der Bundesrepublik Deutschland ein Unterschied von 2 bis 3 Wochen. Auch in Höhenlagen erfolgt der Austrieb in der Regel später als in Normallagen.

Jährliche Wachstumsphasen

Frühjahrs- und Johannistrieb ergeben den Jahreszuwachs
Hiervon unabhängig erfolgt der Austrieb der Obstknospen artentypisch. Einige Obstarten, wie das Stein- und Schalenobst, öffnen zunächst die Blüten, das Kernobst entwickelt dagegen zuerst rosettenartig angeordnete und die Blütenknospenbüschel umgebende Blätter, bevor die Blüten sich entfalten. Einheitlich setzt dagegen nach beziehungsweise während der Blüte das Längenwachstum mit einer reichen Blattbildung ein. Es ist besonders stürmisch in der Zeit von Mitte Mai bis in die zweite Junihälfte. Nach einer Phase verhältnismäßig geringen, teilweise sogar völlig eingestellten Triebwachstums folgt Ende Juni bis Anfang Juli ein zweiter Wachstumsschub. Da die Zeit der beginnenden zweiten Wachstumsphase häufig in die Zeit um den Johannistag (24. Juni) fällt, wird dieser Trieb verbreitet auch »Johannistrieb« genannt. Alle Triebe,

a

b

Abb. 7 Der »Frühjahrs-« und »Johannistrieb«
a An der Sorte 'Golden Delicious' ist der Johannistrieb aufgrund der Ende September bereits weit fortgeschrittenen Lentizellenbildung (weiße Punkte auf der Rinde) am Holz des Frühjahrstriebes gut zu erkennen. Am Johannistrieb fehlen sie noch ganz.
b Bei anderen Obstarten, wie z. B. bei der 'Mirabelle von Nancy', führt der Johannistrieb gelegentlich zu Verzweigungen des einjährigen Triebes.

die entweder ausschließlich Holztriebe sind oder aber sowohl Holz- wie auch Fruchtknospen besitzen, was bei den Steinobstarten verbreitet der Fall ist, setzen dieses zwar nicht mehr stark ausgeprägte, aber gleichmäßige Wachstum teilweise sogar bis in den Oktober fort (Abb. 7).

Das für uns wahrnehmbare Wachstum findet mit dem Laubfall sein Ende. Allerdings spielen hierbei wiederum besonders Standort und Witterung, aber auch Obstart und -sorte eine wichtige Rolle. Frühe und trockene Lagen können ebenso zu einem verfrühten Triebabschluß führen, wie witterungsbedingte Jahrgangsunterschiede das Wachstumsende beeinflussen können.

Im Spätsommer und Herbst erfolgt die Blütenanlage

Kurztriebe des Kernobstes, die endständig eine Blütenknospe ausbilden, wie Fruchtspieße und Fruchtruten, schließen bereits im August ihr Längenwachstum ab. Durch den Standort bedingte Abweichungen im Triebabschluß sind auch hier ebenso möglich wie jahrgangsbedingte Unterschiede aufgrund des Witterungsverlaufes.

Der Triebabschluß zu diesem Zeitpunkt erfolgt nicht zufällig, vielmehr beginnt bereits Ende Juli/Anfang August die Phase der sogenannten »Blütenknospendifferenzierung« mit der Ausbildung der Blütenanlagen für das kommende Jahr. Außer den Blüten der Quitten, Himbeeren, Brombeeren und Kiwis, die sich erst an Kurztrieben bilden, die im Ertragsjahr aus Vorjahrstrieben hervorgehen, wurden alle im Frühjahr sichtbar werdenden Blü-

ten überwiegend nämlich bereits in der vorjährigen Phase der »Blütenknospendifferenzierung« ausgebildet. Mit allen Merkmalen einer funktionsfähigen Blüte ausgestattet, überwintern sie in Ruhestellung im Schutz der Knospenschuppen (Abb. 8).
Nur an einjährigen Langtrieben einiger Kernobstsorten wird die im Spätsommer eingeleitete Blütenknospenbildung häufig erst in warmen Spätherbst- oder Winterperioden oder gar erst im zeitigen Frühjahr völlig abgeschlossen. Daher blühen in der Regel diese Bäume an den im Vorjahr gebildeten Langtrieben erst deutlich später als am kurzen Fruchtholz.

Abb. 8 Die »Blütenknospendifferenzierung« am Kernobst
Während die Früchte noch am Baum hängen, ist die Blütenknospenbildung, erkennbar an der dicken Knospe mit umgebender Blattrosette, bereits in vollem Gange.

Winterruhe herrscht nur oberirdisch
Neben diesen äußerlich wahrnehmbaren Wachstumsabschnitten laufen auch innerhalb der Pflanze für uns nicht direkt erkennbare Vorgänge ab, die unmittelbar Einfluß auf das Wachstum nehmen. Diese kommen nicht bereits mit dem für uns sichtbaren Blattfall zur Ruhe, sondern enden erst mit der Einstellung des Wurzelwachstums, das jedoch nicht eher zum Erliegen kommt, bevor die Bodentemperaturen unter +4 °C absinken. Dieser Termin liegt in der Regel später, als die oberirdisch erkennbaren Symptome für den Vegetationsabschluß vermuten lassen. Andererseits führt die Abhängigkeit des Wurzelwachstums von der Bodentemperatur aber auch dazu, daß das Wachstum der Wurzeln schon lange vor dem Austrieb der Kronenorgane wieder einsetzt. Da mit jedem Wurzelwachstum auch Nährstoffaufnahme und Saftzirkulation im Baum verbunden sind, laufen selbst im Winter Wachstumsvorgänge ab, die es bei der Wahl des Schnittermins zu berücksichtigen gilt.

Winterschnitt

Mit dem Begriff »Obstbaumschnitt« wird überwiegend die Vorstellung von einem Schnitt im Winter verbunden. Nach heutigen Erkenntnissen ist das eine zu einfache Betrachtungsweise im Hinblick auf die Möglichkeiten, die ein gut gewählter Schnittermin für eine zweckmäßige Behandlung der Obstbäume bietet. Zwar ist noch immer der Schnitt in der blattlosen Zeit der Bäume in den Wintermonaten am meisten verbreitet, doch haben auch andere Schnittermine nicht nur ihre Berechtigung, sondern sogar ihre ganz wesentliche Bedeutung für die künftige Entwicklung der geschnittenen Bäume. Darüber hinaus muß selbst der Winterschnitt differenzierter als häufig üblich nach seiner zeitlichen Ausführung beurteilt werden.

Für die Durchführung des Schnittes im Winter sprechen mehrere Gründe. So ermöglicht er

- die Ausführung aller Korrekturen, die durch das Wachstum in den vorausgegangenen Sommermonaten erforderlich wurden,
- die Einleitung des zweckmäßigsten Wachstums in den folgenden Sommermonaten,
- eine gute Beurteilung des Kronenzustandes, da die Gehölze im blattlosen Zustand besonders gut überschaubar und die erforderlichen Schnittmaßnahmen sehr leicht erkennbar sind, und
- ermöglicht er unter dem Blickwinkel arbeitswirtschaftlicher Überlegungen überhaupt erst die Durchführung der Schnittmaßnahmen, weil in den weitaus meisten Betrieben nur zu diesem Zeitpunkt die erforderlichen Arbeitskräfte hierfür zur Verfügung stehen.

Vorwinterschnitt

Es hieße die mit dem Schnitt an die Hand gegebene Hilfe bei der Erziehung der Obstgehölze nicht ausreichend nutzen, würde beim Winterschnitt nicht auf die Reihenfolge beim Schnitt der einzelnen Obstarten Rücksicht genommen und würde der Schnitt zeitlich nicht nach den speziellen Erfordernissen eines Baumes oder einer Anlage vorgenommen. So gilt zunächst die Regel, daß alle frühaustreibenden Obstarten, wie das gesamte Beerenobst, viele Steinobstarten und die Birnen, in dieser Reihenfolge vor den Äpfeln geschnitten werden sollten. Lediglich Pfirsiche und Kirschen nehmen trotz ihres frühen Austriebstermins eine Sonderstellung ein. Sie werden, wenn überhaupt im Winter, dann am zweckmäßigsten im Frühjahr nach den strengen Frösten geschnitten. Beim Pfirsich ist selbst ein Schnitt während der Blüte noch vertretbar.

Bei Temperaturen unter −4 °C sollte auf keinen Fall geschnitten werden, weil die Gehölze Schnitteingriffe bei gefrorenem Holz schlecht vertragen. Aber auch der Mensch fühlt sich bei strenger Kälte weder wohl, noch kann er eine gute Arbeit leisten. Damit fallen in vielen Gebieten die Hochwintermonate zumindest zeitweilig für die Verrichtung der Schnittarbeiten aus. Übrig bleiben demnach die Vorwintermonate November und Dezember und die Nachwintermonate ab Mitte Februar, in denen die Hauptarbeit des Winterschnittes geleistet werden muß.

Mit der Wahl des Schnittermins »Vorwinter« werden die besten Voraussetzungen für einen kräftigen Austrieb im folgenden Frühjahr geschaffen. Die in diesen Monaten geschnittenen Gehölze befinden sich dann in völliger Winterruhe. Sie haben die im Sommer mit Hilfe der Assimilation in der Krone gebildeten Baustoffe weitgehend in den Hauptästen, im Stamm und vor allen Dingen im Wurzelkörper als Reservestoffe angelegt. Der Vorwinterschnitt verursacht deshalb keine nennenswerten Verluste. Alle Reservestoffe können so im Frühjahr wieder mobilisiert werden und stehen für einen besonders kräftigen Austrieb zur Verfügung.

Der Vorwinter- oder frühe Winterschnitt ist daher die zweckmäßige Maßnahme für alle Bäume, deren Wachstum nicht ausreichend kräftig ist und die durch den Winterschnitt besonders gekräftigt werden sollen.

Nachwinterschnitt

Im Gegensatz hierzu fällt der Austrieb der Bäume nach einem »Nachwinterschnitt« schwächer aus. Der Wuchs wird um so mehr eingeschränkt, je später der Schnitt durchgeführt wurde.
Ursache des geschwächten Triebwachstums ist ein größerer Verlust an Reservestoffen gegenüber einem Vorwinterschnitt. Zu diesem späten Zeitpunkt hat das Wurzelwachstum in der Regel bereits eingesetzt und zahlreiche Reservestoffe aus Wurzel, Stamm und Hauptästen wurden an die Vegetationspunkte der Krone transportiert. Sie gehen bei einem späten Schnitt der Pflanze verloren und fehlen deshalb im Frühjahr beim Austrieb der Kronenorgane.

Der Nachwinterschnitt kann daher für Bäume empfohlen werden, die zu stark wachsen und daher in ihrem Wachstum gebremst werden sollen. Das sind in erster Linie Jungbäume, aber auch Bäume auf zu starken Unterlagen oder zu gut ernährte Bäume.

Sommerschnitt

Nicht erst in jüngerer Zeit bekommt der »Sommerschnitt« Bedeutung als eine wichtige Schnittmaßnahme im Gesamtrahmen des Obstbaumschnittes. Er spielte bereits in der Zeit des Formobstbaues eine Rolle. Zu einer Zeit also, als Palmetten, senkrechte und waagerechte Kordons und andere Kunstkronenformen den Obstbau beherrschten. Allerdings hatte er damals eine ganz andere Aufgabe und wurde dementsprechend auch anders ausgeführt. Abgesehen davon, daß er sich fast ausschließlich auf das Kernobst beschränkte, erschöpfte er sich in einem ständigen Pinzieren (Einkürzen grüner Triebe) mit dem Ziel, die Kunstkronen zu formieren und kurzes, quirlartiges Fruchtholz nahe den Spalierästen zu bilden.

Gelegentlich kann der Sommerschnitt den Winterschnitt ersetzen

Heute wird zweckmäßiger und an fast allen Obstarten im Sommer geschnitten, wenngleich auch mit einer jeweils der Obstart angepaßten Technik und unterschiedlichen Zielsetzung. So kann der Sommerschnitt bei einer konsequenten Durchführung den Winterschnitt bei Süß- und Sauerkirschen, Pfirsichen und dem Beerenobst nahezu ersetzen (Abb. 9; S. 26; 82; S. 102; 126; S. 166). Dazu werden unmittelbar nach der Ernte alle überzähligen, weder für den künftigen Kronenaufbau noch als Ertragsbasis für das kommende Jahr benötigten Äste, Zweige und Triebe entfernt. Hauptsächlich sind das in das Kroneninnere gerichtete oder auf den Hauptästen als sogenannte »Reiter« oder »Ständer« senkrecht stehende Triebe und die nahe den Verlängerungen der Hauptäste und des Mitteltriebes stehenden »Konkurrenztriebe« (siehe S. 28). Bei ordnungsgemäßer Ausführung läßt dieser Schnitt nur noch wenig Nacharbeit für den Winter übrig.
Der Vorteil des Schneidens im Sommer liegt in einer besonders guten Ausbildung der verbleibenden Kronenteile, ihrer reichen Garnierung mit kurzem Seitenholz und der Bildung kräftiger Blütenknospen. Außerdem verheilen die Schnittwunden im Sommer schneller und besser, was vornehmlich bei empfindlichen Obstarten von Vorteil ist, zu denen besonders die Kirschen und Pfirsiche zu rechnen sind (Abb.12; S. 28).

Überwiegend ist der Sommerschnitt ein Ergänzungsschnitt

Für alle anderen Obstarten kann der Sommerschnitt kein Ersatz für den Winterschnitt sein. Er ist aber immer ein sehr nützlicher und zweckmäßiger Ergänzungsschnitt. Seine jeweilige Anwendung und Durchführung ergibt sich aus der ihm im einzelnen zugedachten Aufgabe. So läßt sich mit seiner Hilfe das Triebwachstum z. B. nach falscher Unterlagenwahl, einem zu tiefen Pflanzen oder einem unzweckmäßigen Schnitt merklich einschränken.

9a △

9b ▽

Abb. 9 Der »Sommerschnitt« an einer Hohlkrone
4jähriger Pfirsichbaum, 'Red Haven', vor dem Schnitt (a) und nach der Beseitigung der in das Kroneninnere gerichteten Triebe, der »Reiter« auf den Leit- und Nebenästen und der »Konkurrenztriebe« der Leitäste. Gleichzeitig wurde die Höhenstellung der Leitäste durch »Ableiten« angeglichen (b).

Abb. 10 Der Sommerschnitt eines Spindelbusches
12jähriger Birn-Spindelbusch, 'Gellerts Butterbirne', vor dem Sommerschnitt (a) und nach der Beseitigung aller 1jährigen und steilwachsenden Triebe (b), die im Winter ohnehin beseitigt werden müßten. Hierdurch wird die Qualität der heranwachsenden Früchte verbessert, die Fruchtknospenbildung wird gleichzeitig für das folgende Jahr gefördert.

Abb. 11 Der Sommerschnitt als »Triebbremse«
a 4jährige 'Bosc's Flaschenbirne', Niederstamm mit Pyramidenkrone, mit starker Jahrestriebbildung und überwiegend steilem Wuchs vor dem Sommerschnitt.
b Nach dem Wegschnitt überzähliger »Reiter«, dem Freistellen von Leitästen und Mitteltrieb und dem Waagerechtstellen einiger einjähriger Triebe zur Einschränkung des zu starken Jugendwachstums.

Im Gegensatz zum Winterschnitt fördert der Sommerschnitt das Wachstum nicht, sondern schränkt es durch die Beseitigung von Assimilationsfläche ein. Er ist damit als einziger Schnitt eine wirkliche Triebbremse.

Zusätzlich begünstigt er die Fruchtgröße und Ausfärbung der heranreifenden Früchte, nimmt bei anfälligen Apfelsorten günstigen Einfluß auf die Stippeunterdrückung und fördert die Ausbildung der Fruchtorgane für das kommende Jahr durch bessere Belichtung der am Baum verbliebenen Organe (Abb. 10, 11, S. 27; 15, S. 30).

Für diese Art des Sommerschnittes liegt der günstigste Zeitpunkt für seine Ausführung im Monat August. In frühen Lagen kann auch bereits im Juli mit dem Schnitt begonnen werden. Zu frühes Schneiden kann zu einem erneuten Durchtrieb ruhender Knospen führen, was nicht nur unerwünscht ist, sondern auch zu einem schlechten Ausreifen der jungen Triebe vor Wintereintritt führen kann.

10a △

10b △

11a ▽

11b ▽

a

b

Abb. 12 Der Einfluß des Sommerschnittes auf die Wundheilung bei Kirschen

a Nach einem rechtzeitig im Sommer ausgeführten Schnitt ist die Wunde an einer Süßkirsche bis zum Frühjahr am Wundrand bereits gut überwallt.

b Nach dem Winterschnitt fehlt zum gleichen Zeitpunkt jede Kallusbildung.

Im Sommer kann das »Triebreißen« die Schere ersetzen

Im Gegensatz zu früheren Sommerschnittmaßnahmen werden heute keine Triebe mehr eingekürzt, sondern nur ganze Triebe an ihrer Entstehungsstelle entfernt. Der früher übliche »Stummelschnitt« ist unzweckmäßig, weil er sehr arbeitsaufwendig und zudem wenig nützlich ist.

Es werden ausschließlich Triebe entfernt, die im Jahr der Behandlung gewachsen sind. Es kann sowohl »geschnitten«, aber auch »gerissen« werden. Das Reißen geht nicht nur schneller, es verhindert auch eher das Nachwachsen neuer Triebe aus dem beim Schneiden häufig stehenbleibenden »Astring« der Schnittstelle. Mit Astring wird ein Wulst an der Basis jedes Triebes bezeichnet, in dem sich besonders zahlreich sogenannte »Schlafende Augen« befinden. Bleibt der Astring nach dem Schneiden stehen, werden sie aktiviert, und die kräftigsten treiben im folgenden oder einem späteren Jahr erneut aus. Das ist besonders unangenehm nach der Beseitigung der lästigen »Wasserschosse« im Kroneninneren. Beim Reißen bleibt dieser Astring dagegen in der Regel nicht am Baum, sondern er wird mit dem weggerissenen Trieb beseitigt (Abb. 14; S. 30).

Sommerschnitt erleichtert den Kronenaufbau

Eine besondere Zielsetzung und eine eigene Technik hat der Sommerschnitt beim »Freistellen von Leitastverlängerungen«. Nur hierbei ist das Einkürzen von Trieben in der Form eines »Stummelschnittes« vertretbar und zweckmäßig. Mit seiner Hilfe wird der Kronenaufbau während des Erziehungsschnittes (siehe S. 53) beschleunigt, indem die Leitast- und Mitteltriebverlängerungen durch das Freistellen wachstumsmäßig begünstigt werden (Abb. 13; S. 29).

Bekanntlich treiben nach dem »Gesetz der Spitzenförderung« im Anschluß an den Rückschnitt eines Triebes dessen oberste Knospen am stärksten aus. Dabei besteht in der Wuchskraft zwischen dem ersten und zweiten, ja gelegentlich auch noch des dritten Triebes unterhalb der Schnittstelle kaum ein Unterschied. Oft erreichen sie nahezu die gleiche Länge. Zumindest der zweite, manchmal aber auch noch der dritte Trieb gelten deshalb als »Konkurrenztriebe« zur Leitast- oder Mitteltriebverlängerung. Sie müssen in der Regel im Winter auf jeden Fall beseitigt werden. Durch ein frühzeitiges Entfernen des zweiten Triebes bereits im Frühsommer bei gleichzeitigem Anschneiden des dritten Triebes bis auf 4 oder 5 Knospen können die Verlängerungstriebe von Leitästen und Mitteltrieben dagegen wesentlich früher gefördert und gestärkt werden (Abb. 16, 17; S. 31).

a

b

c

d

e ▽

Abb. 13 Die Förderung der Leitastentwicklung durch den Sommerschnitt

a Leitast einer 3jährigen »Schattenmorelle« vor dem Sommerschnitt.

b Wegschneiden von »Reitern«.

c Einkürzen der Konkurrenztriebe durch starken Anschnitt auf 4 bis 5 Augen.

d Nach vollendetem Sommerschnitt.

e Auswirkungen des Sommerschnittes nach Triebabschluß: deutliche Förderung der Leitastverlängerung, Bildung kurzer Fruchttriebe aus den eingekürzten Konkurrenztrieben, flach verlaufende lange Fruchttriebe als Seitentriebe.

14a 14b 14c

Abb. 14 Der physiologische Vorteil des »Reißens« beim Sommerschnitt

a Am Trieb verbliebener Astring nach dem »Sommerriß«.

b An der Schnittstelle verbliebener Astring nach dem »Sommerschnitt«.

c Nachwachsende Triebe aus dem Astring einer vorjährigen Sommerschnittwunde.

Abb. 15 Die Förderung der Fruchtfärbung durch den Sommerschnitt

a 'Golden Delicious'-Spindel, 6 Wochen vor der Ernte. Zahlreiche einjährige Triebe verdecken und beschatten die heranreifenden Früchte.

b Nach dem Wegschneiden überzähliger Jahrestriebe. Hierdurch verbesserte Belichtung der heranreifenden Früchte.

15a 15b

16a

16b

16c

Abb. 16 Das Freistellen der Leitastverlängerung
a Leitastspitze eines 3jährigen Birnbaumes vor der Sommerkorrektur.
b Wegschneiden des Konkurrenztriebes und der nach innen wachsenden Jungtriebe.
c Freigestellte Leitastverlängerung nach dem Einkürzen des zweiten Triebes unterhalb der Leitastverlängerung.

Abb. 17 Der Sommerschnitt an einer 3jährigen Süßkirsche, 'Schneiders Späte Knorpelkirsche', mit dem Ziel der Begünstigung der Mitteltrieb- und Leitastverlängerungen
a Vor dem Schnitt.
b Nach der Beseitigung der Konkurrenztriebe, der Reiter und der in das Kroneninnere gerichteten Jahrestriebe.

17a

17b

Die Kronenorgane

Von wenigen Ausnahmen abgesehen setzen sich die Obstbäume heute nur noch aus zwei Pflanzenteilen zusammen. Ein Teil bildet den Wurzelkörper mit einem mehr oder weniger langen Teil des Stammes als sogenannte »Unterlage«, der andere als »Edelsorte« den Restteil des Stammes und die Krone. Beide Teile werden bereits in der Baumschule durch Veredlung zu einem Baum miteinander verbunden. Nur einige Birnensorten auf Quittenunterlage benötigen wegen ihrer Unverträglichkeit mit dieser Unterlage einen dritten Partner als sogenannte »Zwischenveredlung«. Die früher bei vielen Bäumen vorgenommene Zwischenveredlung mit Stamm- und Gerüstbildnern hat mit der Abkehr von den unzweckmäßigen Hoch- und Halbstämmen zu den Niederstämmen ihre Bedeutung verloren. Nur in extensiv gestalteten Mostobstanlagen kann ein derartiger Baumaufbau gelegentlich auch heute noch erforderlich und nützlich sein.

Kronengerüst

Geschnitten wird ausschließlich an der sortenmäßig einheitlichen Krone. Sie setzt sich aus verschiedenen Organen zusammen. Ihre Bezeichnungen sollten einheitlich sein, weil nur dann eine allgemeinverständliche Diskussion über den Obstbaumschnitt geführt werden kann. Hierfür soll an dieser Stelle eine klare Begriffsklärung die erforderlichen Voraussetzungen schaffen.

Eine Krone besteht aus Haupt- und Nebenästen. Die Hauptäste als Gerüst des Baumes werden »Leitäste« genannt. Sie entstehen an der Kronenbasis aus dem Stamm und bei den Pyramiden- und kombinierten Pyramiden-Hohlkronen im höheren Kronenbereich auch aus dem »Mitteltrieb«, für den auch die Bezeichnung »Stammverlängerung« üblich ist. Mitteltrieb und Leitäste sind die Grundelemente für die Kronenbildung. Eine nennenswerte Fruchtbildung findet an ihnen nicht statt (Abb. 18; S. 32).

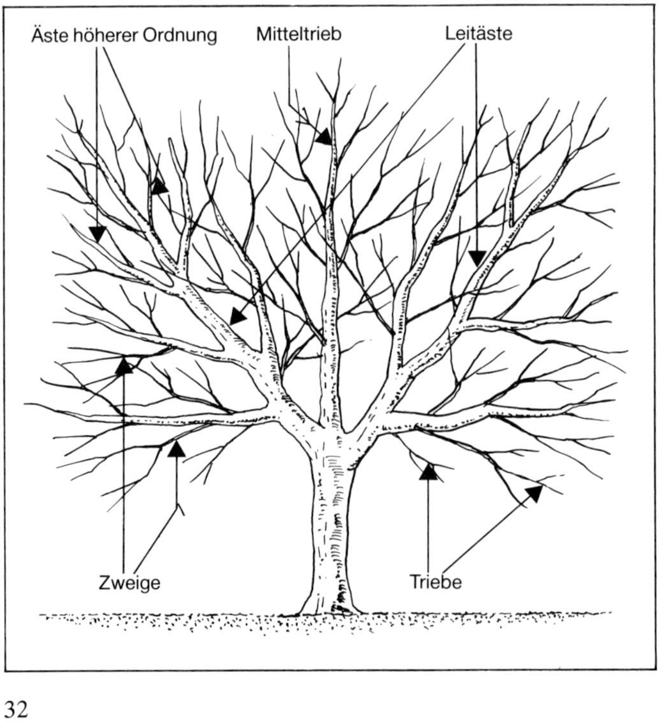

Abb. 18 Die schematische Darstellung einer Obstbaumkrone mit ihren kronenbildenden Organen.

Fruchttragende Organe

Diese eben genannte Fruchtbildung erfolgt vielmehr an den Nebenästen, -zweigen und -trieben, die entsprechend ihrer Entstehung mit Ordnungszahlen belegt werden können. So werden die Leitäste auch als »Äste 1. Ordnung«, die aus ihnen hervorgehenden Organe als »Äste 2. Ordnung« bezeichnet, aus denen wiederum »Äste 3. Ordnung« entstehen können. In gleicher Weise können weitere Organe höherer Ordnung gebildet werden. Je höher die Ordnungszahl ist, um so jünger ist ein Organ. Die Fruchtbildung erfolgt stets an Organen höherer Ordnung, bei vielen Steinobstarten, wie bei Pfirsichen und Sauerkirschen, sogar ausschließlich am Organ der höchsten Ordnung, also dem im Vorjahr gewachsenen Trieb.

Triebe, Zweige und Äste

Eine bessere Ansprache der Kronenorgane als die nach Ordnungszahlen ermöglicht eine Unterscheidung nach Altersgruppen. So sind Organe, die nicht älter als 1 Jahr sind, »einjährige Triebe«, zweijährige Organe »zweijährige Triebe«. Drei- und vierjährige Organe werden als »Zweige« und alle älteren als »Äste« bezeichnet (Abb. 18; S. 32).

Frucht- und Holztriebe

Letztlich wird noch altersunabhängig nach Art und Funktion der einzelnen Organe unterschieden. Ohne hier bereits auf die Unterscheidung nach bestimmten Formen des Fruchtholzes einzugehen, kann grundsätzlich zwischen »Fruchttrieben« und »Holztrieben« unterschieden werden. Dabei stellt die Bezeichnung »Fruchttrieb« beim Kernobst in diesem Zusammenhang nicht gleichzeitig eine Altersklassifizierung dar. Fruchttriebe dieser Obstarten können auch älter als 1 und 2 Jahre sein. Deshalb wird hier auch einfach zwischen »altem« und »jungem Fruchtholz« unterschieden (Abb. 41; S. 64). Nur bei vielen Steinobstarten sind die Fruchttriebe ausschließlich einjährige Triebe.
Beim Kernobst sind Frucht- und Holztriebe in der Regel durch die Knospenarten gekennzeichnet. Während Holztriebe ausschließlich Blattknospen besitzen, befinden sich an den Fruchttrieben zumindest jeweils eine, häufig aber sogar mehrere oder viele Blüten- oder Fruchtknospen. Die Holztriebe sind vornehmlich Langtriebe, die Fruchttriebe dagegen überwiegend Kurztriebe. Nur einige Apfelsorten, wie zum Beispiel 'Golden Delicious', 'Jonagold', 'James Grieve' und andere weisen gelegentlich auch gemischte einjährige Langtriebe mit Blatt- und Blütenknospen auf, die andererseits bei vielen Steinobstarten die Regel sind (Abb. 55, 59, 62, 63; S. 77; 81; 84).

Das Anschneiden – Zurückschneiden – Ableiten

Die in späteren Kapiteln folgenden speziellen Hinweise zur Durchführung des Schnittes werden nur dann verständlich, wenn zwischen dem »Anschnitt«, »Rückschnitt« und »Ableiten« eines Kronenorgans unverwechselbar unterschieden werden kann. Handelt es sich bei diesen Formulierungen doch keineswegs um willkürlich gewählte Bezeichnungen, vielmehr hat jede Bezeichnung eine ganz bestimmte Aussagekraft.

Nur einjährige Triebe werden »angeschnitten«

Es handelt sich beim »Anschneiden« immer um das Einkürzen eines höchstens 1 Jahr alten Triebes. Die Stärke des Anschnittes richtet sich dabei nach der beabsichtigten Wirkung. Gegenüber früheren Schnittgewohnheiten hat das »Anschneiden« seine Bedeutung im heutigen modernen Obstbau mit zweckmäßigen Schnittmethoden und -techniken weitgehend verloren. Es spielt nur noch während der Zeit des Erziehungsschnittes (siehe S. 53) für den

Aufbau der Krone beim Zurücksetzen der Leitastverlängerungen und des Mitteltriebes eine Rolle.
Um so wichtiger ist allerdings während dieser Aufbauphase der Krone die schnittechnisch richtige Durchführung des Anschnittes. Der Verlängerungstrieb eines Leitastes kann nur in die Richtung wachsen, die ihm durch den Stand der obersten Knospe – auch »Auge« genannt – nach dem Anschnitt vorgezeichnet ist. Deshalb muß immer auf ein Auge angeschnitten werden, das in die beabsichtigte Wuchsrichtung des Leitastes zeigt. Damit dieses tatsächlich austreiben kann, muß der Schnitt mit einer leichten Neigung vom Auge weg unmittelbar über dem Auge ausgeführt werden (Abb. 105; S. 134).

Ältere Organe werden »zurückgeschnitten«

Die Verwendung des Begriffes »Anschneiden« gibt einen klaren Hinweis auf das »Warum« (zum Kronenaufbau), »Woran« (an einjährigen Verlängerungstrieben von Leitästen und Mitteltrieb) und »Wie« (unmittelbar über einem Auge in künftiger Wuchsrichtung) einer Schnitt- und Erziehungsmaßnahme. Derartig genau Rückschlüsse auf das »Warum«, »Woran« und »Wie« läßt der Fachausdruck »Zurückschneiden« bei physiologisch erforderlich werdenden Schnitteingriffen nicht zu. Das macht diese Art der Ansprache einer Schnittmaßnahme dennoch für den obstbaulichen Sprachgebrauch nicht entbehrlich.
Der wenig verbindliche Ausdruck »Zurückschneiden« wird immer dann benutzt, wenn ganz allgemein darauf hingewiesen werden soll, daß Organe einer Krone durch den Schnitt verkleinert werden müssen. Ob es sich dabei um die Verkleinerung der Gesamtkrone oder nur um Teile, und gegebenenfalls um welche Teile der Krone es sich dabei handelt (zum Beispiel Leitäste, Stammverlängerungen oder Nebenäste), und in welcher Stärke der Schnitteingriff vorgenommen werden muß, bedarf immer näherer Erläuterungen.

»Ableiten« ist die zweckmäßige Form des Zurückschneidens

Kein Zweifel besteht allerdings, wenn vom Zurückschneiden gesprochen wird, darüber, daß es sich nur um älteres zurückzuschneidendes oder -zusägendes Holz und eine ganz bestimmte Schnittmethode handeln kann. Während es früher verschiedene Arten des Zurückschneidens am älteren Holz gab, zu dem auch das Anschneiden oder -sägen gehörte, wird heute ausschließlich »abgeleitet« oder »abgelegt«. Entgegen früheren Schnittmethoden geht der Rückschnitt nämlich nicht mehr auf einzelne Augen (Knospen) zurück, sondern endet immer an einer Vergabelung zweier Kronenorgane. Daraus ergibt sich der heute vom ansteigenden Ertragsstadium an bei allen Obstarten praktizierte »Ableitungsschnitt« auf eine der Zweig- oder Astbasis näherstehende Vergabelung (Abb. 19; S. 35).
Abgeleitet wird in der letzten Phase immer auf einen einjährigen Trieb, der sowohl ein Holztrieb, aber auch ein Fruchttrieb sein kann. Das Ableiten auf Fruchttriebe sollte dabei aber stets als letzte Lösung gewählt werden.
Nicht in jedem Fall ist mit einem einzigen Schnitt sofort das Endziel des Ableitens zu erreichen. Der Gesamtvorgang des Ableitens kann auch aus mehreren Schnitten innerhalb eines Arbeitsganges bestehen, indem zunächst auf einen Ast oder Zweig und erst mit einem zweiten oder dritten Schnitt auf einen aus diesem Organ hervorgehenden Trieb abgeleitet wird. Auf keinen Fall darf der Endtrieb nach dem Ableiten noch angeschnitten werden.
Im Gegensatz zum Anschneiden der Triebe früherer Jahre entstehen beim Ableitungsschnitt zwar weniger, dafür aber größere Schnittwunden. Abgesehen von Obstarten mit empfindlichem Holz, wie Pfirsiche und Kirschen, ist damit in regelmäßig geschnittenen Kronen dennoch keine zusätzliche Wundbehandlung erforderlich, wohl aber Sorgfalt beim Schneiden oder Sägen geboten. Die Säge- oder Schnittfläche sollte ohne Überstand etwa parallel zur Wuchsrichtung des Triebes, Zweiges oder Astes verlaufen, auf den abge-

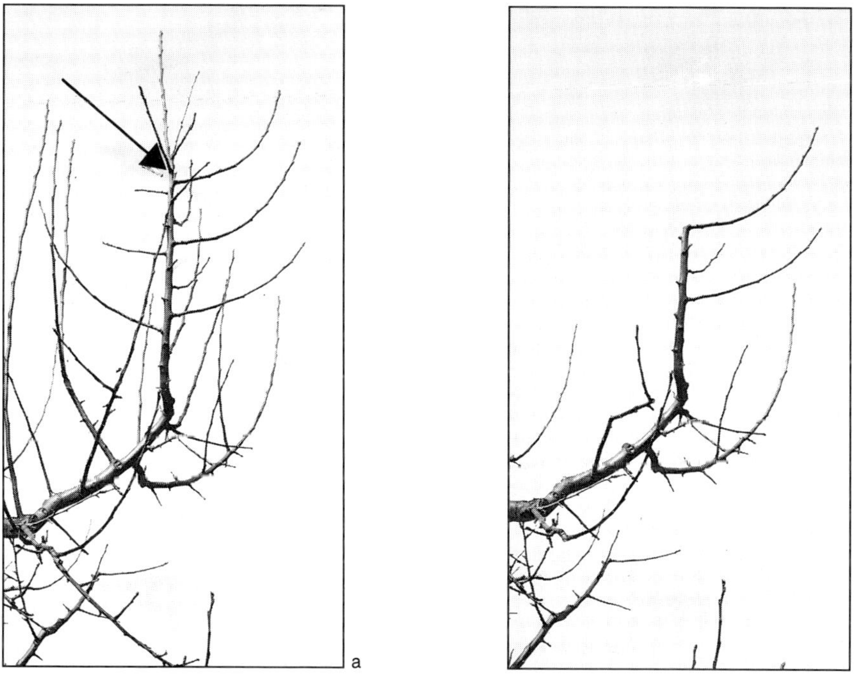

a b

Abb. 19 Die Ausführung des »Ableitens« am Beispiel eines jungen Leitastes an einem Apfelbaum
a Vor dem Schnitt
b Nach dem Ableiten auf eine günstig stehende Leitastverlängerung (Pfeil = Ableitungsschnittstelle).

legt wurde. Überstehende Zapfen oder eine schlechte Scheren- bzw. Sägeführung behindern die unbedingt notwendige schnelle und lückenlose Wundheilung (Abb. 107; S. 136). Das Zurückschneiden in der Form des Ableitens hat arbeitswirtschaftliche und physiologische Vorteile. So schränkt das Fehlen des früher üblichen Anschneidens im Zusammenhang mit dem Zurückschneiden die Zahl der Schnitte stark ein. Das führt zu einer merklichen Steigerung der Schnittleistung bei gleichzeitiger Senkung der Kosten für die Schnittarbeiten. Mit der Abnahme der Einzelschnitte vermindert sich gleichzeitig auch die Anzahl der Neutriebe, die wiederum eine vermehrte Schnittarbeit im nächsten Jahr zur Folge hätten.

Da der Anschnitt beim Kernobst stets Holztriebe hervorruft, bringt das Ableiten ohne Anschnitt gleichzeitig physiologische Vorteile, weil es das Holztriebwachstum zugunsten des Fruchttriebwachstums einschränkt. Beim Steinobst, dessen einjährige Triebe sowohl Holz- als auch Fruchttriebe sind, führt das Ableiten im Gegensatz zum Anschneiden zu einem ausgewogenen Maß an Fruchttriebbildung.

Die Bauformen und Stammhöhen

Hochstamm	1,80–2,00 m
Halbstamm	1,40–1,60 m
Niederstämme	1,00 m und niedriger
Viertelstamm	1,00 m
Busch	0,60–0,80 m
Spindelbusch und Spindel	0,50–0,60 m

Bestimmendes Merkmal der Baumform ist die Stammhöhe. Sie wird vom Boden bis zur ersten Kronenvergabelung des Stammes gemessen. Danach gibt es insgesamt 5 Baumformen. Einige Stammformen werden im fachlichen Sprachgebrauch häufig in Gruppen zusammengefaßt und mit einer Sammelbezeichnung versehen. So ist für alle Stämme bis zu 1 m Länge heute die Bezeichnung »Niederstamm« gebräuchlich. Hierunter fallen die Viertelstämme, Büsche, Spindelbüsche und Spindeln. Sie sind gleichzeitig die einzigen Baumformen, die aus der Gesamtpalette der Baumformen heute noch pflanzwürdig sind.
Da sich alle Obstarten, auch jene, für die es noch keine schwachwachsenden Unterlagen gibt, als Niederstämme erziehen lassen, besteht heute keine physiologisch bedingte Notwendigkeit mehr zur Pflanzung von Hoch- und Halbstämmen. Die Entscheidung über die zu wählende Baumform kann daher ausschließlich nach arbeitswirtschaftlichen Überlegungen und damit nach der Zweckmäßigkeit einer Baumform getroffen werden. Unter diesem Gesichtspunkt bieten die Niederstämme bei gleichzeitig frühem Ertragsbeginn besondere Vorteile durch leicht auszuführende Pflege- und Erntearbeiten. Lediglich in Mostobstanlagen kann, soweit besondere Umstände es erfordern, die Anpflanzung von Hoch- und Halbstämmen noch eine Berechtigung haben. Aber auch hier ist schlecht einzusehen, warum nicht trotz Verwendung starkwachsender Unterlagen selbst bei dieser Art des Obstbaues dem kurzen Stamm der Vorzug gegeben werden soll.
Alle Obstarten können sowohl als Busch wie auch als Viertelstamm aufgebaut werden. Dabei sollte bei den großkronigen Bäumen, wie Süßkirschen, Birnen auf Sämlingsunterlage, Äpfeln auf M 4 oder M 11 und Walnüssen zur Wahrung einer ausreichenden Bodenfreiheit für die Arbeiten unter der Krone dem Viertelstamm vor dem Buschbaum der Vorzug gegeben werden.
Die ganz kleinen Baumformen, wie Spindelbusch und Spindel, müssen allerdings den Äpfeln und bedingt auch den Birnen vorbehalten bleiben. Nur für sie gibt es mit M 27, M 9 und M 26 für Äpfel und der Quitte für Birnen Unterlagen, die eine Erziehung sehr kleiner Bäume ermöglichen und damit Stammlängen von 0,50–0,60 m rechtfertigen.

Die Kronenformen

Die Baumform wird bei zweijähriger Pflanzware bereits in der Baumschule festgelegt. Beim Kauf sogenannter »Einjähriger Veredlungen« erfolgt die Bestimmung der Baumform dagegen durch den Pflanzschnitt in der Obstanlage beziehungsweise im Hausgarten (siehe S. 47). Von diesem Zeitpunkt an nimmt sie auf den weiteren systematischen Aufbau des Baumes und die Schnittechnik keinen Einfluß mehr. Ganz anders verhält es sich dagegen mit der Behandlung der Baumkrone. Wohl muß auch für sie spätestens am zweijährigen Baum die grundsätzliche Entscheidung über den Aufbau getroffen werden, doch erfordert der vollständige Aufbau, ihre Erhaltung und gelegentlich auch ihre Wiederherstellung, zum Beispiel beim Erneuerungsschnitt oder nach einer Umveredlung, jährliche Schnittarbeit.
Die Baumkrone, die an der ersten Vergabelung des Stammes beginnt, ist damit Objekt aller Schnittarbeiten. Sie kann nach der klassischen Einteilung in vier Formen erzogen werden. Heute sollte sinnvoll aber nach fünf Kronenformen unterschieden werden. Dabei spielt es keine Rolle, ob diese Kronenformen auf Hoch-, Halb- oder Niederstämmen stehen. Lediglich Spindelbüsche und Spindeln dürfen aufgrund der für ihre Erziehung unbedingt erforderlichen Veredlung auf schwachwachsenden Unterlagen nur 0,50–0,60 m hohe Stämme haben.

Pyramidenkrone

Die dem natürlichen Wuchs der Obstbäume am stärksten nachempfundene Kronenform ist die »Pyramidenkrone«. Sie gilt daher als die klassische Kronenform, ist damit wegen der

a

b

c

d

Abb. 20 Die Kronenformen

a Pyramidenkrone mit Leitästen und Nebenästen sowie einem durchlaufenden Mitteltrieb.
b Hohlkrone mit 3 Leitästen und Nebenästen ohne Mitteltrieb.
c Kombinierte Pyramiden-Hohlkrone mit Leitästen und Nebenästen sowie einem anfänglich vorhandenen, später entgipfelten Mitteltrieb.
d Spindelbusch mit einem einzigen leitastähnlichen, jedoch bewußt flach gehaltenen Astkranz ohne Nebenäste an der Kronenbasis und pyramidalem Aufbau bis zur Kronenspitze aus Trieben und Zweigen, aber ohne weitere Astbildung.
e Spindel- oder Pillarbaum mit Aststummeln ohne Nebenäste an der Kronenbasis und schlankem, spitzpyramidalem Kronenaufbau ausschließlich aus Trieben und Zweigen.

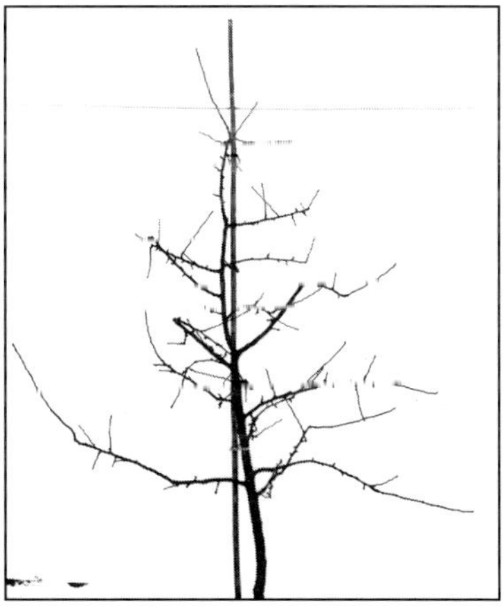
e

fehlenden Zweckmäßigkeit in ihrem Aufbau aber keineswegs auch die erstrebenswerte Form. Charakterisierende Merkmale einer Pyramidenkrone sind »Leitäste« und eine vom Fuß der Krone bis in die Kronenspitze durchlaufende »Stammverlängerung«, auch »Mitteltrieb« genannt. Die Gesamtzahl der Leitäste ist bei dieser Kronenform nur durch die Kronenhöhe begrenzt, nicht dagegen in ihrer lokalen Entstehung aus dem Mitteltrieb (Abb. 20a; S. 37).

Die Bildung der Leitäste kann höhenmäßig nämlich in mehreren »Leitastserien« erfolgen. Jede dieser Serien darf 3, höchstens jedoch 4 Leitäste umfassen. Alle zusätzlichen Leitäste innerhalb einer Serie verhindern mit fortschreitendem Alter eine angemessene Entwicklung der aus ihnen hervorgehenden Seitenäste. Der Abstand vom obersten zum untersten Leitast einer Serie sollte am Mitteltrieb nicht mehr als 0,50–0,60 m betragen. Ihre Anordnung um den Mitteltrieb muß wegen dieses engen Abstandes besonders gleichmäßig erfolgen. Die nächsthöhere Leitastserie darf frühestens 1,20 m über dem nächstniedrigeren Leitast gebildet werden. In dieser Weise erlaubt die Pyramidenkrone die Bildung mehrerer Leitastserien.

Günstiger als die Entstehung der Leitäste in Serien ist eine Bildung von »Leitastgruppen«. Voraussetzung hierfür ist eine größere Streuung bei der Bildung der Leitäste mit einem Abstand von etwa 0,50 m von Ast zu Ast in ebenfalls gleichmäßiger Verteilung um den Mitteltrieb. Den einzelnen Leitästen steht auf diese Weise mehr Raum für die spätere Entwicklung ihrer Seitenäste zur Verfügung als bei einer serienmäßigen Anordnung. Allerdings wird für den Aufbau einer Krone mit gruppenweiser Leitastbildung mehr Zeit benötigt, da alleine der Aufbau der ersten Gruppe mindestens um ein, vielfach sogar um zwei Jahre verzögert wird. Hierauf wird bei der Behandlung des Erziehungsschnittes noch näher eingegangen. Der Abstand von Leitastgruppe zu Leitastgruppe sollte 0,80–1 m betragen.

Pyramidenkronen sind immer hohe Kronen im Verhältnis zu allen anderen Kronenformen. Sie sind deshalb auch unzweckmäßige Kronen, weil der größte Teil der Arbeiten an diesen Kronen, zumindest in den Ertragsjahren, von der Leiter aus verrichtet werden muß. Für die Pyramidenkrone spricht lediglich, daß ihre Leitäste bei einem zweckmäßig gewählten Leitastwinkel zum Mitteltrieb nur selten abschlitzen. Wenn der Baum noch nicht zu alt ist, läßt sich selbst ein abgeschlitzter Leitast aus dem Mitteltrieb wieder neu aufbauen oder ersetzen. Physiologisch vertretbar ist die Pyramidenkrone für alle Obstarten, ausgenommen Pfirsiche und Aprikosen.

Hohlkrone

Zu überhöhten Bäumen kommt es nicht, wenn anstelle der Pyramidenkrone eine »Hohlkrone« aufgebaut wird. Ihr fehlt von Beginn an der Mitteltrieb. Sie besteht daher ausschließlich aus 3 bis 4 Leitästen (Abb. 20b; S. 37). Das Fehlen einer Stammverlängerung schränkt zwangsläufig das Höhenwachstum ein. Ein weiterer Vorteil der Hohlkrone ist eine besonders gute Belichtung des inneren Kronenraumes.

Früher wurde unter den Hohlkronen noch nach »Trichter-« und »Kesselkronen« unterschieden. Diese, der Zeit des Kunstkronenbaues entstammenden Kronenformen, haben heute keine praktische Bedeutung mehr. Sie waren gekennzeichnet durch eine sehr regelmäßige Erziehung der Äste höherer Ordnung, die jedoch arbeitsaufwendig war und arbeitserschwerend wirkte, aber keinen wirtschaftlichen Nutzen brachte. Heute werden die Leitäste der Hohlkrone nicht anders als die der anderen Kronenformen erzogen.

Trotz des Vorteils eines niedrigen Wuchses ist die Erziehungsform einer Hohlkrone nicht unproblematisch. Das Fehlen eines Mitteltriebes erhöht die Gefahr des Abschlitzens der Leitäste. Es muß daher durch ein entsprechend starkes Anschneiden der Leitäste beim Erziehungsschnitt und ein häufigeres Ableiten in der Zeit des Vollertrages für eine besondere

Kräftigung und Stabilisierung der Leitäste gesorgt werden. Hierdurch verzögert sich zwangsläufig der Kronenaufbau. Das muß in Kauf genommen werden, denn abgeschlitzte Äste können im Ertragsalter kaum ersetzt werden, so daß der Verlust nur eines Leitastes die Krone um ein Drittel oder ein Viertel ihrer Ertragsbasis schmälern kann.
Trotz dieser Einschränkung in ihrer Beurteilung sind Hohlkronen zweckmäßigere Kronen als reine Pyramidenkronen. Sie sind für Pfirsiche und Aprikosen sogar die einzig mögliche Kronenform, weil bei beiden Obstarten kaum ein ausreichend kräftiger Mitteltrieb gebildet werden kann. Jeder Versuch, eine Pyramidenkrone zu bilden und einen Mitteltrieb aufzubauen, würde dazu führen, daß dieser bald von den Leitästen überwachsen würde. Außerdem hätte er eine so geringe Standfestigkeit, daß aus ihm schnell ein weiterer Leitast entstände. Selbst ohne diesen physiologisch bedingten Zwang wäre die gute Belichtung der Früchte in einer Hohlkrone für diese licht- und wärmeliebenden Obstarten im lichtarmen mitteleuropäischen Klimabereich die zweckmäßigste Kronenform.
Auch für die Erziehung der Birnenbäume bringt die Hohlkrone besondere Vorteile. Ihr von Natur aus sehr ausgeprägtes Höhenwachstum kann mit der Wahl dieser Kronenform merklich gebremst werden. Da zugleich die Leitäste der meisten Birnensorten als Folge eines sehr engen Winkels an ihrer Entstehungsstelle am Mitteltrieb sehr steil stehen, sind sie wenig vom Abschlitzen bedroht. Nicht zuletzt besteht auch für Sauerkirschen eine artspezifische Eignung für die Hohlkronenerziehung. Die leichtere und daher schnellere, wegen der geringen Fruchtgröße besonders aufwendige Beerntung sollte hier ausschlaggebend für die Entscheidung zugunsten der Hohlkrone sein. Lediglich in Anlagen, in denen »Mechanische Erntegeräte« zum Einsatz kommen sollen, kann auf den Mitteltrieb nicht verzichtet werden.
Im Gegensatz zu den Pfirsichen und Aprikosen, die keine leistungsfähigen Mitteltriebe bilden oder aus ihnen kurzfristig Leitäste werden lassen und daher ausschließlich als Hohlkrone erzogen werden können, ersetzen umgekehrt die Süßkirschen einen fehlenden Mitteltrieb in wenigen Jahren durch einen sich aufrichtenden Leitast. Deshalb sind Süßkirschen als einzige Obstart nicht geeignet, als Hohlkrone erzogen zu werden, obwohl gerade ihre oft übergroßen und hohen Kronen durch den Wegfall des Mitteltriebes von Beginn an niedriger gehalten werden könnten.

Kombinierte Pyramiden-Hohlkrone

Abgesehen von solchen Obstarten, bei denen zur Wahrung entscheidender Vorteile einer Krone ohne Mitteltrieb der Hohlkrone freiwillig der Vorzug vor der Pyramidenkrone gegeben wird, oder die zwangsweise in dieser Kronenform erzogen werden müssen, kann für alle anderen Obstarten in einem Kompromiß zwischen der Pyramiden- und der Hohlkrone in Form der »Pyramiden-Hohlkrone« die ideale Kronenform für Buschbäume, Viertel-, Halb- und Hochstämme gesehen werden. Sie vereinigt in sich die Vorteile beider Kronenformen und umgeht ihre Nachteile.
Ihre Erziehung gleicht zunächst der einer Pyramidenkrone. Die Gefahr des Abschlitzens der Leitäste besteht daher nicht. Erst in einem späteren Entwicklungsstadium ändern sich die Erziehungsmerkmale, indem möglichst über der zweiten, spätestens aber über der dritten Leitastserie oder Leitastgruppe der Mitteltrieb entfernt und damit das weitere Höhenwachstum begrenzt wird. Bei der Umstellung älterer und zu hoher Pyramidenkronen auf die Pyramiden-Hohlkrone kann auch auf höhere Leitastserien abgeleitet werden (Abb. 20c; S. 37).
In welcher Höhe beziehungsweise nach welcher Leitastserie oder -gruppe das »Entgipfeln«, wie diese Maßnahme auch gelegentlich genannt wird, vorgenommen wird, sollte ausschließlich nach den Gesichtspunkten der Zweckmäßigkeit entschieden werden. Hierfür sind Leiterlänge, Leistungsfähigkeit der

Spritzaggregate, Belichtung der Nachbarbäume, aber auch die persönliche Einstellung des Baum- oder Obstanlagenbesitzers ausschlaggebend. Physiologische Rücksichtnahme ist lediglich bei der künftigen obersten Leitastserie oder -gruppe im Hinblick auf den Ansatzwinkel der Leitäste am Mitteltrieb geboten. Er sollte unbedingt flacher als 45° sein. Je mehr sich diese Äste der Waagerechten nähern, um so geringer ist die Gefahr, daß sich das Höhenwachstum nach der Umstellung auf die Leitäste verlagert und sich auf diese Weise auch künftig fortsetzt.

Spindelbusch

Nur begrenzte Anwendungsmöglichkeiten bestehen für die restlichen Kronenformen. Das ist besonders bedauerlich, weil gerade sie die zweckmäßigsten Kronenformen sind; denn sie ermöglichen den Aufbau so kleiner Bäume, daß eine Bearbeitung vom Boden oder höchstens von einem Pflückschlitten (siehe S. 153) oder einem kleinen Tritt aus möglich wird. Sie setzen schwachwachsende Unterlagen voraus, die es mit den Unterlagen M 27, M 9 und M 26 in ausreichender Variationsbreite für alle Bodenarten und Sorten nur für Äpfel und, stark eingeschränkt, mit der Quittenunterlage für Birnen gibt. Deshalb kann alles, was hier zur Bildung der »Spindelbuschkrone« ausgeführt wird, ohne Einschränkungen nur für Äpfel gelten. Nur auf nicht zu wüchsigen und kalkarmen Böden und bei Verwendung höchstens mittelstarkwachsender Sorten kann es auch für Birnen auf Quittenunterlage Gültigkeit haben.

Gleich der Pyramidenkrone besteht auch die Krone eines Spindelbusches aus einem Stamm und einem bis in die Kronenspitze durchlaufenden Mitteltrieb. Im Gegensatz zu allen anderen bisher angesprochenen Kronenformen fehlen ihr aber die Leitäste. Nur im unteren Drittel der Krone werden einige, im Unterschied zu den im Winkel von etwa 45° entstehenden Leitästen aber deutlich flacher verlaufende Triebe, zu einem kleinen Kronengerüst ausgebildet. Aus diesen Zweigen und Ästen, die sich im mittleren Kronenbereich in verkürzter Form wiederholen, im oberen Kronendrittel aber nur stummelartig oder gar nicht mehr in Erscheinung treten, entstehen unmittelbar die Fruchttriebe. An der Spitze der Krone werden sie direkt aus dem Mitteltrieb gebildet (Abb. 20d; S. 37).

Mit Ausnahme des unteren Astkranzes sind alle höherstehenden Seitentriebe, -zweige oder -äste, anders als die lebenslang zu erhaltenden Leitäste, austauschbar und erneuerungsfähig. Die Zahl der Seitenorgane ist beliebig. Sie richtet sich nach der Zweckmäßigkeit der Kronengestaltung und hat sich daher daran zu orientieren, daß jeder Kronenteil gut belichtet ist, die Erträge reich sind, aber die Bäume sich nicht erschöpfen oder zu früh vergreisen und das Fruchtholz nicht überaltert. Die Baumhöhe sollte 2,20–2,50 m nicht übersteigen. In dieser Form gehört der Spindelbusch heute zu den zweckmäßigsten Kernobstbäumen.

Spindel oder Pillarbaum

Ohne jede Ausnahme auf Äpfel zugeschnitten ist die »Spindel- bzw. Pillarkrone«. Die hier gebrauchte Doppelbezeichnung ist erforderlich, weil aus der alten deutschen Bezeichnung »Spindel« durch den Import eines neuen Namens aus England in den 60er Jahren plötzlich ein völlig neuer »Pillarbaum« wurde. In Wirklichkeit bestehen hinsichtlich des Kronenaufbaues zwischen der klassischen Spindelkrone und der Pillarkrone keine Unterschiede, die eine Namensänderung rechtfertigen könnten. Nichts beweist das übrigens besser, als die neuerdings für diese Kronenform auch wieder verwendete Bezeichnung »Schlanke Spindel«.

Diese Begriffsvielfalt – »Spindel«, »Schlanke Spindel«, »Pillarbaum« – führt nur zur Verunsicherung aller mit dem Baumschnitt befaßten Praktiker. Es ist nicht einzusehen, warum regional bedingte, nur aufgrund besonderer ökologischer Verhältnisse erforderlich werdende

Abwandlungen einer klassischen und bewährten Erziehungsform auch gleich einen neuen Namen rechtfertigen sollen.
Unabhängig vom gewählten Namen unterscheidet sich die »Spindelkrone« von allen anderen Kronenformen durch ein Fehlen von Leitästen und leitastähnlichen kurzen Astgerüsten. Die Fruchttriebe entspringen hier alle direkt dem Mitteltrieb oder kurzen Zweigstummeln und sollen nicht älter als 3 Jahre werden. Eine Astbildung ist daher gar nicht erst möglich (Abb. 20e; S. 37). Nach 3 Jahren werden sie gegen junge Triebe ausgewechselt. Auch hier ist die Anzahl der Triebe variabel und wird, wie bei der Spindelbuschkrone von Zweckmäßigkeitsüberlegungen bestimmt.
Der praktischen Verwirklichung dieser Kronenform sind Grenzen gesetzt. Nur in typischen Apfelanbaugebieten und auf besten Böden ist die ständige Erneuerung der Seitentriebe und eine stets gleichbleibende Garnierung des Mitteltriebes von der Kronenbasis bis zur Kronenspitze gewährleistet.

Die Kronenentwicklung

Waren bei der Beurteilung der Kronenformen ausschließlich deren Bestandteile, ihr Aufbau und ihre vertikale Gestaltung Gegenstand der Betrachtungen, so sollen jetzt die verschiedenen Möglichkeiten der horizontalen Kronenentwicklung in bezug auf ihre Zweckmäßigkeit beleuchtet werden.

Rund- und Ovalkrone

Den natürlichen Wachstumsgesetzen folgend breitet sich eine Krone ohne Schnitteingriffe horizontal mehr oder weniger kreisförmig als »Rundkrone« aus. In dieser Form ist sie für viele Obstarten die geeignete Krone für den Hausgarten. Im Erwerbsanbau hat die Rundkrone dagegen nur im Mostobstanbau und im heute immer seltener werdenden Streuobstanbau auf Halb- und Hochstämmen und bei Spindelbüschen und Spindeln eine Bedeutung.

Im Erwerbsanbau zwingt die Mechanisierung in allen Bereichen der Obstkultur auf der einen Seite zur Schaffung ausreichend breiter Fahrgassen in den Anlagen, andererseits erfordert die Rentabilität einer Obstkultur aber auch möglichst hohe Bestandsdichten. Beides läßt sich gleichzeitig nur verwirklichen, wenn die Kronenentwicklung von der Rundkrone auf die »Ovalkrone« umgestellt wird. Das ermöglicht engere Reihenabstände und erhöht damit die Anzahl der Bäume je Flächeneinheit.
In Anlagen mit dieser Zielsetzung werden die Bäume so lange als Rundkrone erzogen, bis ihre Ausdehnung in Richtung Fahrgasse das Arbeiten mit Maschinen in den Fahrstreifen behindert. Von da an muß die Förderung des Wachstums in Reihenrichtung Vorrang erhalten und gleichzeitig das Wachstum in Richtung Fahrgasse mehr und mehr eingeschränkt werden, indem die Krone »abgeflacht« wird. Aus der Rundkrone wird so allmählich eine Ovalkrone.
Es erübrigt sich, wie von anderen Autoren geschehen, für die Kronenentwicklung als weitere Steigerung der Abflachung einer Krone mit dem Begriff »Flachkrone« noch einen weiteren Begriff für die Kronenentwicklung einzuführen. Die Übergänge sind so fließend und »oval« und »flach« so unpräzise in ihrer Aussage, daß es dem Betriebsleiter oder Hausgartenbesitzer überlassen bleiben kann, ob er eine Krone zweckmäßig mehr oval oder mehr flach erziehen will oder muß. Wichtig ist allerdings, daß die Einschränkung des Wachstums nicht durch Anschnitt, sondern durch Ableiten auf schwaches Fruchtholz erfolgt.

Hecke

Das Schließen der Pflanzstreifen mit Hilfe des Schnittes führt automatisch zur Bildung einer Hecke. Dieser Weg des Aufbaues einer Hecke wird im modernen Obstbau allerdings heute nur noch selten beschritten. Häufig handelt es sich hierbei auch gar nicht um den planvollen Aufbau einer Hecke, sondern vielmehr um eine Notlösung, weil eine Pflanzung, die zunächst zwar mit dem Ziel einer Rundkronenerziehung erstellt wurde, durch zu geringe Pflanzabstände oder ein zu starkes Wachstum der Bäume die Beibehaltung dieser Kronenentwicklung nicht erlaubte. Um den Maschineneinsatz in derartig fehlgeplanten Anlagen auch weiterhin zu ermöglichen, müssen zwangsläufig die Fahrgassen »freigeschnitten« werden, was letztlich zu einer heckenartig aufgebauten Pflanzung führt.

Richtige Hecken werden dagegen bereits bei der Pflanzung geplant. Zu ihnen gehören viele Kunstkronenformen, die wegen des hiermit verbundenen hohen Arbeitsaufwandes beim Formieren und Schneiden im praktischen Obstbau heute keine Bedeutung mehr haben, wie z. B. Reihen in »Palmetten-, Kordon- oder Fächerform«, die »Thomas Bouché-«, »Hechinger-« oder »Belgischen Hecken«.

Dennoch spielen Hecken auch, oder gerade heute eine bedeutende Rolle. Sie ermöglichen durch einen engen Stand in den Reihen eine hohe Bestandsdichte, gewährleisten gleichzeitig aber auch das ungehinderte Arbeiten in ausreichend breiten Fahrgassen. Das bequeme Bearbeiten der im allgemeinen 2,00–2,50 m hohen Hecken vom Boden, einem Pflückschlitten oder einer niedrigen Trittleiter aus sind weitere Vorteile dieser Art der Erziehung. Das macht sie im modernen Obstbau überall dort unentbehrlich, wo das physiologische Verhalten der Obstarten ihre Anwendung ermöglicht. Nicht zuletzt erlauben die »Obstwände« einer Obsthecke einen umweltschonenden Einsatz von Pflanzenbehandlungsmitteln, weil die Spritzbrühe unmittelbar und ohne nennenswerte Abdrift die Pflanzen erreicht.

Diese Hecken sehen allerdings völlig anders aus als die früheren Heckenformen. Es wird besonderer Wert auf eine möglichst naturgemäße Kronenerziehung gelegt und so wenig wie möglich formiert. Hierzu zählen in erster Linie die Spindelbusch-, Spindel- oder Pillaranlagen im Apfelanbau, die alleine durch ihren engen Abstand in den Reihen zu Hecken werden, innerhalb der Reihen aber als Rundkronen ohne Formierarbeit erzogen werden (Abb. 2a; S. 11).

Etwas mehr, aber dennoch recht wenig Formierarbeit verlangen »Zwei- oder Dreiastkronen am Draht« bei Äpfeln und Birnen. Sie eignen sich besonders für das geringe Platzangebot im Hausgarten. Sie sind wesentlich einfacher aufzubauen und zu erziehen als die früher gerade hier bevorzugten arbeitsaufwendigen Kunstkronenspaliere (Abb. 66, 69, 76; S. 87; 90; 97).

Neuerdings werden sogar Pflaumen, Zwetschen, Mirabellen und Renekloden als »Hohlkronen in Y-form« an einem Drahtgerüst mit 2 Drähten bodennahe als Hecken angepflanzt (Abb. 2b, 73, 74, 75; S. 11, 96). Nicht zuletzt gehören hierzu auch die verschiedenen Heckenerziehungsmethoden im Strauchbeerenobst. Auf sie wird ebenso wie auf alle anderen hier angeführten Methoden bei der Besprechung des speziellen Schnittes einzelner Obstarten ausführlich eingegangen.

Die Abhängigkeit von Baumalter und Obstart

Die Schnittmaßnahmen in den verschiedenen Altersstadien

Technische Ausführung und Zielsetzung des Schnittes haben das Alter des Baumes, die Obstart und nicht selten auch die Obstsorten zu berücksichtigen. Für die altersabhängigen Maßnahmen gelten hierbei für alle Obstarten nahezu die gleichen Grundregeln. Auf die dennoch erforderlich werdenden arten- oder sortenbedingten Abweichungen von diesen Regeln wird an geeigneter Stelle hingewiesen.

Der Schnitt aller Obstarten muß in erster Linie das bereits bekannte Wuchsverhalten unbehandelter Bäume in den einzelnen Altersstadien berücksichtigen (siehe S. 13). Daraus ergibt sich, daß er zunächst auf die möglichst baldige Herstellung und danach auf eine lange Erhaltung des »Physiologischen Gleichgewichts« (siehe S. 16) ausgerichtet sein muß. Es ist daher zu unterscheiden zwischen dem

- »Erziehungsschnitt« des Jungbaumes mit dem Ziel des Aufbaues einer zweckmäßigen und leistungsfähigen Krone bei gleichzeitiger Abkürzung der ertraglosen Zeit (Herstellung des Physiologischen Gleichgewichts), dem
- »Erhaltungsschnitt« des aufgebauten Baumes mit dem Zweck einer möglichst langen Aufrechterhaltung der Vollertragszeit (Erhaltung des Physiologischen Gleichgewichts) und dem
- »Erneuerungs- oder Verjüngungsschnitt« des alternden und im Ertrag abgängigen Baumes mit dem Ziel eines erneuten Eintretens in die Vollertragsphase (Wiederherstellung des Physiologischen Gleichgewichts). Daneben gibt es mit dem
- »Pflanzschnitt« eine weitere Schnittart, die zwar nur in einer bestimmten Altersphase des Baumes angewendet wird, die aber übergreifende Wirkungen auf spätere Entwicklungsabläufe des Baumes haben kann. Eine weitere Schnittart ist der
- »Umveredlungsschnitt«, der in seiner Anwendungsmöglichkeit kaum altersabhängigen Einschränkungen unterliegt, wenn von der Altersphase des Baumes einmal abgesehen wird, in der sich eine Umveredlung niemals lohnt. Dafür muß sich aber seine technische Durchführung dem Altersstadium anpassen, in dem sich der umzuveredelnde Baum befindet. Kaum noch praktische Bedeutung hat der
- »Fruchtholzschnitt«, eine Schnittart, die früher in der Praxis wie in der Literatur über den Obstbaumschnitt immer eine wichtige, überwiegend sogar eine dominierende Rolle gespielt hat. Ihr Ursprung geht auf die Zeit des »Kunstkronenbaues« und die sich anschließende Zeit mit »Naturentfernten Kronenbauen« zurück. Der allgemein widernatürliche, die Fruchtbildung mehr behindernde als fördernde und daher physiologisch falsche, nach unserem heutigen Verständnis auch unzweckmäßige Schnitt dieser Obstbauepochen machte besonders beim Kernobst als Ausgleich einen speziellen Schnitt am Fruchtholz zur Bildung von Fruchtorganen erforderlich.

Heute haben alle richtig durchgeführten Schnitteingriffe einen wesentlich engeren Bezug zum natürlichen Verhalten der Obstbäume. Auch die Zielsetzung des Obstbaumschnittes hat sich geändert. Die unbedingt erforderliche Ausrichtung jeder Schnittmaßnahme auf das Physiologische Gleichgewicht eines Baumes macht sie automatisch auch zu einem »Fruchtholzschnitt«, so daß es sich nicht nur erübrigt, sondern sogar verbietet, den Begriff des »Fruchtholzschnittes« als eine selbständige, fruchttriebfördernde Schnittmaßnahme auch heute noch im Vokabular der Obstbau-Fachsprache zu führen. Wenn der »Fruchtholzschnitt« dennoch hier erwähnt wird, so deshalb, weil von ihm auch heute noch fälschlich von einer selbständigen Schnittmaßnahme gesprochen wird, obwohl er nur noch historische Bedeutung haben kann.

Schnitt und Erziehung beginnen beim Pflanzen

Dem Pflanzschnitt, als erster an der Baumkrone auszuführender Schnittmaßnahme, geht mit der Pflanzung eine Arbeit voraus, die mehr als allgemein angenommen wird, Einfluß auf den künftigen Obstbaumschnitt ausüben kann, wenn sie fehlerhaft ausgeführt wird. Hierbei begangene Fehler schlagen sich in unkontrolliertem und ungewolltem Wachstum nieder und sind in vielen Fällen auch durch bestes schnittechnisches Können und schnittphysiologisches Fachwissen nicht mehr zu korrigieren. Deshalb ist es unerläßlich, der Behandlung des Pflanzschnittes eine angemessene Betrachtung über den gesamten Pflanzvorgang voranzustellen.

Pflanztermin

Bereits der »Pflanztermin« nimmt Einfluß auf die Entwicklung eines Baumes, und zwar auf den Triebzuwachs im ersten Standjahr. Grundsätzlich ist die Herbstpflanzung der Frühjahrspflanzung vorzuziehen. Nur in Anbaugebieten mit extremen Winterfrösten und bei der Pflanzung von Pfirsichen und Aprikosen sollte der Pflanzung im Frühjahr der Vorzug gegeben werden. Da das Wurzelwachstum der Obstbäume erst bei Bodentemperaturen unter +4 °C zum Erliegen kommt, können frischgepflanzte Bäume nach einer Herbstpflanzung in der Regel noch während des Winters erste kurze Neuwurzeln bilden, die unter Ausnutzung der Winterfeuchtigkeit ein besseres Anwachsen ermöglichen. Die Folge ist bei Vegetationsbeginn ein kräftigerer Austrieb als nach einer Frühjahrspflanzung.

Alter des Pflanzbaumes

Engen Bezug zum Anwachsen frisch gepflanzter Bäume und zum Aufbau einer zweckmäßigen Krone hat das »Alter des Pflanzbaumes«. Wenn davon ausgegangen wird, daß zweckmäßige Bäume heute höchstens Viertelstämme sein sollten, dann kommen nur ein- und zweijährige Bäume als Pflanzware in Frage. Lediglich in Sonderfällen spielt auch der dreijährige Pflanzbaum als Hochstamm noch eine Rolle. Hiervon versprechen wiederum besonders die einjährigen Bäume gute Anwuchsergebnisse. Sie werden beim Verpflanzen aus der Baumschule an den endgültigen Standort in ihrer Entwicklung am wenigsten gestört. Außerdem wurden sie in der Baumschule noch keinerlei Schnittmaßnahmen zur Bestimmung der Baumform oder des Kronenbaues unterzogen. Das erlaubt jede beliebige Baumerziehung, die im Gegensatz hierzu bei zweijährigen Bäumen, zumindest bezüglich der Stammhöhe, bereits vorgegeben ist. Nicht zuletzt können einjährige Bäume billiger erworben werden als zweijährige, die allerdings bei sachgemäßer Pflanzung und Pflege in den ersten Standjahren auch ein Jahr früher in den Ertrag kommen. Pfirsiche und Aprikosen ausgenommen, die grundsätzlich einjährig gepflanzt werden sollten, können alle Obstarten sowohl ein- wie auch zweijährig gepflanzt werden.

Pflanzarbeiten

Jeder Pflanzung geht das »Ausheben eines Pflanzloches« mit dem Spaten oder einem Erdbohrer voraus, nachdem zuvor im Erwerbsanbau eine »Vorratsdüngung« aufgrund einer Bodenanalyse ausgebracht wurde, die im Liebhabergarten auch nach Erfahrungswerten unmittelbar vor der Pflanzung gegeben werden kann. In das Pflanzloch wird für alle Bäu-

Abb. 21 Das richtige Pflanzen als wichtige Voraussetzung für die Einhaltung der Erziehungsgrundsätze bei der künftigen Erziehung und dem Schnitt eines Obstgehölzes

a Das Schlagen des Pfahles erfolgt bereits in das Pflanzloch. Zur Festlegung der Pflanzhöhe kann eine Latte zur Niveaubestimmung hilfreich sein.
b Die Veredlungsstelle muß nach dem Einfüllen des Bodenaushubs deutlich über dem Boden stehen.
c Der Pfahl muß auf die richtige Länge zurückgesägt werden, um Kronenverletzungen zu vermeiden.
d Das Anbinden muß fest und leicht schräg erfolgen.
e Der Pflanzschnitt beendet das Pflanzen.
f Fertig geschnittener Buschbaum mit 3 Leitästen und einer Stammverlängerung zur Bildung einer Pyramidenkrone sowie Strohabdeckung der Baumscheibe.

a

b

c

d

e

f

me, die lebenslang zu ihrer Unterstützung einen Pfahl benötigen, wie zum Beispiel Äpfel auf schwachwachsenden Unterlagen, »der Pfahl geschlagen«. Auch hinreichend standfeste Bäume sollten für die ersten 1 bis 3 Jahre einen schwachen Pfahl erhalten, damit sie bis zu ihrer festen Verankerung im Boden einen ausreichenden Halt haben und besser anwachsen.

Von besonderer Bedeutung für die spätere und vorgeplante Entwicklung des Pflanzbaumes und die zu ergreifenden Schnitt- und Schnitthilfsmaßnahmen ist das Einsetzen der Bäume in das Pflanzloch. Hierbei spielt die Bestimmung der richtigen »Pflanzhöhe« eine entscheidende Rolle. Nach beendeter Pflanzung muß die Veredlungsstelle des Baumes deutlich, mindestens aber eine Handbreite über dem Boden stehen. Sie kommt sonst nach dem in den ersten Wochen und Monaten nach der Pflanzung unvermeidlichen Setzen des Bodens mit dem Erdreich in Berührung. Das hat im Laufe der nächsten Jahre die Bildung sogenannter »Sorteneigener Wurzeln« aus der Edelsorte oberhalb der Veredlungsstelle zur Folge, die das mit der Wahl der Unterlage vorgegebene Wachstum des Baumes unkontrolliert und ungewollt verändern. Durch falsches Pflanzen von der Unterlage »freigemachte« Bäume beanspruchen mehr Standraum als ihnen zugedacht war. Mit den üblichen Schnittmaßnahmen kann dieser Entwicklung nur selten Einhalt geboten werden.

Ist eine ausreichende Erfahrung nicht vorhanden oder fehlt die erforderliche Übung beim Pflanzen, was bei Liebhabergärtnern oder Auszubildenden nicht selten der Fall ist, weil sie nur gelegentlich oder noch nicht oft genug Pflanzarbeiten durchgeführt haben, so empfiehlt sich der Einsatz eines Hilfsmittels zur Bestimmung der richtigen Pflanzhöhe. Eine über das Pflanzloch gelegte Latte oder ein Gerätestiel können bei der Niveaubestimmung sehr nützlich sein.

Das Wiedereinfüllen des ausgehobenen Pflanzlochbodens muß nach dem Zerkleinern aller Erdschollen unter ständigem Rütteln des Baumes und gleichzeitigem Antreten des Bodens mit dem Stiefelabsatz vorgenommen werden. Nur so lassen sich Hohlräume in der Pflanzgrube vermeiden, die das Anwachsen erschweren. Um spätere Scheuerstellen des Stammes am Pfahl von vornherein unmöglich zu machen, muß bei der Pflanzung der Abstand zwischen dem Stamm und dem Pfahl etwa eine Handbreite betragen. Der Pfahl selbst wird erst nach dem Festtreten des Baumes auf seine endgültige Höhe geschlagen oder zurückgesägt. Er muß unterhalb der ersten Kronenvergabelung enden. Lediglich bei Apfelspindeln oder Spindelbüschen muß der Pfahl auch am ausgewachsenen Baum noch bis zur Kronenspitze reichen.

Den Pflanzvorgang beschließen das »Anbinden des Baumes« an den Pfahl, das »Ausheben eines flachen Gießrandes« um den Stammgrund, das »Angießen«, das besonders nach einer Frühjahrspflanzung sehr wichtig ist, und das »Abdecken der Baumscheibe« mit organischer Substanz, wie zum Beispiel verrottetem Stallmist. Um Nageschäden durch Mäusefraß vorzubeugen, sollte allerdings ein ausreichender Zwischenraum zwischen dem Abdeckmaterial und dem Stamm bleiben. Angebunden wird der Baum in einem angemessenen Abstand zum Pfahl in der Form einer losen Acht. Dabei muß die Achterschlinge am Pfahl niedriger liegen als am Baum. Andernfalls besteht die Gefahr, daß sich der Baum beim Setzen des Pflanzbodens »aufhängt«, was zu Wurzelabrissen und Hohlräumen im Wurzelbereich führen kann. Die einzelnen Arbeitsgänge beim Pflanzen zeigt die Bildserie 21; S. 45.

Wurzelschnitt

Der erste Schnitt am Pflanzbaum erfolgt nicht an der Edelsorte, sondern bereits vor der Pflanzung am Wurzelkörper. Obwohl der »Wurzelschnitt« keine direkte Bedeutung für die Bildung der Baum- und Kronenform hat, bleibt seine Ausführung nicht ohne Auswirkungen auf das allgemeine Wachstum des Baumes. Dabei sollte beachtet werden, daß das Verpflanzen aus dem Baumschulquartier an a 

 b

Abb. 22 Der Baumschnitt beginnt mit dem Wurzelschnitt
a Nur beschädigte Wurzelteile werden weggeschnitten. Je größer der Wurzelkörper eines Pflanzbaumes ist, um so einfacher ist die Kronenerziehung.
b Qualitätsbäume sollten frei von Wurzelkropfverdickungen sein. Nur kleinere Wucherungen können mit der Baumschere dauerhaft beseitigt werden.

den endgültigen Standort in der Obstanlage oder im Hausgarten zwangsläufig zu einer starken Verkleinerung des Wurzelkörpers geführt hat. Deshalb stellt jeder unnötige zusätzliche Schnitt an den Wurzeln eine weitere Störung des Gleichgewichtes zwischen den ungekürzten oberirdischen Baumteilen und dem besonders bei älteren Pflanzbäumen stark verkleinerten Wurzelkörper dar.
Dennoch kann auf einen Wurzelschnitt nicht ganz verzichtet werden, er muß sich allerdings auf das unbedingt erforderliche Maß beschränken. Seine ausschließliche Aufgabe ist es jedoch, Wurzelbeschädigungen zu beseitigen und zur Bildung neuer Wurzeln anzuregen. Es müssen deshalb zunächst alle beschädigten Wurzeln bis unmittelbar hinter die Schadstelle in gesundes, also helles Holz zurückgeschnitten werden (Abb. 22a; S. 47). Ebenso sind kleinere Wurzelkropfknöllchen zu beseitigen. Obwohl Pflanzbäume aus Markenbaumschulen frei sein sollten von Wurzelverdickungen (Wurzelkropf), hervorgerufen durch das *Bakterium tumefaciens*, sind kleine Wurzelkropfstellen an der Baumschulware immer wieder zu finden. Größere Wurzelkropfknollen sind nicht dauerhaft zu entfernen. Ein guter Pflanzbaum muß frei sein von Wurzelkropf (Abb. 22b).
Gleichzeitig sollten auch alle unbeschädigten Wurzeln mit einem Durchmesser über Bleistiftstärke um etwa 1 cm eingekürzt werden. In dieser Weise glattgeschnittene Wurzeln bilden an den Schnittstellen besonders willig Neuwurzeln. Jede Wurzelkorrektur, die über diese unvermeidbaren, nützlichen und zweckmäßigen Schnitte hinausgeht, vermindert die Qualität des Pflanzbaumes.

Pflanzschnitt einjähriger Bäume

Am Beginn der eigentlichen Erziehung eines Baumes steht der »Pflanzschnitt«. Obwohl allgemein immer von **dem** Pflanzschnitt gesprochen wird, gibt es diesen einheitlichen Pflanzschnitt nicht. Nur über die zeitliche Durchführung läßt die Verwendung dieses Begriffes genaue Schlüsse zu, in der Art seiner Ausführung richtet sich der Pflanzschnitt vielmehr nach der künftigen Baum- und Kronenform und vor allen Dingen nach dem Alter des Pflanzbaumes. An einjährigen Bäumen kann er aufgrund ihrer noch unvollkommenen Entwick-

lung nur der Bestimmung der »Baumform« dienen. Da einjährige Bäume hauptsächlich aus einem kräftigen Mitteltrieb und nur wenigen schwachen, sogenannten »Vorzeitigen Trieben« aus dem ersten Jahr nach der Veredlung bestehen, fehlen ihnen noch die für den Kronenaufbau benötigten kräftigen Triebe zur Bildung der künftigen Leitäste.
An einjährigen Bäumen wird deshalb mit dem Pflanzschnitt lediglich die Stammlänge festgelegt, indem der Mitteltrieb etwa 20 cm über der künftigen Stammhöhe angeschnitten wird. Aus dem 20 cm langen Überstand können sich im ersten und zweiten Standjahr die für den Kronenaufbau benötigten Langtriebe bilden. Alle vorzeitigen Triebe unterhalb der gedachten ersten Kronenvergabelung werden ganz entfernt, die übrigen bleiben ungeschnitten (Abb. 23).

Pflanzschnitt der Spindel und des Spindelbusches

Abweichungen von dieser allgemeinen Schnittregel gibt es nur bei Pflanzbäumen, die zu Spindeln (Pillarbäumen) oder Spindelbüschen erzogen werden sollen, und bei den Pfirsichen. Spindeln und Spindelbüsche, die kein Kronengerüst aus Leitästen benötigen (siehe S. 58), werden auf eine Höhe von 0,90 bis 1,20 m über dem Boden angeschnitten und lediglich bis zur künftigen Stammlänge von 0,50 m aufgeputzt. Alle höher stehenden vorzeitigen Triebe bleiben erhalten, ohne angeschnitten zu werden. Die für jeden Baum zweckmäßige Anschnitthöhe wird von der Sorte und der Qualität des Baumes bestimmt. Je kräftiger der Pflanzbaum, je stärker das Wachstum und je williger die Verzweigung einer Sorte ist, um so höher kann angeschnitten werden.
Gelegentliche Empfehlungen, bei der Spindelerziehung die Bäume im Pflanzjahr überhaupt nicht anzuschneiden, können nur im Zusammenhang mit der Beurteilung des Standortes gesehen werden. An Standorten mit nur mittleren Bodenverhältnissen und ökologischen Verhältnissen, die für den Apfelanbau nicht optimal sind, kann auf den Anschnitt mit dem

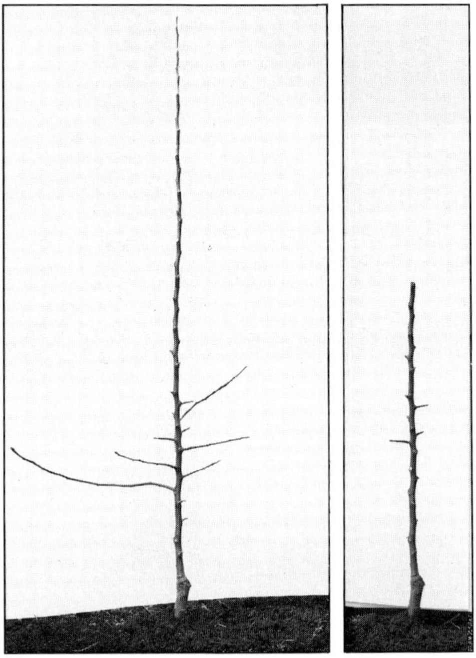

23 a 23 b

Abb. 23 Der Pflanzschnitt einjähriger Bäume
a Einjähriger Apfelbaum vor dem Pflanzschnitt.
b Nach dem Pflanzschnitt. Die kräftigen »Vorzeitigen Triebe« wurden zugunsten einer glatten Stammbildung entfernt, die kurzen noch für 1 Jahr am Baum gelassen. Ihre Blattbildung fördert das Anwachsen. Der Mitteltrieb wurde 20 cm über der geplanten Stammhöhe angeschnitten.

Abb. 24 Der Pflanzschnitt schwachwachsender Pfirsichbäume
a Einjähriger Pfirsichbaum 'Roter Ellerstädter' mit schwachen »Vorzeitigen Trieben« vor dem Pflanzschnitt.
b Nach dem Anschnitt, 20 cm über der geplanten Stammhöhe, und Beseitigung aller »Vorzeitigen Triebe«.

Abb. 25 Der Pflanzschnitt starkwachsender Pfirsichbäume
a Einjähriger Pfirsichbaum 'South Haven' mit kräftigen »Vorzeitigen Trieben« vor dem Pflanzschnitt.
b Nach dem Anschnitt von 3 kräftigen »Vorzeitigen Trieben« zur Hohlkrone bei gleichzeitiger Herstellung der »Saftwaage« unter den Leitästen und Wegschnitt aller übrigen aus dem Stamm hervorgegangenen Triebe.

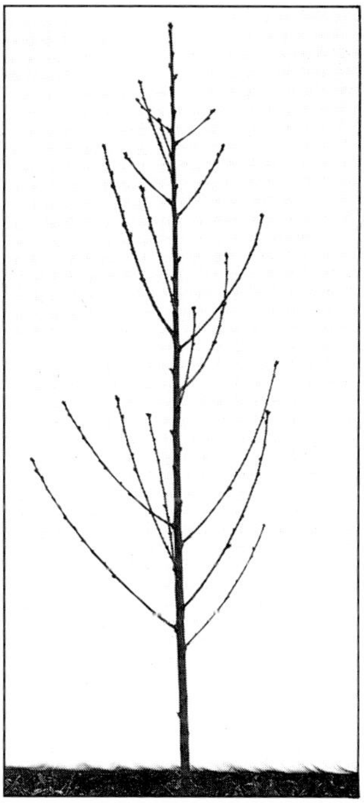

24 a

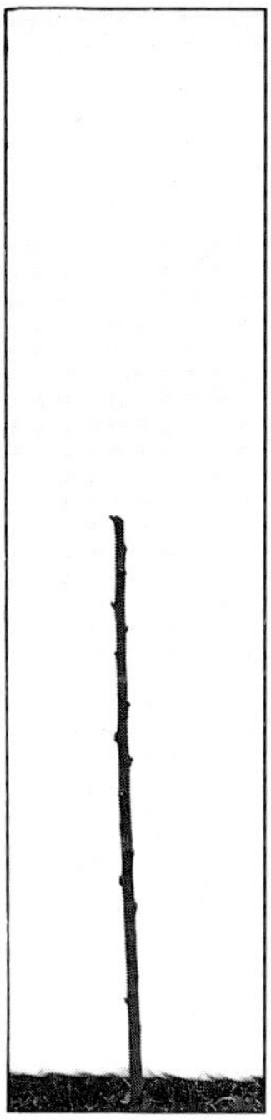

24 b

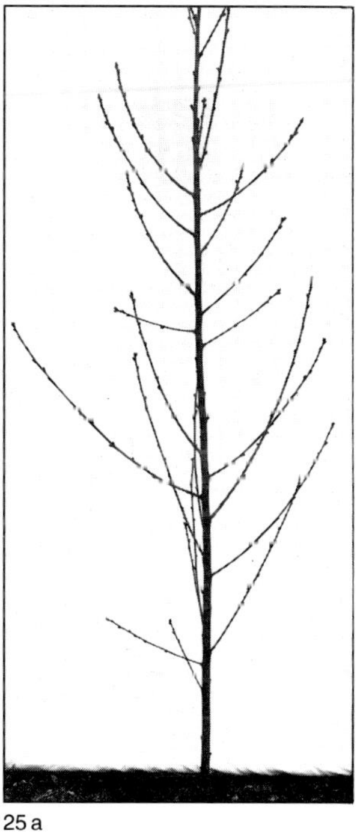

25 a

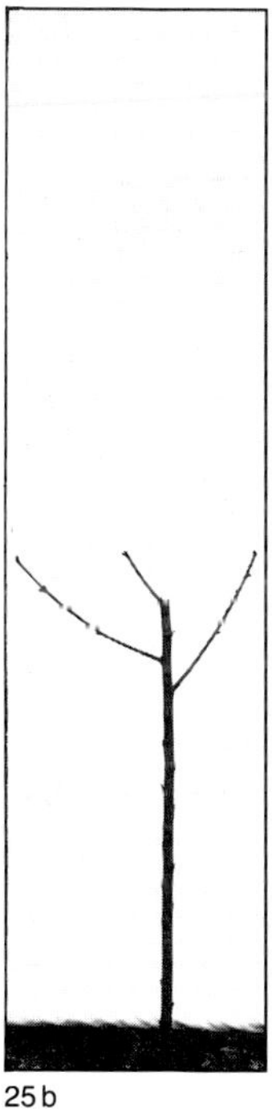

25 b

Ziel einer reicheren Garnierung des Mitteltriebes nicht verzichtet werden. Nur beste Standortbedingungen erlauben einen Verzicht auf den Anschnitt bei der Pflanzung.

Pflanzschnitt des Pfirsichs
Andere Gründe sprechen beim Pfirsich für eine Abweichung vom üblichen Pflanzschnitt der einjährigen Bäume. Ihre geringe Lebenserwartung und der sich hieraus ergebende Zwang zum schnellen Aufbau einer tragfähigen Krone, sowie die gegenüber anderen Obstarten frühere und zahlreichere Bildung stärkerer vorzeitiger Triebe in der Baumschule verlangt und ermöglicht häufig bereits bei der Pflanzung einen Anschnitt nicht nur des Mitteltriebes auf die richtige Stammhöhe, sondern bereits die Auswahl von kronenbildenden Leittrieben. Pfirsiche werden daher bereits als einjährige Bäume beim Pflanzschnitt so behandelt, wie andere zweijährige Bäume mit einer späteren Hohlkrone (Abb. 24, 25). Dabei kann es allerdings vorkommen, daß die ausgewählten Leittriebe für die künftige Kronenbildung ihre Aufgabe im ersten Standjahr nicht erfüllen und entweder zu schwach bleiben oder gar eintrocknen. Dann kann auch hier die Kronenbildung, wie bei allen anderen Obstarten, erst am Beginn des zweiten Standjahres vorgenommen werden.

Pflanzschnitt zweijähriger Bäume

Die Kronenbildung vollzieht sich dann beim zweiten Schnitt nach den gleichen Regeln wie der Pflanzschnitt zweijährig gepflanzter Niederstamme oder dreijähriger Hochstämme, deren Baumform schon in der Baumschule bestimmt wurde und bei denen zum Zeitpunkt der Pflanzung bereits mit dem Kronenaufbau begonnen werden kann. Bei mehrjährigen Pflanzbäumen entscheidet der Pflanzschnitt lediglich noch über die Kronenform. Bäume, die als Pyramidenkrone erzogen werden sollen, behalten dabei den Mitteltrieb als künftige Stammverlängerung. Zusätzlich werden von den vorhandenen Langtrieben 3, höchstens

a b

Abb. 26 Der Pflanzschnitt zweijähriger Bäume zur Bildung einer Pyramidenkrone

a Zweijähriger Apfelbaum 'Jonagold' vor dem Pflanzschnitt.

b Nach der Auswahl und dem Anschnitt der Leitäste unter Einhaltung der »Saftwaage« und dem Einkürzen des Mitteltriebes 15 cm über der »Saftwaage«. 2 Langtriebe wurden außerdem durch Herunterbinden waagerecht gestellt, aber danach nicht angeschnitten. Ein zu steil stehender Leittrieb mußte mit einem Spreizholz abgespreizt werden.

aber 4 als Leittriebe ausgewählt, aus denen später die Leitäste gebildet werden (Abb. 26).

Eine möglichst gleichmäßige Verteilung um die Mittelachse sollte dabei bereits jetzt angestrebt werden. Im Idealfall soll der Abstand von Leitast zu Leitast in der Horizontalen 120° betragen. 4 Leitäste im ersten Astkranz müssen auf jeden Fall die Ausnahme bleiben und sind nur dann vertretbar, wenn sie sehr gleichmäßig in einer Anordnung von 90° zueinander um die Mittelachse angeordnet sind. Der Neigungswinkel der Leitäste sollte bereits beim Pflanzschnitt dem künftigen Neigungswinkel der Leitäste von ungefähr 45° entsprechen oder ihm zumindest nahekommen.

Augenstellung an den Leitästen

Eine besondere Bedeutung hat die Auswahl der Augen (Knospen), auf die die Leittriebe zur Bildung der »Saftwaage« (siehe S. 20) zurückgeschnitten werden. Sie kann wesentlich zum zweckmäßigen Aufbau der Krone beitragen. Die Spitzenknospe nach dem Rückschnitt soll immer von der Kronenmitte weg nach außen zeigen, damit sich die Leitäste ausreichend flach entwickeln (Abb. 27; S. 51). Außerdem ermöglicht die richtige Auswahl der Augen bei einer ungleichmäßigen Verteilung der Leittriebe um die senkrechte Baumachse, wie sie leider häufiger als eine wirklich gleichmäßige Anordnung vorkommt, geringfügige Korrekturen in der Wuchsrichtung.

Rückschnitt des Mitteltriebes

Außer den Leittrieben wird nur noch der Mitteltrieb zurückgeschnitten. Entgegen früherer Gepflogenheit, die Pyramidenkronen spitzpyramidal zu erziehen, wird heute eine sehr flache Pyramidenform angestrebt. Der Weg zu dieser Idealform führt über einen jährlichen, starken Rückschnitt des Mitteltriebes während der Zeit des Erziehungsschnittes. Er darf nach dem Anschneiden die Leittriebe anfangs nur um eine Handbreite, später höchstens um eine Scherenlänge überragen. Nur so kann ein starkes Spitzenwachstum der Krone bereits im Ansatz unterbunden werden. Andernfalls kommt es im späteren Verlauf des Wachstums der Krone zwangsläufig zum Überbauen der unteren Kronenorgane durch die Spitzenorgane des Baumes und zu einer starken Beschattung des gesamten unteren Kronenteils.

Beim Rückschnitt des Mitteltriebes erweist es sich als nützlich, wenn mit dem Ziel einer geraden Erziehung des Mitteltriebes auf ein Auge angeschnitten wird, das richtungsmäßig über der vorjährigen Anschnittstelle liegt (Abb. 28; S. 51). Diese Regel hat zumindest für den Pflanzschnitt fast immer Gültigkeit. In späteren Jahren können Winddruck oder andere äußere Einflüsse zu einem insgesamt schiefen Wachstum des Baumes führen, was eine Abweichung von dieser Empfehlung erforderlich machen kann. In diesem Fall sollte

Abb. 27 Die Bedeutung der Augenstellung beim Anschnitt von Leittrieben
An diesem Leittrieb einer Sauerkirsche ermöglicht nur das Anschnittauge (Pfeil) die Weiterentwicklung des Leittriebes in der bisherigen Richtung. Jeder Anschnitt auf ein anderes Auge hätte eine Richtungsänderung zur Folge.

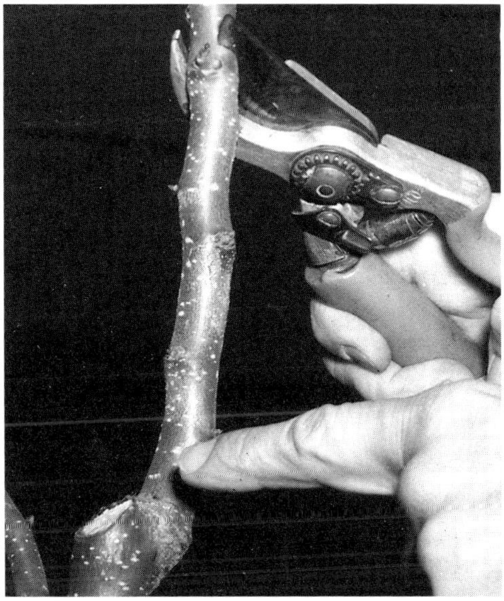

Abb. 28 Der Rückschnitt des Mitteltriebes an einer Pyramidenkrone
Der Aufbau einer geraden Stammverlängerung macht es in der Regel erforderlich, daß der Mitteltrieb auf ein Auge zurückgeschnitten wird, das in die Richtung der im Vorjahr gebildeten Schnittstelle zeigt.

auf das Auge zurückgeschnitten werden, das in die Richtung zeigt, aus der sich der ganze Baum oder der Mitteltrieb in seinem Wuchs herausbewegt.

Behandlung untergeordneter Triebe

Alle Triebe, die weder Leittriebe noch Mitteltrieb sind, bleiben ungeschnitten, wenn sie eine flache Stellung haben, oder werden ganz entfernt, wenn sie steil aufrecht wachsen. Jeder Schnitt würde sie zwangsläufig zu vermehrtem Wachstum anregen und aus ihnen zusätzliche Leittriebe werden lassen. Beim Kernobst und bei Süßkirschen sollten allerdings nicht alle Langtriebe mit steilem Wuchs entfernt werden. Einige sollten lediglich waagerecht gestellt werden. Hinweise auf die technische Durchführung dieser Maßnahme sind auf Seite 124ff. zu finden. Die zusätzliche Blattbildung an den heruntergebundenen Trieben vergrößert die Assimilationsfläche junger Bäume, die wiederum das Anwachsen der Pflanzbäume und ihr Wachstum im Pflanzjahr fördert. Zudem werden diese Triebe die ersten Früchte im zweiten oder dritten Standjahr tragen.

Pflanzschnitt der Hohlkrone

Der Pflanzschnitt zwei- und dreijähriger Bäume zur Bildung einer Hohlkrone unterscheidet sich vom bisher beschriebenen Pflanzschnitt zur Pyramidenkrone nur in der Behandlung des Mitteltriebes, der als typisches Unterscheidungsmerkmal bei dieser Kronenform fehlt. Der Mitteltrieb muß bei zweijährigen und älteren Bäumen zur Bildung der Hohlkrone unmittelbar bei der Ausführung des Pflanzschnittes entfernt werden (Abb. 29; S. 52). Aber auch die Bildung einer Hohlkrone über den

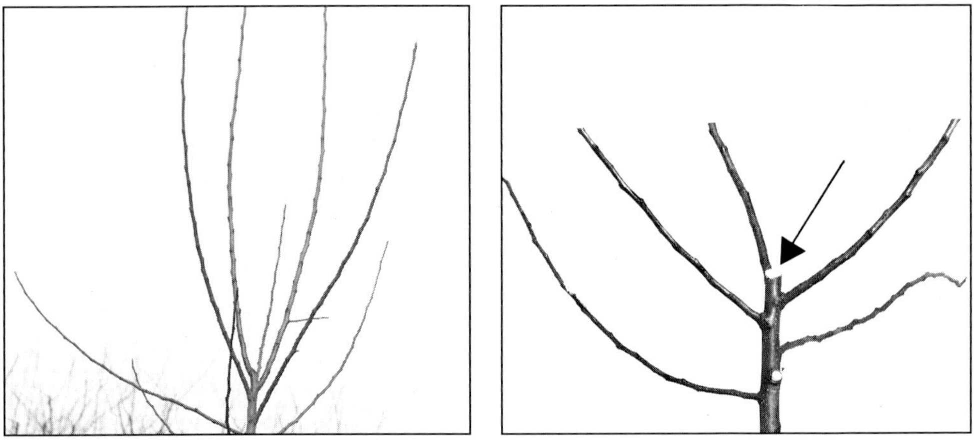

a b

Abb. 29 Die Bildung der Hohlkrone beim Pflanzschnitt

a Krone eines zweijährigen Apfelbaumes nach der Pflanzung und vor dem Pflanzschnitt.

b Nach dem Wegschneiden des Mitteltriebes (Pfeil = Schnittstelle) und dem Anschneiden von 3 Leitästen in der Saftwaage.

Abb. 30 Die Bildung der Hohlkrone im Sommer nach der Pflanzung

a Krone eines zweijährigen Apfelbaumes nach der Pflanzung als einjähriger Baum und dem Herausschneiden des Mitteltriebes mit beginnendem Johannistrieb im Sommer. Durch die Auswahl günstig stehender ehemaliger »Vorzeitiger Triebe« mit flachem Ansatzwinkel am Mitteltrieb entsteht von Jugend an eine breite Krone.

b Nach dem Anschneiden der Leittriebe und Herstellung der Saftwaage.

einjährigen Baum ist möglich. Dazu wird der einjährig gepflanzte Baum bei der Pflanzung lediglich ganz schwach eingekürzt und alle vorzeitigen Triebe werden bis zur gewünschten Stammhöhe beseitigt. Bereits im Sommer, und zwar mit Beginn des Johannistriebs (siehe S. 21) und nicht erst beim nächsten Winterschnitt, wird sodann der Mitteltrieb auf günstig stehende Seitentriebe, die häufig aus vorzeitigen Trieben des Vorjahres hervorgegangen sind, zurückgesetzt. Der noch vorhandene Mitteltrieb verhindert so ein zu steiles Wachstum der übrigen Kronenorgane in der ersten kräftigen Wachstumsphase des Baumes.

Hohlkronen, die wegen des fehlenden Mitteltriebes im allgemeinen schmaler wachsen als

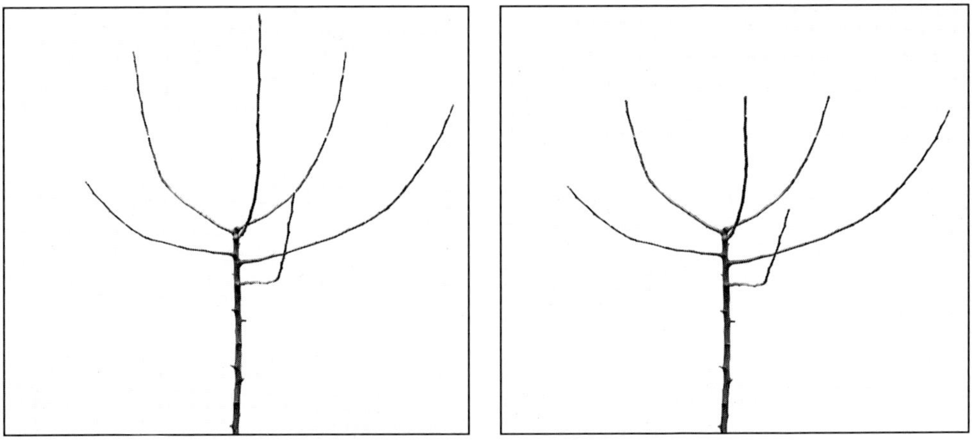

a b

Pyramidenkronen, bekommen auf diese Weise einen flacheren Ansatzwinkel ihrer künftigen Leitäste, der sich nicht nur vorübergehend, sondern auch dauerhaft günstig auf die Bildung breiter Kronen auswirkt (Abb. 30; S. 52). Als zusätzlicher Vorteil kann eine bessere Verheilung der Schnittwunde nach der Sommerbehandlung gegenüber einem frühzeitig ausgeführten Pflanzschnitt nach einer Herbstpflanzung betrachtet werden. Außerdem kann der vorteilhaftere einjährige Baum gepflanzt werden.

Erziehungsschnitt der Kronen mit Leitästen

Der Festlegung der Kronenform beim Pflanz- oder Nachjahrsschnitt folgt in der anschließenden Jugendphase des Baumes der Kronenaufbau mit Hilfe des Erziehungsschnittes. Er endet, sobald die Leitäste der ersten Leitastserie ihre endgültige Länge erreicht haben, beziehungsweise bei Spindeln oder Spindelbüschen der Mitteltrieb die gewünschte Höhe erlangt hat.

Zeitliche Begrenzung des Kronenaufbaues
Bezogen auf die Ertragsbildung des Baumes ist dieses die »Phase des ansteigenden Ertrages«. Ziel jedes Erziehungsschnittes muß es sein, diese Phase so kurz wie möglich zu gestalten. Sie kann um so eher abgeschlossen werden, je kleiner die Bäume, entweder als Folge einer entsprechenden Unterlagenwahl oder aufgrund der gewählten Erziehungsmethode, gehalten werden. Unabhängig hiervon wirken aber auch Obstart und Sorte auf den Zeitpunkt der Beendigung der Phase des ansteigenden Ertrages und den Eintritt in die Vollertragsphase ein.
Sie wird im allgemeinen am schnellsten bei Apfelspindeln, den Spindelbüschen und bei den verschiedenen Heckenerziehungsmethoden erreicht. Wesentlich länger währt dagegen die Jugendphase bei Hohlkronen, sowie bei Pyramiden- und Pyramiden-Hohlkronen. Am längsten muß am Aufbau der Kronen von Äpfeln auf starkwachsenden Unterlagen, Birnen auf Sämlingsunterlage und Süßkirschen gearbeitet werden.
Die verzögerte Fruchtknospenbildung beim Kernobst als Folge einer mindestens ein, häufig auch mehrere Jahre währenden Umwandlung von Holzknospen in Blütenknospen führt dazu, daß bei vergleichbaren Erziehungsformen allgemein für das Kernobst mehr Erziehungsjahre veranschlagt werden müssen als für das Steinobst.

Aufgabe des Erziehungsschnittes
Aufgabe des Erziehungsschnittes ist die »Herstellung des physiologischen Gleichgewichtes«. Das den Jungbäumen eigene starke vegetative Wachstum muß hierbei eingeschränkt, die noch geringe Neigung zur Fruchtbildung gefördert werden. Mit dieser Umstimmung des Baumes einher geht der Aufbau eines kräftigen Kronengerüstes, bestehend aus Mitteltrieb und Leitästen.
Bei der Erziehung zur Pyramiden-, Hohl- und kombinierten Pyramiden-Hohlkrone werden dabei aus den anfänglichen Leittrieben durch jährlichen Anschnitt allmählich Leitäste, aus denen wiederum Nebentriebe als erste fruchttragende Triebe oder Zweige hervorgehen. Die Stärke des Anschnittes richtet sich entsprechend den bekannten Schnittgesetzen jeweils nach der Wuchsstärke und der Stellung der Leitäste (siehe S. 20).

Bildung des Leitastwinkels
Dem Zurücksetzen vorausgehen muß gegebenenfalls die Korrektur der Neigungswinkel der Äste, die etwa 45 ° zur Senkrechten betragen sollen, durch die Anwendung von Schnitthilfen (siehe S. 118) oder die Durchführung entsprechender Schnittmaßnahmen. Da Leittriebe in der Jugend nur selten zu flach, aber häufig unzweckmäßig steil wachsen, kann es gelegentlich nützlich sein, den Leitast nicht mit dem eigentlich als Leitastverlängerung gedachten obersten Trieb weiter aufzubauen, sondern ihn auf eine tiefer, flacher und damit zweckmäßiger stehende Vergabelung zurückzusetzen (Abb. 31; S. 54).

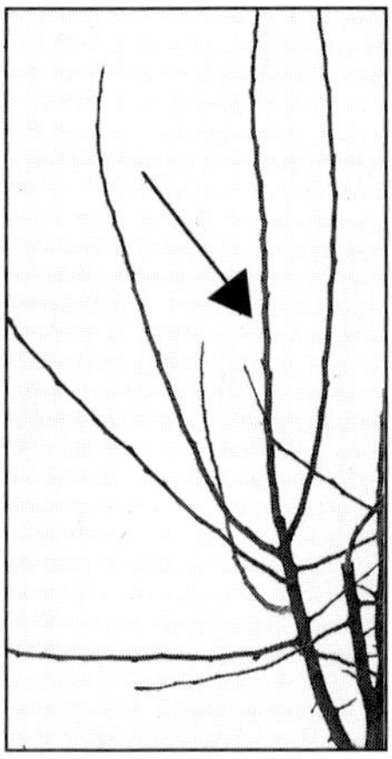

31 a

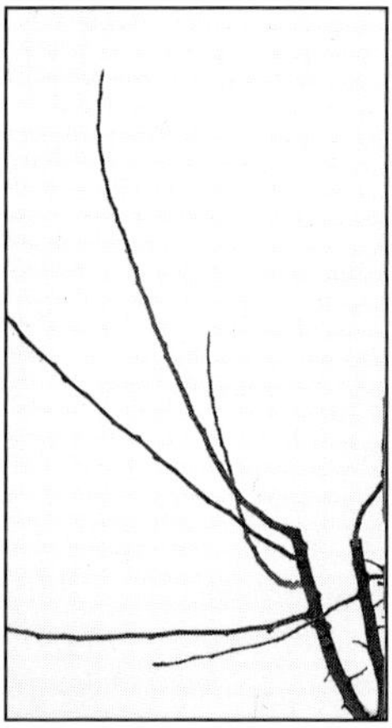

31 b

Abb. 31 Die Bildung des richtigen Leitastwinkels durch Schnittmaßnahmen

a Die eigentliche Leitastverlängerung steht hier zu steil (Pfeil).

b Durch Ableiten auf einen tiefer stehenden Konkurrenztrieb mit einem günstigeren Neigungswinkel kann ohne Schnitthilfen der Leitast »flacher gemacht« werden.

Das Anschnittauge muß immer in die gewünschte Wuchsrichtung zeigen und die »Saftwaage« muß, wie beim Pflanzschnitt, auch beim Erziehungsschnitt nach dem Anschneiden vorhanden sein. Sämtliche Konkurrenztriebe sind ebenso zu entfernen wie alle Langtriebe, die in das Kroneninnere gerichtet sind oder senkrecht in der Krone stehen. Alle Langtriebe mit flach und nach außen gerichtetem Wuchs bleiben erhalten und werden in den ersten Jahren, ebenso wie alle Kurztriebe, weder angeschnitten noch abgeleitet. Beim Kernobst empfiehlt sich ein zusätzliches Herunterbinden einiger Langtriebe, die aufgrund ihrer Stellung eigentlich hätten beseitigt werden müssen (siehe S. 124 und Abb. 32; S. 54, 55).

Aufbau der Leitäste

Erst vom zweiten und dritten Jahr des Erziehungsschnittes an kann mit der Bildung der Äste 1. und 2. Ordnung aus den Leitästen begonnen werden. Alle Triebe, Zweige und Äste müssen dabei nach jedem Anschnitt oder Ableiten um so länger sein, je näher sie dem

32 a

32 b

Boden und Stamm stehen. Jeder einzelne Zweig oder Ast für sich erhält hierdurch einen spitzpyramidalen Aufbau mit den längsten Nebenorganen an seiner Basis und den kürzesten an der Spitze. Eine derartige Unterordnung der höheren gegenüber den tieferen Baumteilen verbessert die Belichtung besonders der unteren Kronenteile, verhindert das Aufkahlen der Bäume und läßt an allen Teilen der Krone Qualitätsfrüchte entstehen.

Da eine Pyramidenkrone im allgemeinen aus mehr als einer Leitastserie besteht, sind in den folgenden Jahren aus dem Mitteltrieb weitere Leitäste zu bilden. Sie sollen nach Möglichkeit nicht, wie bei der Bildung der ersten Serie im Interesse eines schnellen Kronenaufbaues fast unvermeidlich, in einem Astkranz entstehen, sondern in einem Abstand von jeweils 0,30 bis 0,50 m mehr locker als »Leitastgruppe« um den Mitteltrieb verteilt gebildet werden. Jede zusätzliche Leitastserie oder -gruppe aus 3 Leitästen beansprucht daher etwa 0,60–1 m Stammverlängerung. Zwischen zwei benachbarten Serien oder Gruppen muß mindestens ein Abstand von 1 m eingehalten werden.

Die horizontale Anordnung der Leitäste soll so erfolgen, daß die Äste des höheren Astkranzes über den Leitastlücken des nächst niedrigeren Kranzes stehen. Jede Leitastserie oder -gruppe wird in sich auf eine einheitliche Saftwaage angeschnitten oder abgeleitet, die jedoch nicht wesentlich über der Schnittebene

Abb. 32 Die Arbeitsgänge beim Erziehungsschnitt einer Pyramidenkrone

a 'Golden Delicious'/M4 nach dem dritten Standjahr, vor dem Schnitt.

b Nach dem Freistellen von Mitteltrieb und Leitästen durch Wegschneiden der Konkurrenztriebe und der in das Kroneninnere gerichteten oder steil aufrecht wachsenden Triebe. Einige Triebe wurden geschont, um sie in einem weiteren Arbeitsgang herunterzubinden.

c Nach dem Anschneiden der Leitäste zur Herstellung der Saftwaage und dem Anschnitt des Mitteltriebes wenige Zentimeter oberhalb der Schnittebene der Leitäste.

d Fertig geschnittener Baum nach dem Herunterbinden einiger einjähriger Triebe als Basis für eine baldige erste Fruchtbildung.

32 c

32 d

der darunterstehenden liegen darf. Auf diese Weise erhält der Baum einen flachpyramidalen Aufbau.

Behandlung der Stammverlängerung

Flache und breite Kronen entstehen nicht alleine nur durch eine sinnvolle Behandlung der Leitäste. Sie sind mindestens ebenso stark abhängig von der richtigen Erziehung der Stammverlängerung. Nach jedem Schnitt darf sie die Schnittebene der obersten Leitastserie oder -gruppe nur geringfügig überragen. In den ersten Jahren des Erziehungsschnittes sollte dieser Höhenunterschied eine Scherenlänge nicht übersteigen. Später können 0,50 m als Richtmaß dienen.

Ältere, reine Pyramidenkronen sind heute selten geworden und nur noch in schnittmäßig wenig gepflegten Anlagen und im Streuobstbau anzutreffen. Weil sie bald unzweckmäßige Höhen erreichen, werden sie oft unbewußt, aber daher auch willkürlich und deshalb viel zu spät durch Heraussägen des Gipfels in kombinierte Pyramiden-Hohlkronen umgewandelt. Wird diese Kronenform jedoch planmäßig angestrebt, erfolgt die Begrenzung des Höhenwachstums am zweckmäßigsten nach der Bildung der zweiten Leitastserie oder -gruppe (Abb. 33). Dann ist diese Maßnahme direkt bereits nicht mehr Bestandteil des Erziehungsschnittes, muß aber trotzdem als ein Teil der Kronenerziehung behandelt werden.

In vielen Erziehungsmerkmalen unterscheidet sich die Erziehung zur Hohlkrone nicht von der einer Pyramiden- oder kombinierten Pyramiden-Hohlkrone. Ihr fehlt nur von Anfang an der Mitteltrieb, der bereits beim Pflanzschnitt entweder nicht gebildet oder beseitigt wurde. Hohlkronen sind daher leichter in der Höhe zu begrenzen, wachsen wegen des fehlenden Mitteltriebes dafür aber auch schmaler als Pyramidenkronen. Dieser Entwicklung muß gerade beim Erziehungsschnitt durch ständiges Korrigieren des Neigungswinkels der Leitäste entgegengewirkt werden.

Häufiger als bei der Erziehung der Pyramidenkronen muß deshalb von der Möglichkeit des Ableitens auf günstig stehende Seitentriebe unterhalb der Leitastverlängerung Gebrauch gemacht werden (siehe S. 54). Darüber hinaus muß ein besonderes Augenmerk auf die Einhaltung der mit dem Pflanzschnitt program-

Abb. 33 Das Umstellen einer Pyramidenkrone zu einer »Kombinierten Pyramiden-Hohlkrone«

a 8jährige Apfel-Pyramidenkrone, 'Cox Orange', vor dem Schnitt.

b Nach dem Schnitt durch Auslichten, Ableiten und Heraussägen der Stammverlängerung nach der Bildung der zweiten Leitastgruppe.

a

b

mierten Zahl der Leitäste gerichtet werden. Allzuleicht erlaubt die allseitig gute Belichtung der Hohlkrone die Umwandlung von Ästen höherer Ordnung zu zusätzlichen selbständigen Leitästen. Diese Entwicklung muß rechtzeitig erkannt und unterbunden werden. Zusätzliche, später gebildete Leitäste können nur bei Pfirsichen mit einer Ersatzfunktion toleriert werden, da Leitastausfälle, unter unseren klimatischen Verhältnissen insbesondere durch Gummiflußbildung verursacht, hier nicht selten sind.

Erziehung des Spindelbusches

Bezüglich des Aufbaues des Kronengerüstes wie auch im pyramidalen Aufbau des Gesamtbaumes steht die Spindelbuscherziehung von Äpfeln und Birnen zwischen der Erziehung einer Pyramidenkrone und der einer Spindel. Der Spindelbusch besitzt einerseits leitastähnliche Seitenäste, hat andererseits aber auch direkt aus dem Mitteltrieb gebildetes Fruchtholz. Die Äste mit Leitastfunktion sollen allerdings beim Spindelbusch flacher als bei der Pyramidenkrone stehen. Der Winkel zwischen Mitteltrieb und Seitenästen muß mindestens 60 ° betragen. Ein zweckmäßiger Sommerschnitt kann bei der Erweiterung des Astwinkels auf 60 ° eine gute Hilfe sein (Abb. 34). Weil die Seitenäste kürzer bleiben sollen, muß ihr Aufbau früher als bei anderen Kronenformen beendet werden. Die Bildung der Leitäste bleibt auf eine Leitastserie begrenzt. Die geringe Größe des fertigen Baumes und die besondere Erziehungsmethode der Spindelbüsche vertragen keine weiteren Leitastserien. Der Gesamtbaum wird mit einem Winkel von etwa 45 ° an der Kronenspitze deutlich schmaler als eine Pyramidenkrone, aber breiter als eine Spindel erzogen. Die unbedingt erforderliche Verwendung von schwachwachsenden Unterlagen, wie M 9 oder M 26 bei Äpfeln und der Quitte bei Birnen, verleiht dem Spindelbusch eine starke Ähnlichkeit mit einem als Pyramidenkrone erzogenen, extrem kleinen Buschbaum. Anstelle der hier üblichen zweiten Leitastserie werden beim Spindelbusch im oberen Bereich der Krone allerdings nur zahlreiche flachstehende Fruchttriebe und -zweige gebildet (Abb. 35; S. 58).

Abb. 34 Die Erweiterung des Leitastwinkels bei Spindelbüschen durch den Sommerschnitt
a 3jähriger Spindelbusch, 'Mantet', vor dem Sommerschnitt.
b Nach dem Auslichten des Baumes und dem Flachstellen der leitastähnlichen Gerüstäste an der Kronenbasis.

a

b

Aufbau von Spindel und Pillarbaum

Mit diesen Merkmalen ist der Spindelbusch in seinem oberen Teil mit der Gesamtkrone einer Spindel vergleichbar, der im unteren Kronenbereich jedoch die Leitäste fehlen. Mit Hilfe des Erziehungsschnittes wird an der Basis der Krone lediglich ein flachstehendes Astgerüst in gleichmäßiger Verteilung um die Mittelachse des Baumes aufgebaut. Zahlenmäßig sind diese Äste nicht begrenzt, doch muß der Astkranz so licht gehalten werden, daß sich jeder Ast ausreichend entfalten kann. Oberhalb dieses Gerüstes bilden beliebig viele, ausschließlich flach aus dem Mitteltrieb entstehende Triebe und Zweige die Krone einer Spindel (Abb. 36; S. 59).

Der bei Spindeln übliche geringe Pflanzabstand zwischen 1,50 und 2 m in der Reihe zwingt zu einem noch schlankeren Kronenaufbau der Spindel gegenüber dem schon sehr schmal gehaltenen Spindelbusch. Sobald eine Spindel fertig aufgebaut ist, muß sie die Form eines spitzen Kegels haben, mit einem Winkel von etwa 30–40° an der Kronenspitze. Nur in diesem Fall erhalten die jeweils tieferstehenden Kronenorgane das erforderliche Licht zu einer ungehinderten Entfaltung (Abb. 20e; S. 37).

Garnierung des Mitteltriebes

Nicht weniger wichtig ist bei der Spindelerziehung eine von der Kronenbasis bis zur Kronenspitze lückenlose Garnierung des Mitteltriebes. Die Veranlagung hierzu ist von Natur aus nicht bei allen Sorten gleichgut gegeben. Deshalb sollte der Mitteltrieb zumindest bei allen Sorten, die sich nicht willig verzweigen, wie 'Melrose', 'Gloster 69', 'Granny Smith' und andere, leicht wellig aufgebaut werden. Dazu darf der Mitteltrieb beim jährlichen Schnitt nicht gerade aufgebunden, sondern muß in einem leichten Bogen an den Stützpfahl geheftet werden. Der sich hierbei ergebende mehr oder weniger stark geschwungene Aufbau des Mitteltriebes führt zu Saftstauungen, mit dem Erfolg, daß schlafende Augen austreiben und Kurztriebe sich zu Langtrieben entwickeln (Abb. 37; S. 59).

Abb. 35 Der Schnitt eines Spindelbusches
a Spindelbusch, 'Cox Orange', nach dem vierten Standjahr vor dem Schnitt.
b Nach dem Wegschneiden des unter der Fruchtlast abgehangenen Holzes, der Reiter und aller zu dicht stehenden Triebe und Zweige. Gut erkennbar ist der flache Ansatzwinkel der leitastähnlichen Gerüstäste an der Kronenbasis. Besonders wichtig ist bei der Sorte 'Cox Orange' das Langlassen des Fruchtholzes.

a

b

36 a

36 b

Abb. 36 Die zweckmäßige Form einer Spindel
a Spindel, 'Golden Delicious', nach dem dritten Standjahr vor dem Schnitt.
b Nach dem Wegschneiden aller unter die Waagerechte geratenen Kronenorgane und der Reiter. Dabei gleichzeitig Herstellung der für Spindeln wichtigen spitzkegeligen Form durch Ableiten der im oberen Kronenbereich stehenden Triebe und Zweige.

Nur an wenigen Sorten, wie zum Beispiel bei 'Golden Delicious', 'Jonagold', 'Idared', 'Elstar' oder 'Mutsu', entstehen die Seitentriebe bereits in der Jugendphase so flach aus dem Mitteltrieb, daß ein zweckmäßiger Aufbau einer Spindel ohne Schnitthilfen (siehe S. 109) möglich ist. Deshalb müssen an vielen Sorten in den ersten 2 bis 3 Jahren des Erziehungsschnittes die für die Garnierung der Mittelachse benötigten, aber zu steil stehenden Triebe zunächst noch heruntergebunden werden (siehe S. 124). Mit zunehmendem Nachlassen des Triebwachstums bei gleichzeitiger Zunahme des Ertrages kann auf diese Schnitthilfe später verzichtet werden. Alle darüber hinaus überzähligen Triebe werden an ihrer Entstehungsstelle beseitigt.

Eine Spindel hat mit einer Länge von 2,20 m ihre endgültige Höhe erreicht. Dazu werden 3 bis 4 Jahre Erziehungsschnitt benötigt. Ob

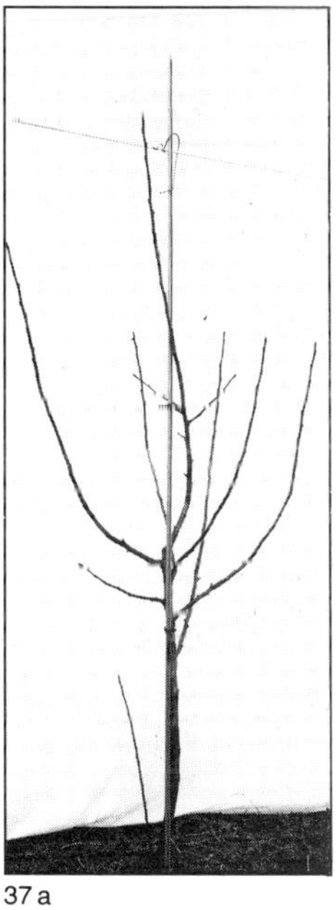

37 a

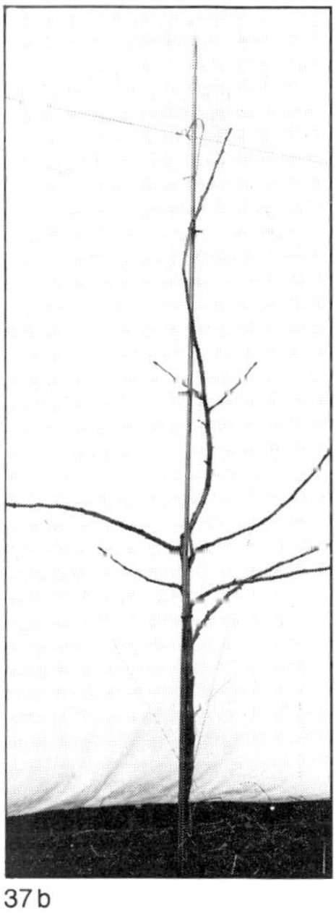

37 b

Abb. 37 Das Anbinden des Mitteltriebes von Apfelspindeln zur Förderung der Seitentriebbildung
a Spindel, 'Gloster 69', nach dem ersten Standjahr vor dem Schnitt.
b Nach dem Schnitt und dem leicht welligen Anbinden des Mitteltriebes am Stab mit dem Ziel einer vermehrten Seitentriebbildung. Gleichzeitig wurden die zu steil stehenden einjährigen Langtriebe waagerecht gebunden.

während dieser Zeit der Mitteltrieb über den Pflanzschnitt hinaus noch weiter jährlich angeschnitten werden muß, hängt von der Sorte und dem Wuchs des Baumes ab. Je stärker eine Sorte wächst und je williger sie Seitentriebe bildet, um so eher kann auf einen Rückschnitt verzichtet werden.

Instandhaltungsschnitt

Sobald der Erziehungsschnitt beendet ist, muß sich der Baum im Vollertrag und gleichzeitig auch im »Physiologischen Gleichgewicht« befinden. Aufgabe des Schnittes der folgenden Jahre ist es daher, mit Hilfe des »Instandhaltungsschnittes« das physiologische Gleichgewicht so lange wie möglich aufrechtzuerhalten. Holz- und Fruchttriebbildung sollen sich in dieser Zeit die Waage halten. Eine ständige Beobachtung der Baumreaktionen auf durchgeführte Schnittmaßnahmen ist daher unerläßlich. Je früher dabei erkannt wird, daß der Baum in die eine oder andere Richtung aus dem physiologischen Gleichgewicht herauswächst, um so eher kann und muß mit dem Schnitt dieser Entwicklung entgegengearbeitet werden. Zu starkes Holztriebwachstum muß durch schwächeren, übermäßige Fruchtbarkeit durch stärkeren Schnitt gebremst werden. Unterschiede in dieser grundsätzlichen Zielsetzung gibt es weder zwischen den einzelnen Kronenformen noch zwischen den Obstarten.

Begrenzung der Kronenausdehnung

Alleine die Behandlung der einzelnen Kronenorgane ist von den Kronenformen abhängig. Jedoch sind auch hier die Unterschiede nicht so gravierend wie beim Erziehungsschnitt. So werden zum Beispiel Pyramidenkrone und Hohlkrone nahezu gleich behandelt. Bei beiden muß der jährliche Schnitt darauf ausgerichtet sein, die Längenentwicklung der Leitäste auf ein Maß zu begrenzen, das dem Standraum des Baumes angepaßt ist. Innerhalb der Baumreihe wird die Länge durch die Nachbarbäume, in Richtung Nachbarreihe durch die unbedingt erforderliche Erhaltung einer ausreichend breiten Fahrgasse festgelegt. Dabei wird der ursprünglich runde Baum zwangsläufig allmählich zu einem ovalen Baum. In Klein-, Haus- und Siedlergärten engen hauptsächlich die unmittelbar benachbarten Bäume, aber auch Wege und Baulichkeiten die Ausdehnung der Kronen ein. Schnittechnisch erfolgt die Leitastbegrenzung durch Ableiten auf einen für die Einhaltung einer zweckmäßigen Kronenausdehnung günstigen Trieb, Zweig oder Ast. In gleicher Weise wird das Wachstum der Äste höherer Ordnung an den Leitästen begrenzt (siehe S. 34).

Erhaltung von Leitastrangordnung und Kronenform

Besondere Aufmerksamkeit verlangt die Wahrung der Rangordnung unter den Leitästen und deren Nebenorganen. Die mit dem Pflanz- oder Nachjahrsschnitt gewählte Kronenform muß während der gesamten Ertragszeit erhalten bleiben. Das verlangt eine ständige Förderung der unteren Leitäste und ihrer tieferstehenden Seitenorgane bei gleichzeitiger Einschränkung des Wachstums an der Spitze von Krone und Leitästen. Die tieferstehenden Leitäste müssen daher grundsätzlich schwächer als die höherstehenden und die der Basis eines Astes näherstehenden Zweige und Triebe behutsamer als die Kronenteile im Spitzenbereich eines Astes geschnitten werden. Ein Ableiten auf altes Holz ist daher im oberen Teil einer Krone oft nicht zu umgehen (Abb. 38; S. 61).

Auslichten der Krone

Der Instandhaltungsschnitt dient aber nicht ausschließlich der Einhaltung der Kronenform, er bezweckt vielmehr auch das Auslichten der Krone durch Beseitigung aller überzähligen Kronenteile. In erster Linie sind das auf den Leitästen senkrecht, beziehungsweise steil aufrechtstehende oder in das Kroneninnere gerichtete, kräftige einjährige Triebe. Sie werden oft pauschal als »Wasserschosse« bezeichnet. Wasserschosse sollten aber nur die im Kroneninneren stehenden, stark vergeilten

a b

Abb. 38 Die Einhaltung von Kronenform und Leitast-Rangordnung beim Instandhaltungsschnitt
a 15jähriger Viertelstamm mit »Kombinierter Pyramiden-Hohlkrone«, 'Golden Delicious', vor dem Schnitt.
b Nach dem Schnitt und der Wiederherstellung der Leitast-Rangordnung durch Schonung der basisnahen Leitäste und Seitenäste höherer Ordnung bei gleichzeitigem stärkerem Ableiten der höher stehenden Baumorgane.

Langtriebe genannt werden. Alle anderen aufrechtwachsenden und normal entwickelten Triebe im äußeren, dem Licht zugewandten Kronenbereich, sind »Reiter« oder »Ständer«. Sie alle müssen an ihrer Entstehungsstelle entfernt werden. Reiter und Ständer bilden sich naturgemäß an der Spitze einer Krone besonders zahlreich. Gerade hier ist ihre Beseitigung deshalb doppelt wichtig.

Stehenbleiben können dagegen Langtriebe, die zwar auch unmittelbar aus den Leitästen oder Nebenästen höherer Ordnung entstehen, aber flach in Richtung Peripherie der Krone wachsen. Sie bilden sich beim Kernobst nach 1 bis 2 Jahren zu Fruchttrieben um und tragen beim Steinobst, an dem sie häufig bereits Fruchttriebe sind, dazu bei, das bei diesen Obstarten leicht auftretende Verkahlen der unteren Leitastteile zu verhindern.

Pyramidenkronen, die auch nach der Beendigung des Erziehungsschnittes noch einen Mitteltrieb besitzen, sollten im Rahmen des Instandhaltungsschnittes bald zur zweckmäßigeren kombinierten Pyramiden-Hohlkrone umgestellt werden (siehe S. 39).

Wahrung der Kronenform an Spindeln und Pillarbäumen

Noch bedeutsamer als die Erhaltung der flachpyramidalen Form der Pyramidenkrone ist die Einhaltung des spitzpyramidalen Wuchses einer Spindel während der Vollertragszeit. Bei lediglich 2–2,50 m Gesamthöhe des Baumes und einem Kronenvolumen von nicht mehr als 1,2 bis höchstens 1,8 m³ – je nach Pflanzweite und Baumhöhe – kann der Ertrag nachhaltig nur dann lohnend sein, wenn an allen Kronenteilen Qualitätsfrüchte reifen können. Im unteren Teil der Krone ist das aber nur möglich, wenn die oberen Baumorgane so kurz gehalten werden, daß auch die Kronenbasis optimal belichtet wird (Abb. 36; S. 59). Zu langes Holz an der Spitze der Krone führt zu einer zylindrischen Kronenform mit nachlassendem Wachstum an den bodennahen Kronenteilen und übermäßigem Wuchs an der Kronenspitze (Abb. 39; S. 62). Die Folgen sind eine Reduzierung des Baumertrages, die Verschlechterung der Fruchtqualität im unteren Kronenbereich und eine unzweckmäßige Verlagerung des Kronenertrages an die Kronenspitze. Diese Abweichung vom zweckmäßigen Kronenaufbau wird auch als »Überbauen der Krone« bezeichnet. Die Begrenzung des Höhenwachs-

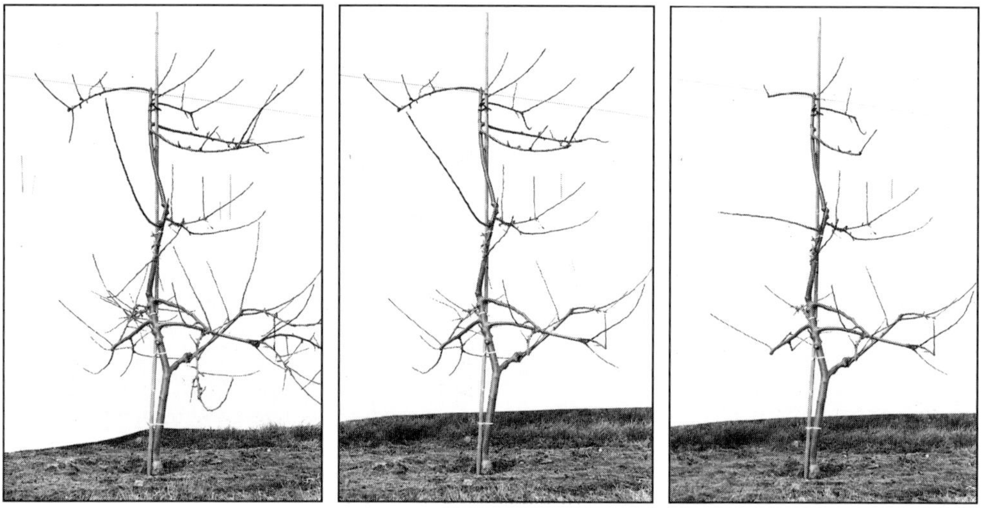

a b c

Abb. 39 Das »Überbauen« einer Spindelkrone
a Spindel, 'Golden Delicious', nach dem vierten Standjahr vor dem Schnitt. Die unteren Kronenteile wurden bisher zu kurz gehalten, die oberen zu lang gelassen. Aus der spitzpyramidalen wurde eine zylindrische Krone mit gleichzeitig schlechter Garnierung des Mitteltriebes im mittleren Kronenbereich trotz welligen Anbindens des Mitteltriebes.
b Nach dem **falschen** Schnitt. Die oberen Kronenteile wurden zu lang gelassen und führen zu einer weiteren Verstärkung des »Überbauens« der Krone.
c Nach dem **richtigen** Schnitt durch starkes Ableiten im Spitzenbereich der Krone und Herunterbinden eines einjährigen Triebes im Mittelteil des Baumes.

tums darf deshalb auch nicht durch Ableiten auf lange, sondern muß auf kurze, flachstehende Triebe oder Zweige erfolgen. Alle sich nach dem Ableiten an der Kronenspitze besonders zahlreich bildenden Reiter müssen beim jährlichen Schnitt ebenso beseitigt werden, wie die Reiter an den übrigen Kronenteilen.

Fruchtholzerneuerung an Spindeln und Pillarbäumen

Besondere Beachtung verdient die »Fruchtholzerneuerung«. Aus arbeitswirtschaftlichen Gründen, aber auch weil die Notwendigkeit hierfür nicht mehr besteht, werden im Ertragsalter neue Fruchttriebe nicht mehr durch Herunterbinden gebildet. Vielmehr erfolgt der Austausch des alten gegen junges Fruchtholz entweder unmittelbar durch bereits vorhandene und auf natürliche Weise flachwachsende junge Frucht- oder Holztriebe, oder das überalterte Fruchtholz wird zunächst am Mitteltrieb entfernt und erst in den folgenden Jahren durch Triebe ersetzt, die aus dem »Astring« einer Schnittstelle entstanden sind.

Als »Astring« wird ein deutlich sichtbarer Wulst an der Entstehungsstelle eines Triebes bezeichnet, in dem zahlreiche Knospenanlagen, sogenannte »Schlafende Augen« angelegt sind. Wird ein Trieb, Zweig oder Ast an seiner Entstehungsstelle unter Schonung dieses Astringes entfernt, werden eine oder mehrere dieser Knospenanlagen mobilisiert, treiben aus und tragen auf diese Weise zur Fruchtholzerneuerung bei. Deshalb soll beim Schnitt von Spindeln, aber auch von Spindelbüschen immer dann der Astring geschont werden, wenn an der Schnittstelle ein neuer Austrieb erwartet wird.

Ein von Anfang an flachstehender Trieb kann sich dort nur dann entwickeln, wenn er aus der Unterseite des Astringes entsteht. Die aus dem oberen Sektor eines Astringes gebildeten Triebe wachsen aufrecht und sind deshalb ohne Schnitthilfen für die Fruchtholzerneuerung nicht geeignet. Deshalb sollte das Wegschneiden des alten Holzes bei Spindeln generell zumindest unter Schonung des Astringes erfolgen. Noch günstiger ist es, wenn das Altholz nicht gerade, sondern schräg weggeschnitten wird, indem der obere Teil des Astringes ganz beseitigt wird und der untere Kreisbogen unbeschädigt bleibt. Die Folge des sonst unüblichen, schräg oder mit kurzem Zapfen ausgeführten Schnittes ist häufig ein Austrieb eines flachwachsenden Triebes aus dem verbliebenen unteren Astring (Abb. 40, 124; S. 163).

Verjüngungsschnitt

Jeder Obstbaum beginnt irgendwann einmal zu altern. Wann er in diese Alterphase eintritt, hängt von den Schnittmaßnahmen, dem Standort, altersbedingten zwangsläufigen Veränderungen im Nährstoff- und Hormonhaushalt und der Obstart und Unterlage ab. Er läßt das Altern durch Nachlassen der Triebleistung und überreiche Blüte mit nachfolgendem starkem Fruchtbehang nur kleiner Einzelfrüchte erkennen. Das mit Hilfe des Erziehungsschnittes hergestellte und durch einen zweckmäßigen Instandhaltungsschnitt über viele Jahre erhaltene physiologische Gleichgewicht ist in dieser Entwicklungsphase zugunsten einer übermäßigen Fruchtbarkeit und zulasten einer unzureichenden Triebleistung gestört.

Voraussetzungen für ein erfolgreiches Verjüngen

Bei weiterer Anwendung der bisher besprochenen Schnittmaßnahmen wäre der Fortgang dieser Entwicklung bis zum Eintritt in die Abgangsphase des Baumes, in der nach dem bereits eingeschränkten vegetativen Wachstum und der Verminderung der Fruchtqualität auch noch der quantitative Ertrag zum Erliegen käme, nicht aufzuhalten. So schnell sollte an eine dann unvermeidlich werdende Rodung jedoch nicht gedacht werden. Es kann nämlich zum Zeitpunkt des Überganges eines Baumes

Abb. 40 Der Zapfenschnitt zur Fruchtholzerneuerung bei Apfelspindeln
a Das Einsetzen der Scherenklaue in den Astwinkel von abgetragenem älterem Fruchtholz führt zwangsläufig zur Zapfenbildung.
b Ein kurzer Zapfen an der Schnittstelle schont die »Schlafenden Augen« des Astringes.
c Aus dem Astring bilden sich in den folgenden Jahren häufig sogar mehrere Triebe. Nur die an der Unterseite in einem flachen Winkel entstehenden Triebe sind die Basis für eine schnelle Fruchttrieberneuerung.

a b c

von der Ertrags- in die Altersphase mit Hilfe des »Verjüngungsschnittes« das »Physiologische Gleichgewicht« durchaus noch einmal »wiederhergestellt werden«. Voraussetzung hierfür ist allerdings, daß der Baum noch gesund ist und eine ausreichende Lebenserwartung besitzt. Insgesamt kann ein Baum ein- bis zweimal während seiner Standzeit »verjüngt« werden. Grundsätzlich auszunehmen von dieser Maßnahme sind Pfirsiche, Aprikosen, Spindelbüsche und Spindeln. Ihre relativ kurze Lebenszeit rechtfertigt einen derartig einschneidenden Eingriff nicht.

Abb. 41 Das Verjüngen einzelner überalterter Kronenteile
a Ein im Laufe der Jahre unter der Fruchtlast abgehängter Leitast eines älteren Birnbaumes mit überwiegend altem Fruchtholz in der Form von Quirlholz.
b Durch Zurücksägen auf jüngere, aufrecht stehende Äste, Zweige und Triebe läßt sich dieser Ast leicht verjüngen und zu neuer Trieb- und Fruchtholzbildung anregen (Pfeile = Sägestellen).

Stärke der Kroneneinschränkung
In erster Linie fällt beim »Verjüngungsschnitt« Sägearbeit an. Nur die Feinarbeit an den Organen höherer Ordnung wird mit der Schere ausgeführt. Je stärker ein Baum zu »vergreisen« droht und je mehr eine Krone ihre zweckmäßige Form verloren hat, um so weiter muß in altes Holz zurückgesägt werden. Es wird deshalb auch zwischen einem »Starken Verjüngen« mit weitem Zurücksetzen von Leitästen und Mitteltrieb und einem »Schwachen Verjüngen« mit einem mäßigen Eingriff an allen Kronenteilen unterschieden. Schnitttechnisch erfolgt das Einkürzen der Hauptäste wie des Nebenholzes durch Ableiten auf günstig stehende Baumteile (Abb. 41, 42).
Nach Beendigung der Verjüngungsarbeiten müssen die bekannten und ursprünglich vorhandenen Merkmale der einzelnen Kronenformen, wie die Schnittebene (Saftwaage) der Leitastserien oder -gruppen, der pyramidale oder der Hohlkronenaufbau und die Rangordnung innerhalb der Krone wieder erkennbar sein. Aufgabe des Schnittes der dann folgen-

a

b

a

b

Abb. 42 Das Verjüngen einer zu breit gewordenen Krone
a 15jähriger Viertelstamm, 'James Grieve', mit zu breit und einseitig gewordener »Kombinierten Pyramiden-Hohlkrone« vor dem Schnitt.
b Nach dem Verjüngen durch Ableiten auf stamm- und stammverlängerungsnahe ältere Kronenorgane. Gleichzeitig wurde die Rangordnung innerhalb der Leitäste wiederhergestellt und die Unausgewogenheit im Längenwachstum der Leitäste beseitigt.

den 2 bis 3 Jahre muß es sein, die verkleinerte Krone wieder zu einer leistungsfähigen und zweckmäßigen Ertragskrone im physiologischen Gleichgewicht aufzubauen. Dabei finden die für den Erziehungs- und Instandhaltungsschnitt gültigen Regeln Anwendung.

Umveredlungsschnitt

Ursachen für eine Umveredlung

Nicht immer entsprechen die gepflanzten Sorten den in sie gesetzten Erwartungen. Aber auch veränderte Verbraucherwünsche, fehlende Befruchtersorten, unausgewogener Sortenspiegel, besondere Krankheitsanfälligkeit einer Sorte und andere betriebs- oder gartenspezifische Gründe können Veranlassung sein, sich von einer ursprünglich gepflanzten Sorte zu trennen und sie durch eine andere zu ersetzen. Dazu bedarf es häufig nicht gleich einer Rodung der alten und einer Nachpflanzung neuer Bäume. Da eine direkte Nachpflanzung wegen der zu befürchtenden Nachbauerscheinungen ohnehin in den meisten Fällen nicht möglich ist, sollten die zu ersetzenden Bäume besser »umveredelt« werden. Ein umveredelter Baum liefert sowieso schneller wieder nennenswerte Erträge als ein neu gepflanzter Baum. Unbedingte Voraussetzung ist allerdings, daß die umzuveredelnden Bäume wachstumsmäßig noch die Forderungen erfüllen, die an Bäume zu stellen sind, die noch viele Jahre mit einer neuen Krone und einer neuen Sorte ertragreich sein sollen.

Grundsätzlich sollte davon ausgegangen werden, daß jeder Baum nur mit einer Sorte umveredelt wird. In Haus-, Siedler- und Liebhabergärten kann allerdings auch die Aufveredlung mehrerer Sorten auf ein und denselben Baum gelegentlich ihre Berechtigung haben. Läßt sich auf diese Weise doch der Sortenanfall im Haushalt abwechslungsreicher gestalten. Aber auch das besondere Befruchtungsproblem eines Kleingartens kann mit dieser Methode gelegentlich einmal gelöst werden, indem nur ein einzelner Leitast mit einer Befruchtersorte umveredelt wird. Durch das unterschiedliche Wuchsverhalten der verschiedenen Sorten bereitet der Wiederaufbau der Krone nach der Aufveredlung mehrerer Sorten auf einen Baum aber größere Schwierigkeiten als nach einer sorteneinheitlichen Umveredlung.

Zeitpunkt der Umveredlung

Nicht alle Obstarten können problemlos umveredelt werden. Noch weniger als das Verjüngen rechtfertigen gar Pfirsiche und Aprikosen eine Umveredlung. 2 Jahre Ertragsausfall und weitere 2 Jahre eines erneuten ansteigenden Ertrages lohnen bei einer Gesamtlebenserwartung von 15 bis 20 Jahren diesen Aufwand nicht. Auch Kirschen bereiten wegen ihrer Anfälligkeit gegenüber Holzkrankheiten und ihrer schlechten Wundheilung Schwierigkeiten bei der Umveredlung. Ist ihre Umveredlung trotzdem unvermeidlich, so wird sie am erfolgreichsten im Sommer ausgeführt.

Alle anderen Obstarten lassen sich gut in der blattlosen Spätwinter- und Frühjahrszeit umveredeln. Es kann dabei unter mehreren Veredlungsmethoden ausgewählt werden. Da hier die Umveredlung nur im Rahmen einer Abhandlung angesprochen wird, die sich in erster Linie mit der schnittechnischen Behandlung und der Erziehung der Obstbäume befaßt, können alle sich auf die unmittelbaren Umveredlungsmaßnahmen beziehenden Hinweise nur am Beispiel von zwei Veredlungsmethoden gegeben werden, nämlich der des »Pfropfens hinter die Rinde« für die Frühjahrsumveredlung und der »Okulation« für die Sommerumveredlung. Auf die Gesamtbehandlung der Bäume hat die Umveredlungsmethode ohnehin keinen Einfluß.

Winterumveredlung

Eine Winterumveredlung muß durch die »Reiserbeschaffung« und das »Abwerfen der Krone« rechtzeitig vorbereitet werden. Der Reiserschnitt sollte in der völligen Winterruhe erfolgen. Als Veredlungsreiser eignen sich nur einjährige Langtriebe. Sie sollen gut ausgebildete Augen haben, müssen ausgereift sein und können daher nur aus der äußeren Krone geschnitten werden. Wasserschosse (siehe S. 60) sind ebenso ungeeignet wie Triebe mit Blütenknospen.

Abwerfen der Krone Auch das Abwerfen der Krone muß rechtzeitig während der Winterruhe erfolgen. Dabei sind zunächst die Leitäste um ungefähr zwei Drittel ihrer Länge zurückzusägen und anschließend der Mitteltrieb so weit einzukürzen, daß sich bei gedachten Verbindungslinien von der Sägestelle des Mitteltriebes zu denen der Leitäste eine Pyramide mit einem Neigungswinkel von etwa 120° ergibt. Bei der Umveredlung einer Hohlkrone müssen lediglich die Sägestellen der Leitäste auf einer Höhe stehen (Abb. 43).

Abb. 43 Das Abwerfen einer Pyramidenkrone für die Umveredlung

a Festlegen der Abwurfstärke und des Abwurfwinkels vor dem Abwerfen der Krone.

b Nach dem Abwerfen der Krone mit dem Bilden der Pfropfköpfe und dem Einkürzen der Zugäste.

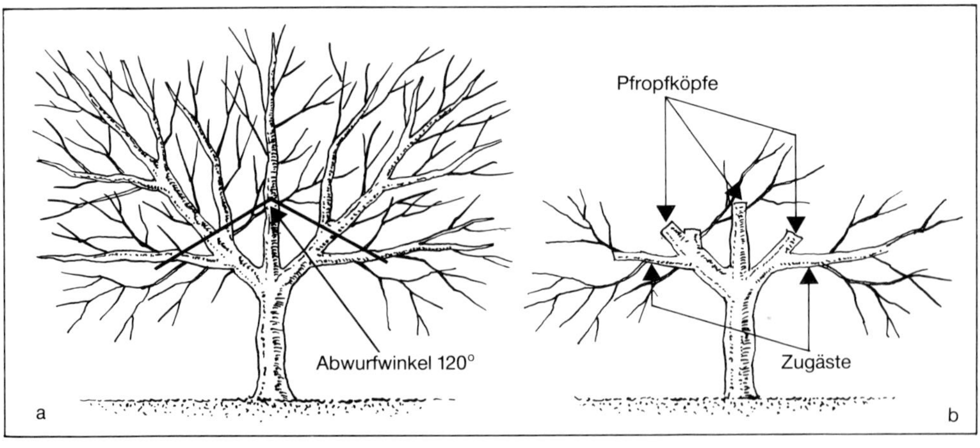

Von den verbliebenen Seitenästen zwischen der Sägestelle und der Vergabelungsstelle der Leitäste am Stamm bleiben je Leitast ein bis zwei Äste als »Zugäste« stehen und werden durch Ableiten leicht zurückgeschnitten. Ihr Laub trägt im Frühjahr und Sommer dazu bei, die zunächst noch blattlosen, später blattarmen Edelreiser mit zusätzlichen Assimilaten zu versorgen. Darüber hinaus verhindern sie das Ersticken der Edelreiser im Zellsaft, indem ein Teil des aus dem Wurzelkörper zu den Pfropfköpfen strömenden Saftes in diese Zugäste abgeleitet und von ihnen verbraucht wird.

Vorbereitung der Pfropfköpfe Ein auf diese Weise vorbereiteter Baum kann bei der Anwendung der hier beschriebenen Veredlungsmethode dann veredelt werden, wenn sich die Rinde nach der Winterruhe im Frühjahr wieder vom Holz lösen läßt. Dazu müssen die Sägestellen, »Pfropfköpfe« genannt, nochmals bis auf helles Holz und grüne Rinde zurückgesägt werden. In unmittelbarer Nähe der endgültigen Veredlungsstelle sollten sich keine Astvergabelungen oder alte überwallte oder sogar nichtüberwallte Schnitt- und Sägewunden von beseitigten Seitenästen befinden (Abb. 44). Die durch das Reißen der Sägezähne ausgefransten Sägewunden sind anschließend mit dem Veredlungsmesser glattzuschneiden (Abb. 109; S. 139).

Zuschneiden der Edelreiser Die bereits im Winter für die Veredlung geschnittenen Triebe sind nur im mittleren Bereich zum Schneiden von Edelreisern geeignet. An der Triebspitze sind sie nicht ausreichend ausgereift und zu dünn, ihre Augen an der Basis wiederum stehen zu nahe beieinander und sind nicht vollkommen genug ausgebildet.

Jedes aufzuveredelnde Reis sollte aus 3 bis 4 Augen bestehen. Ihre Länge wird durch die Ausführung des Veredlungsschnittes am einen und das Trennen vom restlichen Trieb am anderen Ende gebildet. Der Veredlungsschnitt muß so ausgeführt werden, daß in der Mitte der der Schnittfläche gegenüberliegenden Seite ein Auge steht. Die Länge des Schnittes sollte mindestens 4–5 cm betragen. Die Schnittfläche muß glatt sein und auf der gesamten Länge ausreichend Holz besitzen. Da die erste Verbindung zwischen Edelreis und Pfropfkopf durch das Verwachsen der kambialen Schichten der Veredlungspartner zustande kommt, muß bei der Ausführung des Veredlungsschnittes möglichst viel Kambium freigelegt werden (Kambium: siehe S. 138). Ein langer Schnitt ist hierfür die wichtigste Voraussetzung. Zusätzlich können durch millimeterdünne Schnitte an einer Schnittkante und an der Spitze des Veredlungsschnittes weitere Verwachsungsstellen freigelegt werden. Nach dem Anschneiden des Reises wird dieses durch einen kurzen Schrägschnitt unmittelbar über dem zweiten oder dritten Auge oberhalb der Schnittfläche begrenzt (Abb. 45; S. 68).

a b

Abb. 44 Das Zurechtsägen der Pfropfköpfe
a Ein Pfropfkopf mit alten Astansatzstellen im Bereich der Veredlungsbasis eignet sich nicht zum Umveredeln.
b Er muß unterhalb der störenden Wundrandverdickungen nachgesägt werden.

Einsetzen der Reiser Unmittelbar nach dem Schneiden wird das Edelreis durch Einschieben zwischen Holz und Rinde in den Pfropfkopf eingesetzt, nachdem zuvor der hierfür benötigte Schnitt am Pfropfkopf ausgeführt wurde. Dazu muß das Veredlungsmesser in

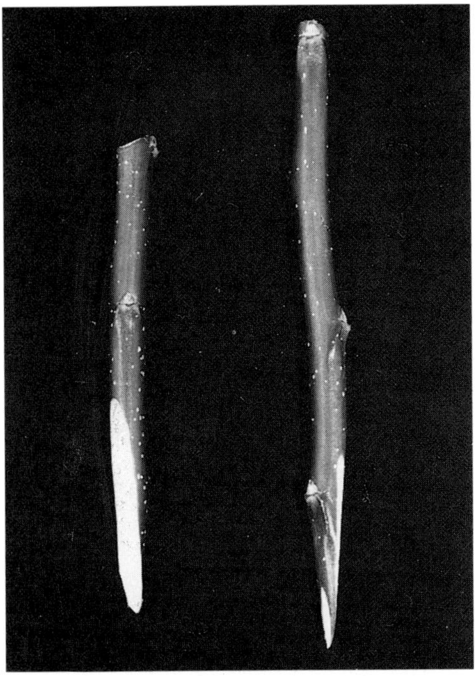
a

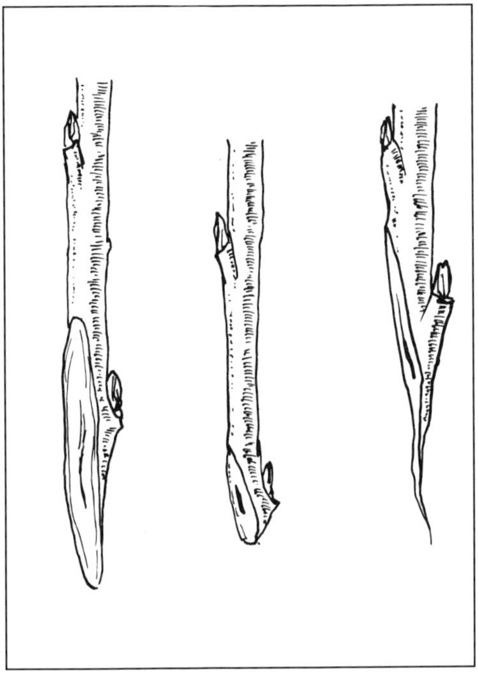
b

Abb. 45 Das Zuschneiden der Veredlungsreiser
a Ein brauchbares, fertig zugeschnittenes Edelreis zum »Pfropfen hinter die Rinde« besitzt oberhalb der Schnittfläche 2 (links) oder 3 Augen (rechts) und ist an 3 Seiten angeschnitten.
b Fehlerhaftes Zuschneiden mit welliger und zu kurzer beziehungsweise zu wenig Holz aufweisender Schnittfläche.

einer Länge von etwa 5 cm auf die Rinde aufgesetzt und bis auf das Holz durchgedrückt werden. Durch leichtes Verkanten des Messers vor dem Herausziehen wird dabei eine der beiden Rindenseiten abgehoben, während die andere ungelöst mit dem Holz verbunden bleibt. Welche Seite abgehoben wird, ergibt sich aus dem Zuschnitt des Veredlungsreises. Seine zusätzlich angeschnittene Kante muß nach dem Einschieben in den Rindenspalt an der ungelösten Rinde des Pfropfkopfes anliegen (Abb. 46; S. 69).

Die Zahl der Reiser, die auf jeden Pfropfkopf zu setzen sind, richtet sich nach dessen Größe. Für den späteren Kronenaufbau wird nur ein Reis benötigt. Wenn dennoch zusätzliche Reiser aufveredelt werden, dann haben sie nicht die Aufgabe, den Veredlungserfolg als »Reservereiser« abzusichern. Sie sollen vielmehr die Wundheilung erleichtern und beschleunigen. Durchmesser des Pfropfkopfes geteilt durch 2,5 ergibt etwa die Anzahl der benötigten Reiser. Das Ergebnis dieser Rechnung ist dabei auf eine ganze Zahl auf- oder abzurunden.

Verbinden und verstreichen Nur eine enge Berührung beider Verwachsungszonen der Veredlungspartner gibt die Gewähr für ein gutes und schnelles Anwachsen der Veredlungsreiser. Dazu bedarf es eines Verbandes, der die Schnittflächen fest aufeinanderpreßt und gleichzeitig das Herausfallen der Veredlungsreiser aus dem Pfropfkopf verhindert (Abb. 47; S. 69). Der Veredlungserfolg muß darüber hinaus durch lückenloses Verstreichen aller beim Veredeln entstandenen Wunden mit einem geeigneten Wundbehandlungsmittel gesichert werden (Abb. 48; S. 69).

46 a

46 b

46 c

Abb. 46 Das Einsetzen des Veredlungsreises in den Pfropfkopf
a Ansetzen des Veredlungsmessers.
b Lösen eines Rindenlappens.
c Fertig eingesetztes Reis.

Abb. 47 Das Verbinden beim Umveredeln
Festes Verbinden verhindert das Herausfallen der Reiser und sorgt für eine innige Verbindung der kambialen Schichten beider Veredlungspartner.

Abb. 48 Das Verstreichen der Veredlungsstelle
a Alle offenen Wunden am Pfropfkopf müssen dicht verstrichen werden
b Auch die Schnittfläche am Kopf der Veredlungsreiser muß geschlossen werden.

Nachbehandlung der Pfropfköpfe Zwei bis drei Wochen nach der Umveredlung beginnen die Augen der Edelreiser zu schwellen. Dieses »Schieben der Augen« muß noch kein sicheres Zeichen für das Gelingen der Veredlung sein. Vielmehr sind die Reiser in der Lage, mit Hilfe eigener Reservestoffe die Augen »anzutreiben«. Erst das Strecken der Blattrosetten zu kleinen Trieben ist ein sicheres Indiz für den Anwuchserfolg.
Die sich entwickelnden, schwachen und noch kurzen jungen Triebe der Veredlungsreiser können zusammen mit den wenigen verbliebenen Zugästen nicht alle im Baum verbliebene

47

48 a

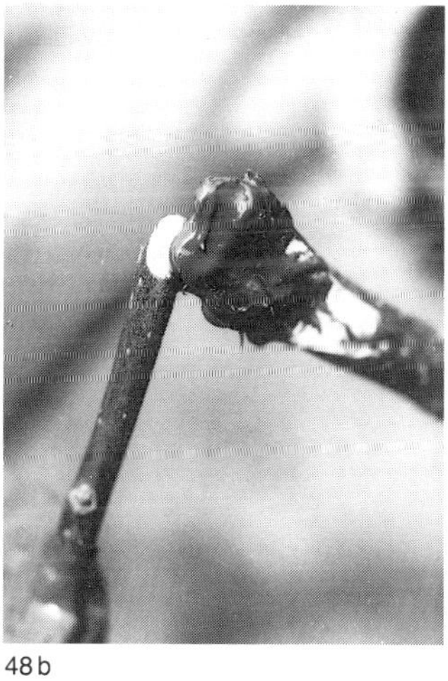

48 b

Triebkraft aufnehmen und verarbeiten. Deshalb bilden sich unterhalb der Pfropfköpfe aus schlafenden Augen zahlreiche kräftige Triebe der ursprünglichen Sorte. Sie müssen in den kommenden Wochen oft mehrmals entfernt werden. Ein rechtzeitiges »Freistellen der Veredlung« begünstigt das Wachstum der Edelreiser und verhindert außerdem die unvermeidliche Entstehung größerer Schnittwunden bei ausschließlich im folgenden Winter vorgenommenem Freistellen (Abb. 49).
Während des Sommers bildet sich an den Veredlungsstellen eine dicke Wundkallusschicht. Gleichzeitig nimmt die Stärke der Veredlungsreiser durch ein kräftiges Dickenwachstum besonders an den Verwachsungsstellen mit der Unterlage schnell zu. Deshalb muß das Bindematerial rechtzeitig durch einen oder mehrere Messerschnitte gelöst werden, falls der Baum die Bänder nicht selbst sprengt. Eine Beseitigung des Bindematerials ist dagegen weder erforderlich noch nützlich. Sie würde lediglich das noch benötigte Wundverschlußmittel beschädigen.

Neuaufbau der Krone Nach Triebabschluß und Laubfall muß im Winter der erste direkte Schnitt an den Veredlungsreisern vorgenommen werden, nachdem zuvor an jedem Pfropfkopf der Trieb ausgewählt wurde, der aufgrund seiner Stellung am besten als künftiger Leitast oder neuer Mitteltrieb geeignet ist. Ihm müssen die anderen Triebe untergeordnet werden. Hierzu verbleiben sie zwar am Pfropfkopf, werden aber deutlich tiefer auf günstig stehende Seitentriebe abgeleitet. Nur so können sie ihre wesentliche Aufgabe der Förderung einer schnellen Wundheilung erfüllen. Übrigens werden sie auch die ersten Triebe sein, die Früchte der neuen Sorte liefern. Dazu müssen sie bereits jetzt so geschnitten werden, daß sie nach dem Schnitt tiefer als der Haupttrieb stehen und möglichst flach wachsen.

Abb. 49 Das »Freistellen« der Veredlung
a Beim »Freischneiden« durch Beseitigen der unterhalb der Veredlung am Pfropfkopf entstandenen wilden Triebe.
b Nach dem »Freistellen«.

a

b

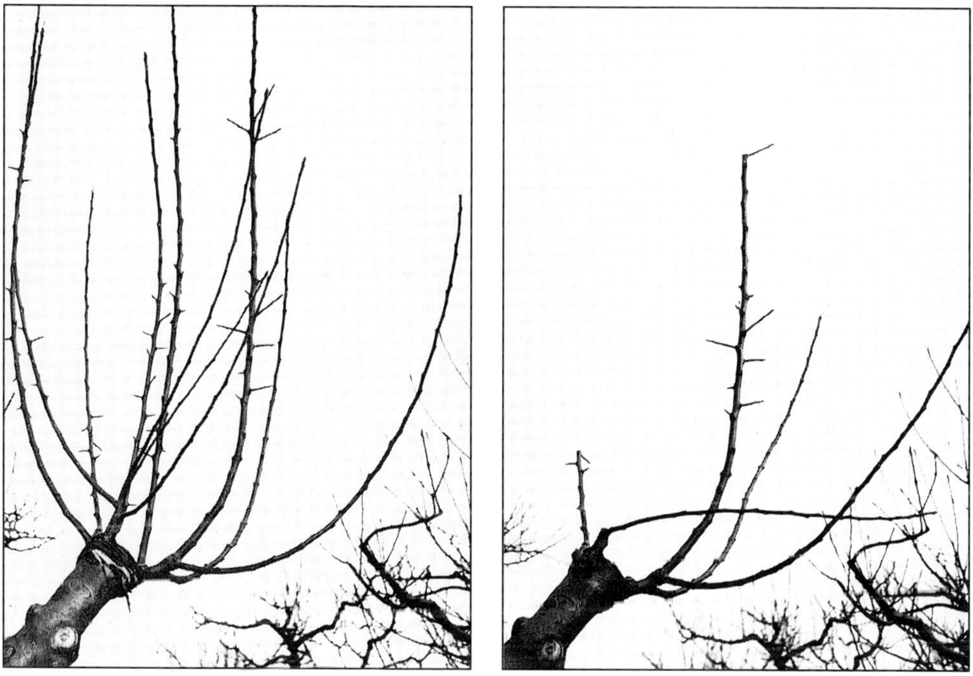
a b

Abb. 50 Der beginnende Aufbau eines neuen Leitastes nach einer Umveredlung
a Pfropfkopf der Sorte 'Alkmene' 1 Jahr nach der Umveredlung vor dem Schnitt.
b Nach der Beseitigung aller in das Kroneninnere gerichteten Triebe und der Konkurrenztriebe durch Wegschneiden oder Ableiten sowie dem Anschneiden der neuen Leitastverlängerung auf einen nach außen zeigenden Kurztrieb.

Außerdem dürfen sie nur abgeleitet und auf keinen Fall angeschnitten werden.
Angeschnitten wird nur der Führungstrieb als künftiger Leitast nach den bei der Besprechung des Erziehungsschnittes ausführlich dargelegten Regeln (siehe S. 54). Bereits entstandene Seitentriebe müssen dann ganz entfernt werden, wenn sie zur Konkurrenz für den Haupttrieb werden können. Stehen sie jedoch flach, so sollten sie ungeschnitten bleiben. Ihre Garnierung mit Fruchtknospen im Sommer ist eine sichere Grundlage für die Fruchtbildung im darauf folgenden Jahr (Abb. 50).

Abbau der Zugäste Parallel zum Aufbau der neuen Krone verläuft der schrittweise Abbau der Zugäste. Er beginnt bereits im ersten Jahr nach der Veredlung und kann bei jüngeren Umveredlungsbäumen nach 1 bis 2 Jahren, bei älteren Bäumen nach 3 Jahren abgeschlossen sein (Abb. 51; S. 72). Nach wenigen Jahren hat der umveredelte Baum seine alte Größe und Leistungsfähigkeit wiedererlangt, er trägt jetzt aber Früchte der besseren oder zweckmäßigeren Sorte. Der Aufbau der Krone vollzieht sich dabei nicht anders als der Aufbau jeder nicht umveredelten Krone. Selbst die Umveredlungsstellen sind nach wenigen Jahren kaum noch erkennbar (Abb. 52; S. 72).

Sommerumveredlung
In allen Fällen, in denen eine Sommerumveredlung zweckmäßiger ist, erfolgt das Abwerfen der Krone erst unmittelbar vor dem Veredeln. Entweder werden bei dieser Veredlung die Reiser aus Langtrieben des Veredelungsjahres direkt in den Pfropfkopf eingesetzt, oder es wird in ein-, höchstens aber zweijährige Triebe in unmittelbarer Nähe der Schnitt- oder Sägestellen der Leitäste und des Mitteltriebes »okuliert« (Abb. 53; S. 73). Der weitere Kronenaufbau vollzieht sich später in seinen Grundzügen wie nach einer Winterumveredlung.

a b c d

Abb. 51 Der Abbau der Zugäste an umveredelten Bäumen

a 15jährige Pyramidenkrone 1 Jahr nach der Umveredlung mit der Sorte 'Alkmene' vor dem Schnitt.

b Nach dem teilweisen Abbau der Zugäste und dem Freistellen der Pfropfköpfe.

c Derselbe Baum 1 Jahr später vor dem Schnitt.

d Nach der völligen Beseitigung der Zugäste und dem Schnitt der neuen Krone. Dabei sind besonders gut die im Vorjahr flachgestellten Triebe der Zusatz-Veredlungsreiser als erste Fruchtorgane der neuen Krone zu erkennen.

Abb. 52 Die Wiederherstellung einer leistungsfähigen Krone nach einer Umveredlung

a 22jähriger Apfel-Meterstamm, 'Oldenburg', 7 Jahre nach der Umveredlung mit der Sorte 'Roter Berlepsch' (Pfeile = Veredlungsstellen).

b Makellos verheilter Pfropfkopf am gleichen Baum. Alle Zusatz-Veredlungsstellen wurden inzwischen in Abständen in dem Maße entfernt, wie die Pfropfkopfwunde sich geschlossen hat.

52 a

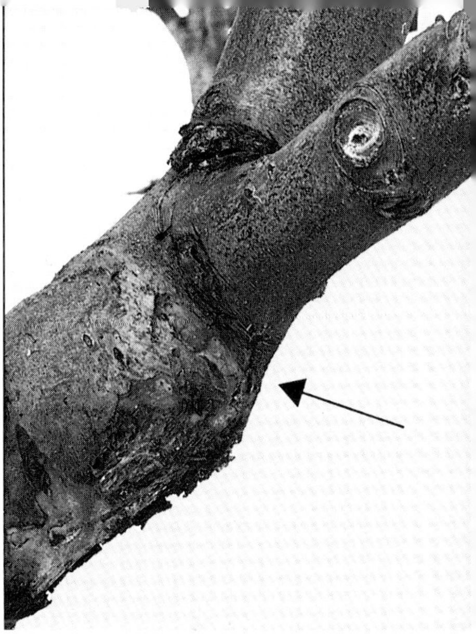

52 b

Abb. 53 Die »Okulation« als Sommer-Umveredlungsmethode

a Das Schneiden der Augen.
Bild 1: Entblättern der Veredlungsreiser durch Abschneiden der Blätter bis auf einen 1 cm langen Stielrest.
Bild 2: Beseitigen der Nebenblätter.
Bild 3: Schneiden des Auges.
Bild 4: Fertig geschnittenes Auge.

b Das Okulieren.
Bild 1: Durch Längs- und Querschnitt gebildeter T-Schnitt am Veredlungspartner zur unmittelbar folgenden Aufnahme des Auges.
Bild 2: Einschieben des Umveredlungsauges in den T-Schnitt.
Bild 3: Wegschneiden des überstehenden Rindenteiles in Höhe des Querschnittes.
Bild 4: Verbinden des Auges.

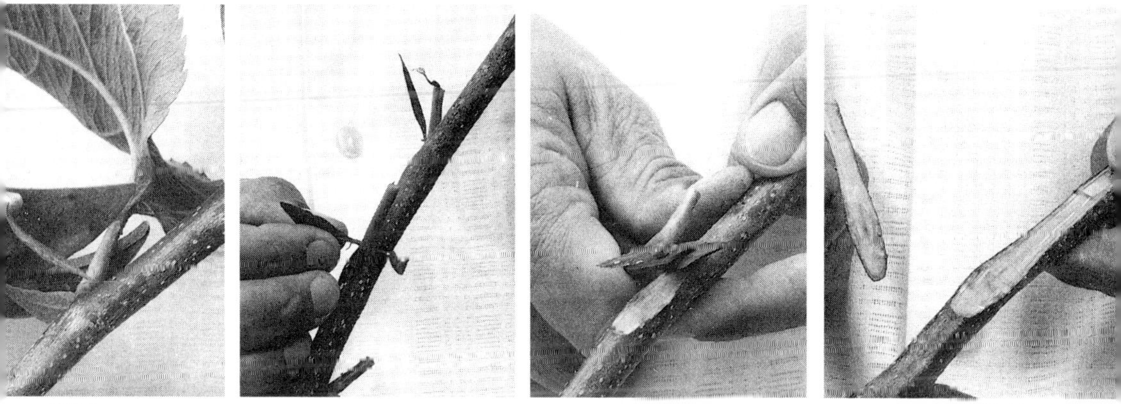

53 a △

53 b ▽

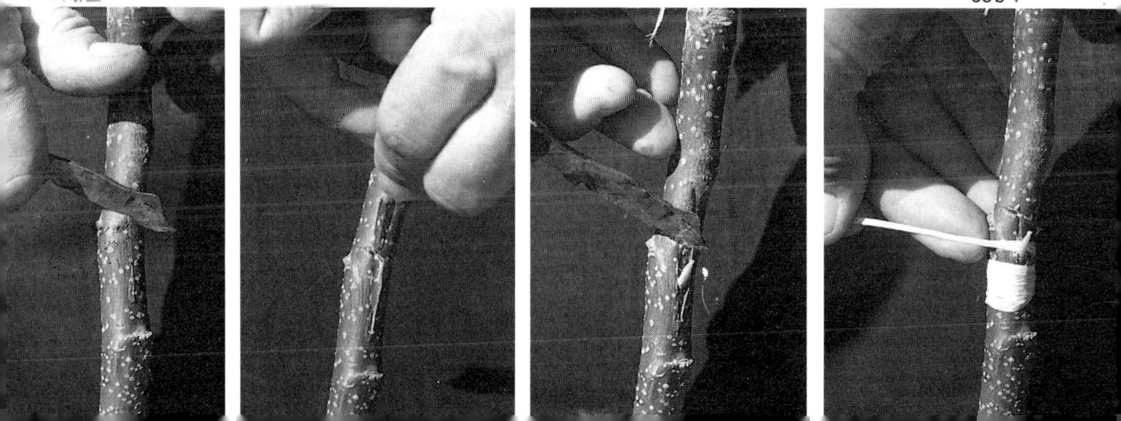

Der Schnitt in Abhängigkeit von den Obstarten

Die Trieb- und Knospenarten

Im Abschnitt »Kronenorgane« (siehe S. 32) wurde der Begriff »Trieb« bereits altersmäßig gegenüber anderen, das Kronengerüst bildenden Baumteilen abgegrenzt. Nicht angesprochen wurden aber die Unterscheidungsmerkmale der einzelnen Triebarten untereinander. Um spezielle Schnittmaßnahmen an einzelnen Obstarten oder gar -sorten richtig erläutern zu können, muß nunmehr hierauf näher eingegangen werden. Es soll dabei jedoch nicht auf botanische Begriffe und Merkmale zurückgegriffen werden, vielmehr erscheint es ausreichend, die Triebbildung, den Triebaufbau und die Funktion einzelner Triebarten, insbesondere in ihrer Bedeutung für die Fruchtbildung, nach praxisüblichen Bezeichnungen zu erläutern. Daneben sollen die folgenden Ausführungen die Grundlagen für eine klare Knospenansprache im Hinblick auf Entstehung und Funktion der Knospenarten liefern.

Holz- und Fruchtknospen

Jeder Trieb besteht aus einer zunächst noch weichen, später verholzten Mittelachse, an der sich »Knospen« unterschiedlicher Form und damit gleichzeitig auch voneinander abweichender Funktion befinden. In der obstbaulichen Fachsprache werden diese Knospen auch als »Augen« bezeichnet. Dabei ist grundsätzlich zwischen verhältnismäßig unscheinbaren, dem Holz flach anliegenden und spitz geformten Knospen gegenüber auffälligeren, sich deutlich vom Trieb abhebenden, beim Kernobst aber auch häufig an der Triebspitze stehenden, mehr runden Knospen zu unterscheiden. Aus den spitzen Knospen gehen in der Regel Blätter oder Triebe hervor. Sie werden deshalb »Blatt-, Trieb- oder Holzknospen« genannt. Aus den runden Knospen entstehen dagegen Blüten mit nachfolgender Fruchtbildung, weshalb hier von »Blüten- oder Fruchtknospen« gesprochen wird. Nur das Kernobst bildet darüber hinaus auch »Übergangsknospen« aus, die äußerlich fast alle Merkmale einer Fruchtknospe zeigen, bei genauer Betrachtung aber spitzer und schwächer sind als fertige Blütenknospen. Aus ihnen geht daher im ersten Jahr anstelle der Blüten nur eine Blattrosette hervor, die sich erst im Sommer zu einer vollständigen Fruchtknospe entwickelt.

Holz- und Fruchttriebe

Die Knospenabstände an der Triebachse heißen »Internodien«. Ihre Länge ist einmal von der Obstart und der Sorte abhängig, stärker noch wird die Internodienlänge aber von der Art des Triebes und seiner Stellung innerhalb der Krone bestimmt. Je besser belichtet ein Trieb ist, um so kürzer sind seine Internodien. Wasserschosse im Kroneninneren haben daher die längsten Abstände zwischen den einzelnen Knospen. Auch zwischen den Triebarten bestehen Unterschiede in der Internodienlänge. An den Holztrieben sind sie länger als an den Fruchttrieben.
Von einem »Holztrieb« wird dann gesprochen, wenn er von der Basis bis zur Triebspitze mit Blattknospen besetzt ist und nur zu künftigem vegetativem Wachstum fähig ist. Selbst die Spitzenknospe, die »Terminalknospe« genannt wird, ist an Holztrieben spitz und un-

Abb. 54 Die Fruchtholzformen des Kernobstes zur Zeit der Blüte

a Die Blütenknospen an einjährigen Langtrieben (links) öffnen ihre Mittelblüte oft erst, wenn die Blütenstände am älteren Fruchtholz bereits voll aufgeblüht sind (rechts).

b »Fruchtruten« sind etwa 10–30 cm lang und haben eine endständige Blütenknospe.

c »Fruchtspieße« sind Kurztriebe von wenigen Zentimetern Länge und einer Blütenknospe als Terminalknospe.

d »Ringelspieße« entstehen durch fortgesetzte kurztriebartige Streckung aus Fruchtholzorganen. Durch Verzweigungen entsteht aus ihnen »Quirlholz«.

a △ c ▽ b △ d ▽

scheinbar. Aus ihr geht entweder die Triebverlängerung hervor oder es kommt zu einer Blattbildung in Form einer Blattrosette. Beim Kernobst bildet sich diese zu einer Fruchtknospe um. Die Knospen und die Internodien sind an der Triebbasis kleiner und kürzer als im Mittel- und Spitzenbereich.
Hat sich beim Kernobst die Terminalknospe zu einer Fruchtknospe entwickelt, so wird der ganze Trieb, obwohl er an seiner gesamten Achse mit Blattknospen besetzt ist, bereits als »Fruchttrieb« bezeichnet. Allerdings ist das nur eine Form von Fruchttrieb. Andere besitzen über ihre gesamte Länge einzelne Fruchtknospen oder weisen überwiegend oder gar ausschließlich Fruchtknospen auf.
Eine eindeutige Zuordnung zu einer der vorgenannten Triebarten ist für viele Triebe des Steinobstes nicht möglich. Dort stehen an ein und derselben Knospenansatzstelle häufig sowohl Blatt- wie auch Fruchtknospen. Sie werden deshalb »Gemischte Triebe« genannt, obwohl sie von ihrer Neigung zur Blüten- und Fruchtbildung her eigentlich Fruchttriebe sind.

Die Trieb- und Knospenbildung der Obstarten

Die Vielseitigkeit der Trieb- und Knospenformen und das unterschiedliche Verhalten bei der Trieb- und Knospenbildung der einzelnen Obstarten und manchmal sogar der verschiedenen Sorten, macht eine getrennte Betrachtung der Obstarten erforderlich.

Kernobst

Zwischen den einzelnen Kernobstarten weicht das Verhalten der Triebe und Knospen nur unbedeutend voneinander ab. Deshalb erlauben Äpfel und Birnen eine gemeinsame Darstellung ihrer Trieb- und Knospenbildung. Nur die ebenfalls zum Kernobst zählende Quitte nimmt eine Sonderstellung ein. Ihre Bedeutung ist für den Erwerbsanbau wie für den Liebhabergärtner jedoch so gering, daß am Schluß der Kernobstbesprechung gesondert in angemessener Weise auf sie eingegangen werden kann.

Organe und Aufgaben der Langtriebe
Die Langtriebe von Äpfeln und Birnen sind fast immer mit Blattknospen von der Basis bis zur Triebspitze besetzte Holztriebe. Auch die Terminalknospe ist eine Blattknospe (Abb. 55a, d; S. 77). Aus ihr geht nach dem Austrieb die Triebverlängerung hervor. Nur für das geübte Auge gelegentlich sichtbar, oft aber gar nicht erkennbar, befinden sich an der Basis jeder Blattknospe »Beiaugen«. Sie übernehmen nach Beschädigungen der fertig ausgebildeten Blattknospe durch Frost, Schädlinge, Krankheiten oder mechanische Einwirkungen eine Ersatzfunktion, indem sie sich anstelle der geschädigten Hauptknospe zu einer austriebsfähigen Knospe heranbilden.
Blattknospen des Kernobstes besitzen nur vegetative Anlagen. Abhängig von ihrer Stellung am Trieb, doch auch beeinflußt von dessen Haltung und Stellung, bilden sich bei steiler Stellung aus ihnen im Folgejahr aufgrund der bekannten Triebförderungsgesetze (siehe S. 14) aus dem oberen Teil weitere Langtriebe, die Basisaugen und die Augen des mittleren Triebdrittels treiben dagegen meistens überhaupt nicht aus. Ist der Wuchs mehr flach als steil, können aus den Blattknospen auf der gesamten Trieblänge Blattrosetten oder überwiegend Kurz-, aber auch der eine oder andere Langtrieb entstehen.
Kommt es nicht erst im folgenden Jahr, sondern noch im Jahr der Triebbildung zum Austrieb der Blattknospen, dann bilden sich »Vorzeitige Triebe«. Sie sind bei jungen Bäumen, wie zum Beispiel bei einjährigen Veredlungen in der Baumschule, überwiegend Holztriebe, bei älteren Bäumen dagegen eher Fruchttriebe (siehe S. 48).
Da heute besonders im Apfelanbau Unterlagen dominieren, die einen schwachen Wuchs verursachen, kommt es mehr als früher schon an einjährigen Langtrieben neben der Bildung von Blattknospen auch schon zur Fruchtkno-

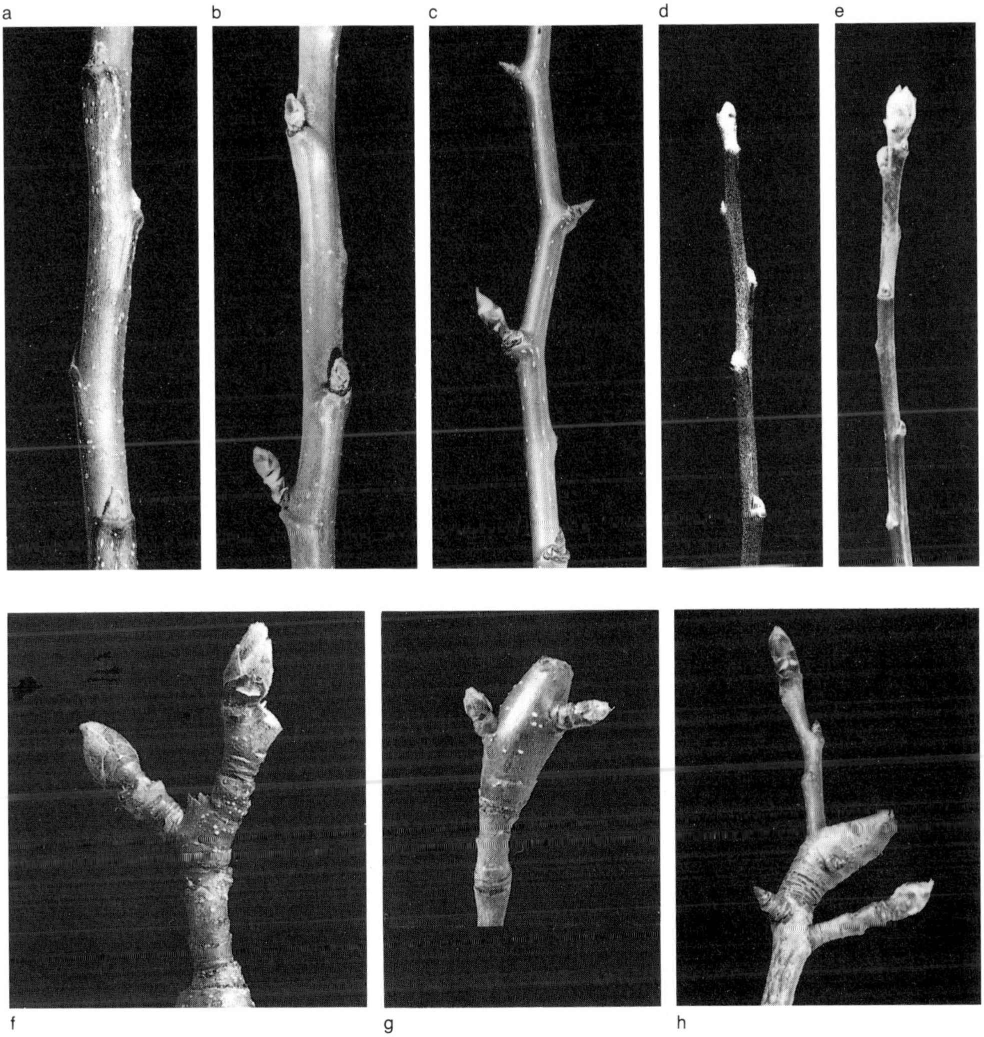

Abb. 55 Die Trieb- und Knospenformen des Kernobstes

a Einjähriger Apfel-Langtrieb, ausschließlich mit Blattknospen besetzt.

b Einjähriger Apfel-Langtrieb der Sorte 'Alkmene', bereits mit Fruchtknospen besetzt.

c Zweijähriger Birnen-Langtrieb, mit Frucht- und Übergangsknospen besetzt.

d Einjähriger Apfel-Langtrieb mit einer Holztriebknospe als Terminalknospe.

e Einjähriger Apfel-Kurztrieb (Fruchtrute oder Fruchtspieß) mit einer Fruchtknospe als Terminalknospe und einigen an der Triebachse gebildeten Übergangsknospen.

f Apfel-Ringelspieß mit Blütenknospen.

g Apfel-Fruchtkuchen mit alter Fruchtansatzstelle und neuen Fruchtknospen.

h Birnen-Fruchtkuchen mit spitzen Übergangsknospen und runden, fertigen Blütenknospen an Fruchtspießen.

Abb. 56 Das Quirlholz
Quirlholz bildet sich aus verzweigten Ringelspießen. Es ist daher altes Fruchtholz mit überreicher Fruchtbildung und minderer Fruchtqualität.

spenbildung entlang des Triebes (Abb. 55b; S. 77). Die Neigung zum Fruchten einjähriger Triebe ist aber beim Apfel größer als bei der Birne und stark von der Sorte abhängig. So fruchten zum Beispiel 'Golden Delicious', 'James Grieve', 'Jamba 69', 'Alkmene', 'Jonagold', 'Idared' und andere willig und reich an Langtrieben, die erst im Vorjahr gebildet wurden, während 'Cox Orange', 'Goldparmäne', 'Melrose', 'Gloster 69' und viele andere Sorten nur selten einzelne Fruchtknospen an diesen Trieben ausbilden. Blühen Birnen dagegen schon an einjährigen Langtrieben, dann stehen die Fruchtknospen hier fast ausschließlich in der Nähe der Triebspitzen. Fruchtende Langtriebe sind eigentlich oft schon keine echten Holztriebe mehr, sondern bereits verlängerte Fruchttriebe.

Die Neigung einer Sorte zum Fruchten am einjährigen Langtrieb sollte nicht überbewertet werden. Die Blüten dieser Triebe öffnen sich immer später als die Blüten an den Kurztrieben, dem eigentlichen Fruchtholz des Kernobstes. Die Differenz zwischen den Aufblühterminen kann bis zu zehn Tage betragen (Abb. 54a; S. 75). Sie liefern daher nie die beste Fruchtqualität. Vornehmlich ihre Blüten sind es daher, die bewußt durch die chemische Fruchtausdünnung an der Fruchtbildung gehindert werden (siehe S. 132). In Frostjahren können diese Blüten dennoch sehr wertvoll sein, weil sie durch ihren späteren Blühtermin die Gesamtblüte auseinanderziehen und dadurch möglicherweise noch eine Teilernte ermöglichen, nachdem die Hauptblüte dem Frost zum Opfer gefallen ist.

Entstehung und Bedeutung verschiedener Kurztriebformen

Das Gros der Fruchtknospen wird beim Kernobst am kurzen Holz gebildet. Obwohl diese Knospen in der Fachsprache vereinfacht nur als Frucht- oder Blütenknospen angesprochen werden, sind sie in Wirklichkeit »Gemischte Knospen«. Es gehen aus einer Fruchtknospe neben 5 bis 10 wirtelig angeordneten Blüten unterhalb dieser Blüten nämlich auch gleichzeitig 3 bis 5 vollentwickelte Blätter und einige zusätzliche Niederblätter in Form einer Blattrosette hervor. Sie ermöglichen es, daß sich an allen Vegetationspunkten, an denen bereits eine Blüte oder Frucht stand, aus ihren Blattachseln auch fortan immer neue Fruchtknospen bilden können (Abb. 54b–d; S. 75).

Das Alter und die Länge eines Fruchttriebes sowie die Anordnung der hieran befindlichen Fruchtknospen geben den einzelnen Fruchtholzarten ihren Namen. So kann zunächst zwischen »Jungem« und »Altem Fruchtholz« unterschieden werden. Ein Fruchtholz ist dann als jung zu bezeichnen, wenn die als Fruchtknospe ausgebildete Terminalknospe an einem deutlich sichtbaren Kurztrieb steht, und man spricht von altem Fruchtholz, wenn die Triebachse so stark gestaucht ist, daß sie kaum noch als solche erkannt werden kann. Ein weiteres Kennzeichen für altes Fruchtholz ist eine starke Verzweigung der einzelnen Fruchtholzteile. Das jüngere Fruchtholz ist immer wertvoller als das alte, aus dem zwar viele, aber qualitativ minderwertige Früchte hervorgehen. Beim Schnitt des Kernobstes ist daher auf eine ständige Verjüngung des Fruchtholzes besonderer Wert zu legen (Abb. 41; S. 64).

Als jüngstes und zugleich wertvollstes Fruchtholz gelten die einjährigen Kurztriebe mit einer Fruchtknospe als Terminalknospe und gelegentlichen Fruchtknospen an der Triebachse. Nach ihrer Trieblänge werden sie in »Fruchtruten« mit einer Länge von 10 bis etwa 50 cm und »Fruchtspieße«, die 2–10 cm lang sind, unterteilt (Abb. 54b, c; 55e, S. 75, 77). Der überwiegende Teil der Knospen an der Triebachse dieser Fruchtholzarten sind Blattknospen, die entweder im Ruhezustand verharren, oder sich in späteren Jahren zu Fruchtknospen entwickeln.

Während aus den Blüten der Fruchtknospen jeweils eine oder mehrere Früchte heranwachsen, bilden sich zur gleichen Zeit an den Nahtstellen zwischen Stielende und Holz »Fruchtkuchen« aus. An diesen zunächst unfruchtbaren, aber zur Ausbildung neuer Fruchtknospen besonders befähigten Organen entstehen bei manchen Sorten noch im gleichen Jahr, oft aber auch erst im zweiten Jahr erneut Fruchtknospen, Fruchtspieße oder Fruchtruten (Abb. 55g, h; S. 77).

Als Folge übermäßigen Fruchtbehanges oder eines ungünstigen Witterungsverlaufes kommt es vornehmlich bei Birnen, gelegentlich aber auch bei Äpfeln in manchen Jahren zu einem Ungleichgewicht im Bau- und Nährstoffhaushalt der Bäume, der es nicht erlaubt, neben der Ausbildung zahlreicher Früchte gleichzeitig auch noch Fruchtknospen für das folgende Jahr auszubilden. Dann entstehen an den Fruchtkuchen zunächst nur »Übergangsknospen«, die deutlich spitzer und kleiner als fertige Fruchtknospen sind. Anstelle der Blüten bringen sie im folgenden Frühjahr nur eine Blattrosette hervor, die endgültige Blütenanlage aber wird erst im Sommer für das darauf folgende Jahr beendet (Abb. 55h; S. 77).

Bei der Bildung einer neuen Fruchtknospe ist der Triebzuwachs aus einem Fruchtkuchen oft sehr gering. Nicht selten streckt sich die Triebachse nur wenige Millimeter. Bei einer Wiederholung der Blütenbildung an der gleichen Stelle in mehreren, aufeinanderfolgenden Jahren wird aus den Blattansatzstellen der abgefallenen Blattrosetten früherer Blütenstände zwangsläufig eine geringelte Triebachse. Es entsteht ein »Ringelspieß« mit einer Fruchtknospe an seiner Spitze (Abb. 54d, 55f; S. 75, 77). Verzweigte Ringelspieße als Folge einer ständigen Neubildung von kurztriebigen Fruchtknospen führen allmählich zur Bildung von »Quirlholz« (Abb. 56; S. 78). Ringelspieße und Quirlholz sind im Gegensatz zu Fruchtruten und Fruchtspießen nicht nur »Altes Fruchtholz«, sie sind auch eine typische Alterserscheinung des gesamten Baumes oder Ausdruck unzweckmäßiger Schnittmaßnahmen. Ein Übermaß an Quirlholz an einem Baum kann bei einigen Sorten selbst auf schwachwachsenden Unterlagen zur Alternanz (siehe S. 12) führen. Dem muß durch Verminderung des Quirlholzes entgegengewirkt werden. Am Quirlholz selbst sollte jedoch nicht geschnitten werden.

Abb. 57 Die Fruchttriebbildung der Quitte
Als einzige Kernobstart bildet die Quitte ihre Blüten erst nach dem Austrieb an »diesjährigen« Kurztrieben aus.

Fruchttriebbildung an Quitten

Die Fruchtknospen sind im Gegensatz zum übrigen Kernobst am winterlichen Holz der Quitte noch nicht zu erkennen. Die Blüten entstehen vielmehr im Frühjahr an der Spitze 10–20 cm langer grüner Triebe, die erst im Laufe des Sommers verholzen. Sie können sowohl aus Kurztrieben wie auch aus seitlichen Knospen der Langtriebe entstehen (Abb. 57; S. 79). Die verspätete Fruchttriebbildung schützt die im Holz sehr frostempfindliche Quitte vor Ertragsausfällen, bleiben doch trotz Zurückfrierens im Winter stets ausreichend austriebsfähige Augen zur Fruchttriebbildung übrig.

Steinobst

Bezogen auf die Bildung der Fruchtorgane wird in der Fachliteratur häufig der Schnitt des Kernobstes von dem des Steinobstes dadurch abgegrenzt, daß beim Kernobst die Fruchtbildung angeblich erst am mehrjährigen Holz stattfände, also eine »Holztriebwandlung zum Fruchttrieb« der Fruchtbildung vorausgehen müßte, beim Steinobst diese Fruchtbildung dagegen bereits am einjährigen Holz erfolgen würde. Es wird daher beim Steinobst, im Gegensatz zur Triebwandlung des Kernobstes, von der »Fruchttrieberneuerung« gesprochen. Wie die Ausführungen über die Fruchtbildung des Kernobstes gezeigt haben, trifft diese Lehre in Wirklichkeit so nicht zu. Tatsächlich findet außer der Fruchtknospenbildung aus einer Übergangsknospe jede Fruchtknospenbildung am einjährigen Holz statt. Lediglich die Trieblänge, nach der die Fruchtbildung erfolgt, ist unterschiedlich ausgeprägt. Sie kann so weit gestaucht sein, daß sie äußerlich nicht mehr ohne weiteres erkennbar ist. Als Unterscheidungsmerkmal zwischen dem Kern- und Steinobst sollte deshalb eher die Fruchttrieblänge dienen. Wenn auch selbst danach keine ganz klare Trennung zwischen den beiden großen Obstartengruppen möglich ist, so kann doch gelten, daß die Bildung der Fruchtknospen beim Kernobst mehr am kurzen bis ganz kurzen Trieb, beim Steinobst verbreitet am längeren Holz erfolgt.

Im Gegensatz zum Kernobst sind nämlich beim Steinobst die Langtriebe fast immer mit Blatt- und Blütenknospen besetzt. Da beim Steinobst in der Regel Beiaugen an den Knospen fehlen, gehen aus jeder Knospe entweder nur eine oder mehrere Blüten, oder nur Blätter hervor. Zerstörte oder beschädigte Knospen bleiben daher nur dann an den Knospenansatzstellen noch austriebsfähig, wenn die Basis der Knospen keinen Schaden genommen hat. Sind bei unbeschädigten Knospen dennoch in Blütennähe Blätter anzutreffen, dann sind sie immer aus einer der Blütenknospe unmittelbar benachbarten, getrenntstehenden und daher selbständigen Blattknospe entstanden. Da häufig in den Blattachseln des Steinobstes nicht nur Knospen einer Art, sondern sowohl Blatt- wie auch Fruchtknospen stehen, scheint es oft so, als gäbe es auch beim Steinobst »Gemischte Knospen«. Übergangsknospen, wie sie beim Kernobst verbreitet anzutreffen sind, finden sich beim Steinobst nicht. Jede Fruchtknospe wird hier innerhalb einer einzigen Vegetationsperiode fertig ausgebildet.

Süßkirsche

Nur junge Süßkirschenbäume bilden kräftige Langtriebe mit überwiegend Blattknospen aus. Aber auch hier entstehen oft bereits in Basisnähe die ersten Fruchtknospen, die sich äußerlich nur dadurch von den Blattknospen unterscheiden, daß sie etwas dicker und runder sind und mit kurzen Internodien beieinander stehen (Abb. 58a; S. 81). An älteren Bäumen mit einem naturbedingt stark eingeschränkten Längenwachstum der Triebe ist oft nur noch die Terminalknospe eine Blattknospe. Alle anderen Knospen sind Fruchtknospen. Aus jeder Fruchtknospe gehen mehrere Einzelblüten hervor.

Mit zunehmendem Alter bilden sich aus den Seitentrieben der Langtriebe ständig Kurztriebe mit eng beieinandersitzenden Fruchtknospen und einer endständigen Blattknospe. Hieraus entwickeln sich allmählich Kurztriebe

a b

Abb. 58 Die Trieb- und Knospenformen der Süßkirsche

a Übergangsstelle eines zweijährigen zu einem einjährigen Trieb. Am zweijährigen Trieb sind bereits Bukettriebe entstanden. Am einjährigen Langtrieb befinden sich dagegen lediglich an der Triebbasis einzeln stehende Fruchtknospen, an der übrigen Triebachse dagegen ausschließlich Blattknospen.

b Bukettriebe, gedrängt mit Fruchtknospen besetzt, am dreijährigen Holz.

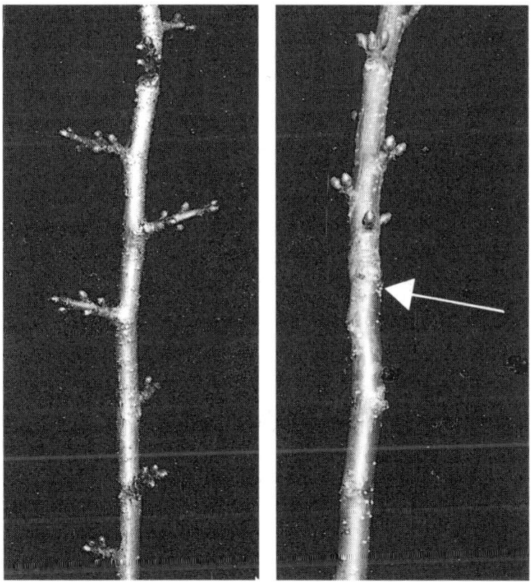

a b

Abb. 59 Die Trieb- und Knospenformen der Sauerkirsche

a Kurztriebbildung mit Blütenknospen an einem zweijährigen Trieb der Sorte 'Morellenfeuer'.

b Verkahltes zweijähriges Holz ohne jegliche Knospenbildung der Sorte 'Schattenmorelle'. Nur der einjährige Trieb aus der Terminalknospe ist mit Blütenknospen besetzt (Pfeil = Übergang vom zweijährigen zum einjährigen Trieb).

mit bukettartig angeordneten Fruchtknospen. Sie bilden als »Bukettriebe« das wichtigste Fruchtholz der Süßkirsche (Abb. 58b).

Sauerkirsche

Während die Trieb- und Knospenbildung bei der Süßkirsche weitgehend sorteneinheitlich verläuft, weist hierin die Sauerkirsche einige Unterschiede auf, die beim später zu besprechenden Schnitt unbedingt zu berücksichtigen sind. So bildet die »Schattenmorelle« einjährige Langtriebe aus, die an jeder Blattansatzstelle fast ausschließlich mit einer, gelegentlich auch mit mehreren Fruchtknospen besetzt sind. Während sich darunter nur selten eine Blattknospe befindet, ist die Terminalknospe immer eine vegetative Knospe (Abb. 59b, 60a; S. 81, 82). Aus ihr entsteht im folgenden Jahr die Triebverlängerung in der Form eines weiteren einjährigen Triebes mit gleicher Knospenbildung. Die fehlenden Blattknospen am vorjährigen Trieb führen zwangsläufig zum Verkahlen aller Triebe, die älter als 1 Jahr sind. Mit zunehmendem Alter entstehen auf diese Weise »Astpeitschen« mit immer kürzer werdenden Verlängerungstrieben und immer längeren verkahlten Astpeitschen. Den »Peitschen« fehlt jedes Dickenwachstum. Sie bleiben daher dünn und bekommen hierdurch zwangsläufig einen hängenden Wuchs (Abb. 61a, b; S. 83).

Ein Rückschnitt in dieses Holz mit der Absicht, eine Verjüngung oder Vergabelung unterhalb der Schnittstelle zu bewirken, ist zwecklos, da die verkahlten Äste keine Austriebsfähigkeit besitzen. Jedes Zurücksetzen muß deshalb in der Form des Ableitens auf einjährige Triebe vorgenommen werden, die

a

b

Abb. 60 Das Verkahlen und die Garnierung des Fruchtholzes beginnt bei Sauerkirschen bereits zur Zeit der Fruchtreife
a Bei der Sorte 'Schattenmorelle' fehlt die Blattbildung am Holz. Diese Triebe verkahlen und werden Astpeitschen.
b Bei der Sorte 'Morellenfeuer' beginnt bereits hier die Knospenbildung der Buketttriebe für das folgende Jahr.

entweder aus den wenigen Blattknospen einjähriger Triebe entstanden, oder aus stärkeren Ästen hervorgegangen sind (Abb. 61b, c; S. 83). Älteres Holz besitzt im Gegensatz zu den Astpeitschen eine bessere Austriebsfähigkeit und trägt daher in erster Linie zur Bildung neuer langer, einjähriger Triebe bei. Nur gelegentlich entstehen an der Basis von Zweigen und Ästen der Sorte 'Schattenmorelle', ebenso wie bei der sich in der Trieb- und Knospenbildung ähnlich verhaltenden Sorte 'Frühe Ludwigskirsche', bukettartige Kurztriebe.

Zahlreicher als die beiden genannten Sorten, die aufgrund ihres leicht hängenden Wuchses der Fruchttriebe mehr breit als hoch wachsen, entwickeln 'Heimanns Rubinweichsel' und 'Morellenfeuer' aufrechtwachsende Langtriebe mit verbreitet auftretenden »Vorzeitigen Trieben«. Sie verleihen diesen Sorten einen schmaleren und aufrechteren »Habitus« (Habitus = äußeres Erscheinungsbild). Trotz dieses aufrechten Wuchses der einjährigen Triebe fehlt es ihnen nicht an Fruchtknospen. Darüber hinaus fruchten sie aber mehr als die Schattenmorelle an Kurz- oder Buketttrieben (Abb. 59a, 60b; S. 81, 82).

Nennenswerter Fruchtertrag an Buketttrieben ist aber typisch für die Trieb- und Knospenbildung der dritten Sauerkirschengruppe, für welche die Sorte 'Koröser Weichselkirsche' als Beispiel gelten kann, und zu der auch die noch wenig bekannten neuen Sorten, wie 'Successa' und 'Nabella', gehören. Sie ähneln damit in ihrer Fruchtbildung bereits sehr der Süßkirsche.

Pflaume, Zwetsche, Mirabelle, Reneklode

Die Ähnlichkeit in der Trieb- und Knospenbildung rechtfertigt es, auf geringfügige Unterschiede, die sich zwischen diesen zu einer Obstart gehörenden Unterarten ergeben, nicht einzugehen. Sie weichen lediglich in der Fruchtholzlänge, der Garnierung der Fruchttriebe mit Fruchtknospen und der Stärke des langen und kurzen Holzes voneinander ab, unterscheiden sich aber nicht in ihrem entwicklungsbedingten Aufbau.

Alle weisen, wenn auch nur vereinzelt, schon an den einjährigen Langtrieben Fruchtknospen auf. Überwiegend sind die jungen Langtriebe aber mit Blattknospen besetzt (Abb. 62a, b; S. 84). Die Fruchtknospenausbildung für höhere Erträge setzt erst an Kurztrieben des zwei- und mehrjährigen Holzes ein und führt in späteren Jahren zu mehrfacher Fruchtholzverzweigung (Abb. 62c; S. 84). Eine oder mehrere ovale Fruchtknospen sitzen in der Regel neben einer spitzen Blattknospe. Die Terminalknospe ist an den Langtrieben ebenso wie an den Kurztrieben eine Holzknospe. Obwohl bei diesen Obstarten stärker als bei anderen Teile des kurzen Fruchtholzes mit zunehmendem Alter der Bäume absterben, sind Verkahlungen am älteren Holz selten. Treten sie dennoch auf, sind sie auf einen unzweckmäßigen Schnitt zurückzuführen.

Pfirsich

Alle Blüten, die aus einer Fruchtknospe hervorgehen, müßten eigentlich fähig sein, nach einer vollkommenen Befruchtung auch Qualitätsfrüchte auszubilden. Nicht dagegen beim Pfirsich. Hier wird die Ertragshöhe in erster Linie nur durch die Fruchtknospen der »Wahren Fruchttriebe« bestimmt. Als solche gelten kräftige Langtriebe und mittelstarke kürzere Triebe, an denen sowohl spitze Blatt- als auch runde Fruchtknospen gemeinsam in einer Blattachsel gebildet wurden. Die Fruchtknospen stehen hier überwiegend rechts und links neben einer schmalen, zusammengedrückten Blattknospe (Abb. 63c; S. 84). Nicht selten wird aber auch, durch Wachstumsstörungen, nur eine einzige Fruchtknospe zusammen mit der Blattknospe angelegt. Die Mehrzahl dieser Knospenkombinationen ist im unteren und mittleren Drittel eines »Wahren Fruchttriebes« angesiedelt. Dabei wechseln auch Blattachseln mit Frucht- und Blattknospen mit einzeln stehenden Blattknospen ab. Nur in Ausnahmefällen findet man an diesen Trieben dagegen einzelne Fruchtknospen an einer Blattansatzstelle.

Neben diesen kräftigen, als »Wahre Frucht-

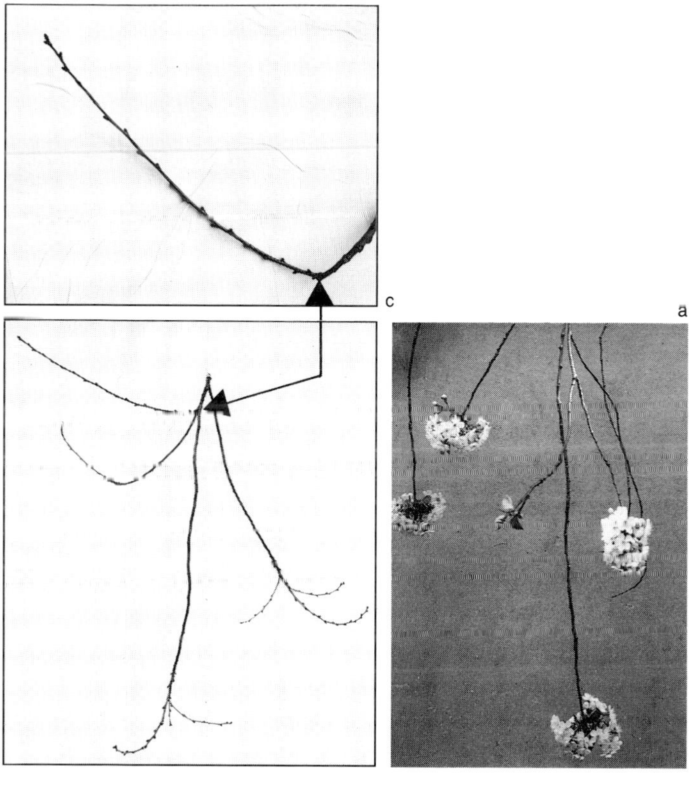

Abb. 61 Die Peitschenbildung an Schattenmorellen und ihre Beseitigung

a und b Eine Astpeitsche der Schattenmorelle zur Zeit der Blüte und im unbelaubten Zustand vor dem Schnitt. Nur die Spitzen der kahlen und dünnen Äste besitzen noch austriebsfähige Knospen in der Form von Blütenknospen an der Triebachse und von Holzknospen in der Form von Terminalknospen. Lediglich an der Astbasis hat sich ein kräftiger junger Langtrieb gebildet. Hierauf muß abgeleitet werden, wenn eine weitere Peitschenbildung unterbunden werden soll (Pfeile = Schnittstelle vor und nach dem Schnitt).

c Nach dem Schnitt.

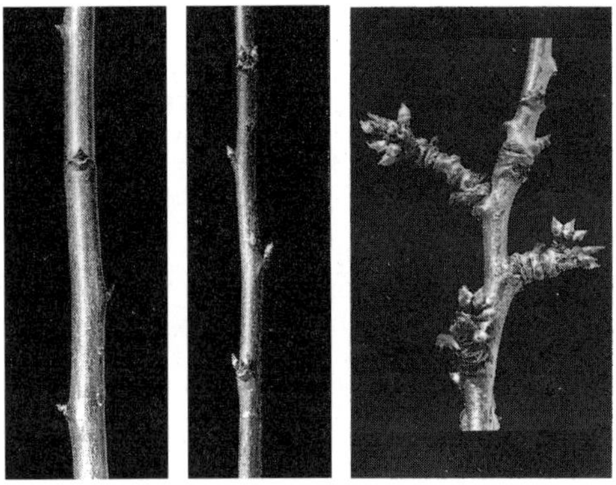

a b c

Abb. 62 Die Trieb- und Knospenformen der Pflaumen, Zwetschen, Mirabellen und Renekloden
a einjähriger Langtrieb, ausschließlich mit Blattknospen besetzt.
b einjähriger Langtrieb, bereits teilweise mit Fruchtknospen neben den Blattknospen besetzt.
c Kurztriebe am älteren Holz mit zahlreichen Blütenknospen.

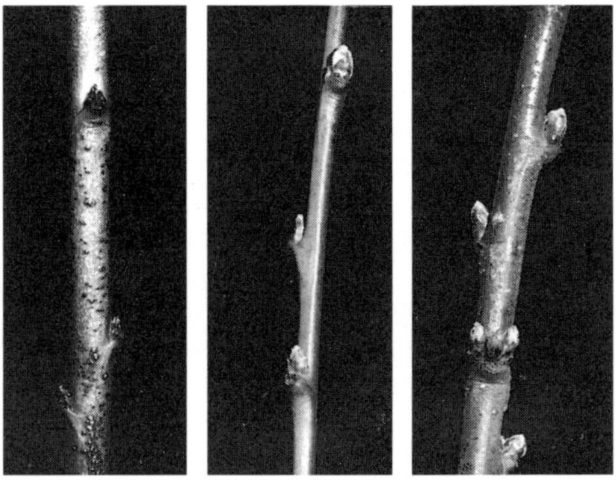

a b c

Abb. 63 Die Trieb- und Knospenformen des Pfirsichs
a »Holztrieb« mit ausschließlich einzeln stehenden Blattknospen an jeder Blattansatzstelle.
b »Falscher Fruchttrieb« mit ausschließlich einzeln stehenden Blütenknospen an jeder Blattansatzstelle.
c »Wahrer Fruchttrieb« mit 2 rechts und links von den Holzknospen stehenden Fruchtknospen an einer Blattansatzstelle.

triebe« ausgebildeten Langtrieben gibt es am Pfirsich viele schwache Kurztriebe, die ausschließlich mit Fruchtknospen besetzt sind, und an denen nur die Terminalknospe eine Blattknospe ist (Abb. 63b). Die aus diesen Fruchtknospen hervorgehenden Blüten weisen alle Merkmale einer vollentwickelten Blüte auf. Sie werden ebenso befruchtet wie die Blüten »Wahrer Fruchttriebe« und bilden dennoch nur gelegentlich fertige, ausreichend große Früchte aus, weil sie in der Mehrzahl bei Erreichen von Walnußgröße abgestoßen werden. Eine ausreichende Versorgung mit Assimilaten aus den Blättern ist wegen des Fehlens der Blattknospen von diesem Entwicklungsstadium an nicht mehr sichergestellt. Man nennt diese Triebe deshalb auch »Falsche Fruchttriebe«. Sie bilden sich aus älterem Holz, sind vornehmlich aber »Vorzeitige Triebe« aus sehr kräftigen, aufrechtwachsenden einjährigen Trieben, die besonders beim Pfirsich alljährlich zahlreich auftreten. Für die Ertragsbildung des Baumes sind die »Falschen Fruchttriebe« wertlos.

Aprikose
Eine Zwischenstellung zwischen den Pflaumen, Zwetschen, Mirabellen und Renekloden sowie dem Pfirsich nimmt die Aprikose ein. Sie besitzt Fruchtknospen sowohl am einjährigen Langtrieb, womit sie mehr dem Pfirsich ähnelt, als auch an echten, blütentragenden Kurztrieben, was mehr der Fruchtholzbildung der Pflaumen, Zwetschen, Mirabellen und Renekloden entspricht. Häufig steht eine Blattknospe zwischen zwei Fruchtknospen. Die zweite Knospenanlage ist hier aber seltener als beim Pfirsich verkümmert.

Wal- und Haselnuß
Beide Schalenobstarten besitzen im Unterschied zum Kern- und Steinobst keine zwittrigen Blüten mit weiblichen und männlichen Blütenorganen in einer Blüte vereint. Statt dessen sind die Wal- und Haselnüsse »einhäusig« und besitzen sowohl getrennt männliche wie auch weibliche Blüten auf einem Baum. Von ihnen sind die männlichen bereits sehr frühzeitig als »Kätzchen« erkennbar,

während die weiblichen und viel unscheinbareren Blüten aus ebenso unauffälligen Knospen hervorgehen (Abb. 64). Bei den Walnüssen entstehen die weiblichen Blüten aus den Terminalknospen, die männlichen aus den Seitenaugen der gleichen Triebe. Unregelmäßig an verzweigten Kurztrieben bilden sich dagegen die verschiedenen Knospen an den Haselnüssen aus. Mit Ausnahme der Terminalknospe, die immer eine vegetative Knospe ist, können aus allen anderen Knospen, je nach Anlage, männliche oder weibliche Blüten hervorgehen.

Abb. 64 Die Blütenbildung bei Walnüssen
Die zweihäusigen Walnüsse bilden unmittelbar aus Blütenknospen zunächst die männlichen »Kätzchen« und zeitversetzt erst an Kurztrieben die unscheinbaren weiblichen Blüten aus.

Die zweckmäßigsten Erziehungsmethoden einzelner Obstarten

Erziehen der Apfelbäume

Die Forderung nach zweckmäßig aufgebauten Obstanlagen oder Einzelbäumen mit niedrigen Stämmen und kleinen, bodennahe erzogenen Kronen läßt sich am leichtesten beim Apfel erfüllen. Eine große Auswahl an schwachwachsenden Unterlagen erlaubt bei fast jeder Sorte – gelegentlich allerdings nur mit Hilfe von Schnitthilfen – die Erziehung kleiner Bäume. Bevorzugte Erziehungsmethode ist heute die »Spindel- oder Pillarerziehung«, weniger der »Spindelbusch«. Neben den bereits näher erläuterten Vorteilen kleiner Baumformen (siehe S. 12) ermöglichen Spindeln und Spindelbüsche zusätzlich eine nahezu vollkommene Brechung der Alternanz, und zwar auch bei Sorten, die auf stärkeren Unterlagen eine ausgeprägte Neigung zum Pendeln im Ertragsrhythmus zeigen.

Spindel (Pillarbaum) und Spindelbusch
Spindeln und Spindelbüsche sollten und müssen durchaus nicht dem Erwerbsanbau alleine vorbehalten bleiben. Auch für den Liebhabergarten sind sie hervorragend geeignete Baum- und Kronenformen. Erlauben sie doch die Erstellung eines breiten Apfelsortiments mit unterschiedlichen Reifezeiten und Verwertungseigenschaften auf kleinstem Raum. Daneben ermöglichen sie die Verrichtung aller Kulturmaßnahmen am Baum ohne Leiterarbeit. Allerdings gehört zur Erziehung dieser kleinen Baumformen häufig mehr Fachwissen als zum Schnitt der Bäume mit konventionelleren Kronenformen.

Sorteneignung Im Unterschied zu diesen mit Leitästen als Kronengerüst erzogenen Bäumen, die ohne nennenswerte Sortenunterschiede nach den bereits bekannten Schnittregeln erzogen werden können (siehe S. 53), sind zumindest für die Spindelerziehung nicht alle Sorten gleich gut geeignet. Eine Spindel ist nämlich nur dann zweckmäßig erzogen, wenn sie dicht mit Fruchttrieben aus dem Mitteltrieb und einem kurzen waagerechten Gerüst im unteren Baumteil besetzt ist. Je mehr eine Sorte zur Seitentriebbildung neigt, je kürzer ihr Fruchtholz ist und je flacher die Triebe aus dem Mitteltrieb entstehen, um so besser eignet sie sich für diese Kronenerziehung. Von den heute bevorzugt angebauten Sorten sind das zum Beispiel 'Golden Delicious', 'Roter Boskoop', 'James Grieve', 'Jamba 69', 'Idared', 'Jonathan', 'Jonagold', 'Karmijn de Sonnaville', 'Elstar' und 'Mutsu'. Sie und eine Reihe weiterer Sorten erlauben den Aufbau einer zweckmäßigen Spindel ohne nennenswerte Schnitthilfen, wie das Herunterbinden von Holztrieben oder den Sommerschnitt. Sie neigen aber auch besonders stark zum »Übertragen«. Vorausgesetzt, es hat alljährlich eine sachgemäße Fruchtausdünnung stattgefunden, dann führt ein übermäßig starker Ertrag aufgrund der Verwendung schwachwachsender Unterlagen zwar nicht unbedingt gleich zur Alternanzbildung, dafür aber mit Sicherheit zum frühzeitigen »Vergreisen« der Bäume. Deshalb muß beim Zusammentreffen dieser Erziehungsmethoden und Sorten mit den genannten Eigenschaften rechtzeitig für eine Erneuerung des Fruchtholzes gesorgt und stets auf die ausreichende Bildung von Holztrieben mit gutem Blattstand geachtet werden.

Weniger gut geeignet für die Spindelerziehung sind alle Sorten, deren Triebe in einem steilen Winkel aus dem Mitteltrieb hervorgehen, sich schlecht verzweigen, hauptsächlich am langen Fruchtholz tragen und wenig oder gar keine Neigung zur Fruchtbildung am einjährigen Holz haben. Beispielhaft für diese Sortengruppe sind 'Melrose', 'Gloster 69', 'Alkmene', 'Cox Orange' mit allen Typen, 'Goldparmäne', 'Grüner und Roter Berlepsch', 'Ingrid Marie' und 'Granny Smith'. Dabei reicht oft schon das Vorhandensein einer dieser negativen Eigenschaften bei einer Sorte aus, die Erziehung zu erschweren.

Je ungeeigneter eine Sorte für eine Erziehungsmethode von ihrer natürlichen Veranlagung her ist, um so mehr Schnitthilfen müssen angewandt werden (siehe S. 109), um dem gewählten Erziehungssystem dennoch zum Erfolg zu verhelfen. Daher ist mit Sorten wie 'Cox Orange', 'Berlepsch', 'Ingrid Marie' oder 'Goldparmäne', die vornehmlich am zweijährigen und älteren Holz fruchten und daher unter großer Schonung dieser fruchttragenden Orange geschnitten werden müssen, die Spindelbuscherziehung nicht nur leichter durchzuführen, sondern sie ist gleichzeitig für derartige Sorten auch die zweckmäßigere Erziehungsmethode (Abb. 35; S. 58).

Heckenerziehung am Drahtrahmen

Für schwer erziehbare Sorten – und wegen der verhältnismäßig schmalen Erziehung in Reihen ganz besonders für den Liebhabergarten geeignet – ist eine »Heckenerziehung am Drahtrahmen« in der Form einer »Dreiastkrone«. Sie kann im Hausgarten gleichzeitig als Ersatz für die früher üblichen unzweckmäßigen Kordon- und Palmetten-Kunstkronenformen gelten. Wie bei der Spindel- und Spindelbuscherziehung sind auch hier M 9 und M 26 als schwachwachsende, darüber hinaus aber auch M 4 und M 106 als mittelstarkwachsende Unterlagen geeignet. Bei der Verwendung der stärkeren Unterlagen muß jedoch der Abstand von Baum zu Baum etwas weiter gewählt werden. Zum Anbinden der Bäume wird ein tragfähiges Drahtgerüst mit 3 Drähten in 0,70, 1,40 und 2,10 m Höhe über dem Boden an Pfählen, die etwa 2,20 m über dem Boden stehen, benötigt. Ein Einzelpfahl für den Baum ist hierbei nicht erforderlich.

Abb. 65 Die Triebstellung an Apfel-Jungbäumen bei der Dreiastkrone am Drahtrahmen

a Apfelbaum 'Roter Boskoop' nach dem zweiten Standjahr mit zu steiler Leitaststellung und zu hohem Anschnitt des Mitteltriebes vor dem Schnitt.

b Nach dem Schnitt und Anbinden der Leitäste im Winkel von 60°. Der Mitteltrieb wurde bewußt stark eingekürzt. Die waagerecht an den Draht gebundenen Triebe dienen als erste Fruchtbasis.

Abb. 66 Der Erziehungsschnitt zur Dreiastkrone am Drahtrahmen

a Dreiastkrone, 'Golden Delicious', nach dem dritten Standjahr vor dem Schnitt.

b Nach dem Schnitt. Die Leitastverlängerungen wurden angebunden und angeschnitten, alle Reiter und Konkurrenztriebe weggeschnitten, günstig stehende Triebe und Zweige flach an die Drähte gebunden und der Mitteltrieb unterhalb der Saftwaage der Leitäste angeschnitten.

Abb. 67 Das Waagerechtstellen von künftigen Fruchtträgern bei der Erziehung einer Dreiastkrone am Drahtrahmen

a Zweijähriger Apfeltrieb nach dem vorjährigen Flachstellen mittels eines Drahthakens vor dem Schnitt.

b Nach dem Waagerechtstellen und der Beseitigung der Reiter. Alle einjährigen Holztriebe mit flacher Stellung und die Fruchttriebe blieben ohne Anschnitt erhalten.

65 a

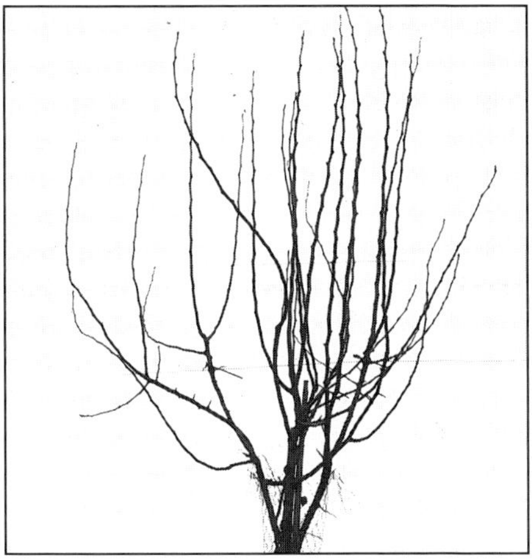

65 b

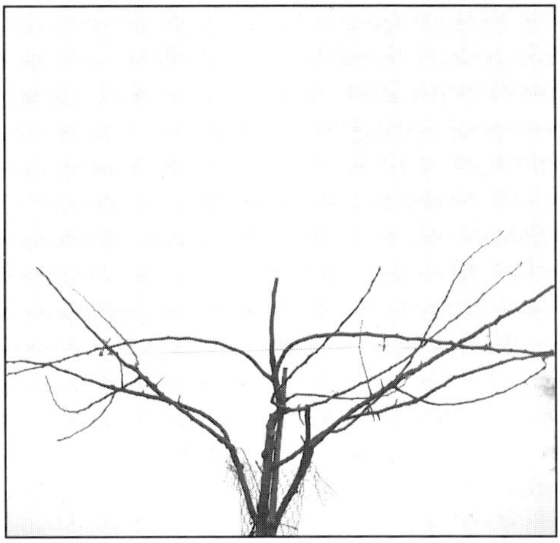

66 a

66 b

67 a

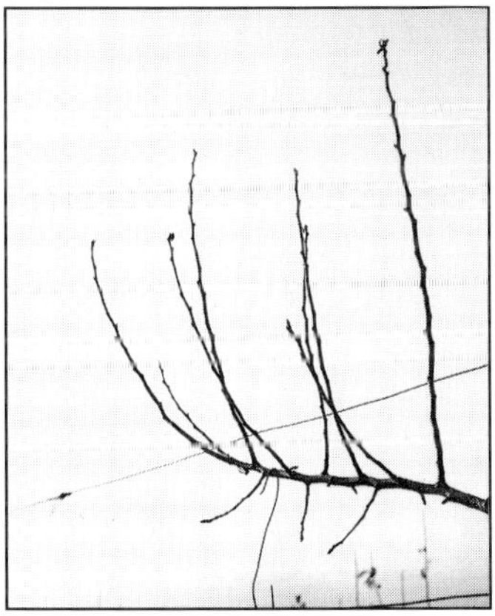

67 b

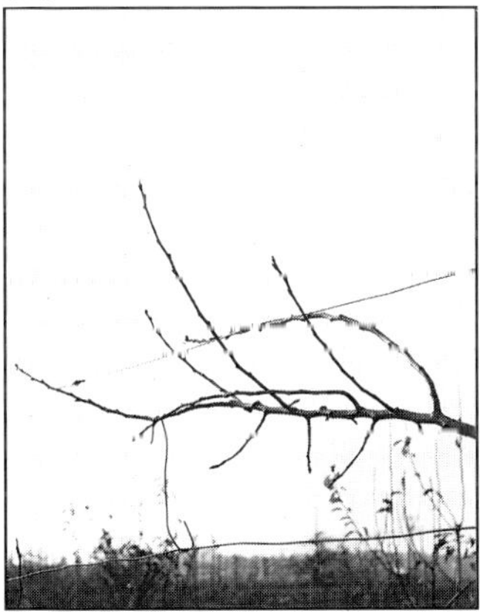

Kronenaufbau Für die Erziehung und den Aufbau einer »Dreiastkrone am Drahtrahmen« gelten weitgehend die gleichen Regeln wie für eine Pyramidenkrone, nur besitzt sie insgesamt lediglich 2 Leitäste, die in einer einzigen Serie oberhalb eines Stammes von 0,60 m Länge gebildet werden und sich danach in einem Neigungswinkel von etwa 50° längs des Drahtrahmens entwickeln. Zwischen ihnen steht der Mitteltrieb, dem bei dieser Erziehungsmethode noch mehr Aufmerksamkeit zu schenken ist als bei der Pyramidenkrone, da er bei dieser Art der Erziehung aufgrund seiner Stellung den an die Drähte gehefteten Leitästen besonders deutlich überlegen ist (Abb. 65; S. 87).
Ohne einen starken jährlichen Rückschnitt würde er die Krone schnell »überbauen«. Deshalb darf beim Erziehungsschnitt seine Anschnittstelle nicht oberhalb der Saftwaage der beiden Leitäste stehen, wie es bei der Pyramidenkronenerziehung üblich ist, sondern sie muß deutlich unter der Schnittebene der Leitäste liegen.
Solange der Baum sich noch im Aufbau befindet, müssen einige der aus dem Mitteltrieb und den Leitästen entstandenen und aufrecht wachsenden Seitentriebe waagerecht an den Draht gebunden, die überzähligen entfernt und alle flachstehenden Triebe, die sich in Reihenrichtung, aber auch vom Drahtgerüst wegentwickeln, als künftige Fruchtzweige und -äste ohne Anschnitt dem Baum belassen werden (Abb. 66, 67; S. 87).
Die Baumbegrenzung zum Nachbarbaum in der Reihe und die Heckenbegrenzung zur Nachbarreihe, zu einer anderen Pflanzung innerhalb des Gartens oder – bei einer Pflanzung in der Nähe der Grundstücksgrenze – zum Nachbargrundstück wird durch Ableiten vorgenommen. Auf keinen Fall darf sich die Entwicklung der Triebe, Zweige und Äste etwa nur auf den Bereich in unmittelbarer Nähe des Drahtes beschränken. Die seitlichen, fruchttragenden Zweige und Äste müssen vielmehr auf jeder Seite an der Kronenbasis eine Tiefe von ungefähr 0,75 m haben, so daß die Gesamtbreite der Hecke etwa 1,50 m beträgt. Zur Kronenspitze hin muß die Länge des Seitenholzes abnehmen, damit die Hecke eine dachähnliche Form bekommt. Nur so ist eine gute Belichtung der unteren Kronenteile auch im Ertragsalter der Hecke gewährleistet. Als Begrenzung zum Nachbargrundstück eignet sich diese Hecke im Hausgarten demnach nur, wenn der Abstand zur Grundstücksgrenze mindestens 1,50 m beträgt.

Erhaltung des bodennahen Wachstums Sobald der Mitteltrieb den obersten Draht überragt, wird das Höhenwachstum des Baumes durch waagerechtes Anbinden der Mitteltriebverlängerung nach der einen und des Konkurrenztriebes nach der anderen Seite ohne nochmaligen Rückschnitt begrenzt. Auf diese Weise bilden sich auch diese Triebe noch zu einer Basis für seitlich gerichtete Fruchttriebe aus. Die jährliche Reiterbildung aus den oberen Ästen als Folge des Waagerechtstellens ist zwar lästig, aber unvermeidlich. Sie müssen deshalb beim jährlichen Winterschnitt immer wieder neu entfernt werden (Abb. 69b; S. 90).
Andere Kronen- und Baumformen, die noch in älteren Anlagen stehen und in Liebhabergärten auch heute teilweise noch gepflanzt werden, sind nach den Grundsätzen zu schneiden, die in den Abschnitten »Systematik des Obstbaumschnittes« und »Der Schnitt in Abhängigkeit von Baumalter und Obstart« eingehend erläutert wurden (siehe S. 11 und S. 43).

Erziehung der Birnbäume

Ähnlich kleine und zweckmäßige Bäume, wie sie beim Apfel möglich sind, lassen sich bei der Birne nicht erziehen, fehlt es hier doch an Unterlagen, die den aufveredelten Sorten den entsprechend schwachen Wuchs verleihen. Selbst die schwächste Unterlage, die Quitte, erlaubt keine Spindel- oder Pillarerziehung.

Spindelbusch und Buschbaum
Der Spindelbusch ist somit die kleinste Baum- und Kronenform der Birne. Aber selbst hier

a b

Abb. 68 Das Schneiden eines Birnbaumes
a 15jähriger Birnen-Buschbaum 'Guyot/Slg' vor dem Schnitt.
b Nach dem Wegschneiden aller Reiter und Langtriebe bei gleichzeitiger Begrenzung des Spitzenwachstums und Herstellung der Rangordnung im Kronenaufbau.

können Schwierigkeiten bei der Erziehung auftreten, wenn es sich um sehr starkwachsende Sorten, wie zum Beispiel 'Gellerts Butterbirne', handelt. Zumindest unter mitteleuropäischen Klimaverhältnissen muß daher bei allen triebstarken Sorten der Erziehung zum Buschbaum der Vorzug gegeben werden (Abb. 68).
In Südeuropa, wo Birnen ohnehin bessere Wachstumsbedingungen vorfinden als in Mitteleuropa und deshalb fruchtbarer sind, sind verbreitet auch hochwachsende Palmetten anzutreffen. Trotz ihrer Höhe sind diese Bäume unter den dortigen Anbauverhältnissen dann als zweckmäßig anzusprechen, wenn die Größe der Obstanlagen und hierbei insbesondere die Reihenlängen den Schnitt und die Ernte von Schnitt- und Pflückfahrzeugen aus gestatten und rechtfertigen. Auch unter mitteleuropäischen Anbaubedingungen kann eine Heckenerziehung als eine brauchbare Erziehungsmethode für Birnen gelten. Allerdings hier nur als strenge oder leicht abgewandelte »Dreiastkrone am Drahtrahmen«, wie sie im Grundaufbau für den Apfel bereits beschrieben wurde (siehe S. 86). Eine besondere Eignung muß gerade dieser Erziehungsmethode für den Hausgarten zugesprochen werden, in dem übergroße Birnbäume sonst wenig Platz für andere Obstgehölze lassen.
Die Birne zeigt einen völlig anderen Habitus als der Apfel. Sie wächst wesentlich steiler und bleibt daher auch schmaler. Das erlaubt aber keinesfalls engere Pflanzweiten, da die am häufigsten verwendete und sehr starkwachsende Sämlingsunterlage größere Bäume bildet als die überwiegend schwachwachsenden Unterlagen des Apfels. Trotz dieser negativen Eigenschaft der Sämlingsunterlage kann auf sie vielfach nicht verzichtet werden, weil die schwächer wachsende Quittenunterlage nur auf kalkneutralen Böden Verwendung finden kann. Sie ist kalkempfindlich und reagiert auf kalkhaltigen Böden mit vergilbten Blättern als Zeichen für eine »Kalkchlorose«. Überall dort, wo die Bodenverhältnisse den Einsatz

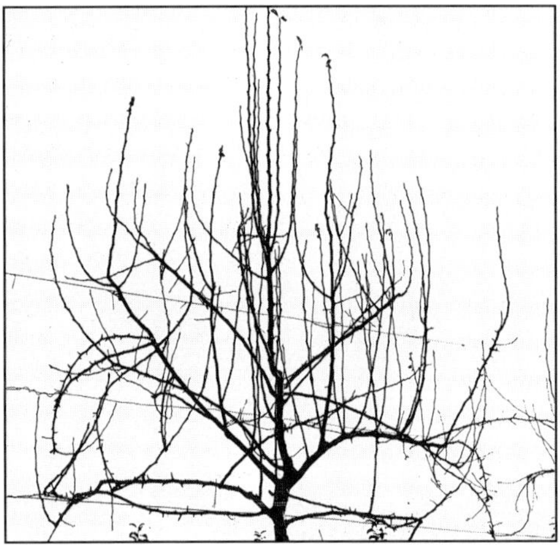
a

b

c

Abb. 69 Die Erziehung von Birnen als Dreiastkrone am Drahtrahmen
a Birnbaum, 'Williams Christbirne', nach dem vierten Standjahr vor dem Schnitt.
b Richtiger Schnitt mit Beachtung der zweckmäßigen Leitastwinkel und Waagerechtstellung der fruchttragenden Triebe. Begrenzung des Höhenwachstums durch Abbiegen des Mitteltriebes und des Konkurrenztriebes.
c Falsch erzogener Birnbaum der gleichen Sorte nach dem fünften Standjahr. Die Leitäste wurden bogenförmig angebunden und zeigen unzweckmäßige Scheitelpunktförderung und die Mitte wurde zu lang gelassen. Die Krone ist bereits jetzt überbaut.

der Quitte als Unterlage erlauben, sollte ihr der Vorzug vor der Sämlingsunterlage eingeräumt und – mit den bereits gemachten Einschränkungen – die Bäume als Spindelbusch aufgebaut werden. Dann sind auch verhältnismäßig enge Standweiten von 2,50–3 m Abstand in den Reihen und 4 m Reihenabstand in Erwerbsanlagen, beziehungsweise einem allseitigen Abstand von 2,50–3 m im Hausgarten möglich.

Heckenerziehung am Drahtrahmen

Alle Schnittmaßnahmen an Birnbäumen müssen den steilen Wuchs dieser Obstart berücksichtigen. Der Mitteltrieb muß deshalb mehr noch als beim Apfel kurzgehalten werden. In besonderem Maße trifft das für die Erziehung am Draht zu. Außerdem darf der Neigungswinkel der beiden Leitäste bei der Drahterziehung auf keinen Fall kleiner als 60° sein. Der Baum wird ohnehin stets bestrebt sein, durch aufrechten Wuchs der jährlich gebildeten Verlängerungstriebe sich diesem Zwang zu entziehen, sich aufzurichten und einen steileren Leitastwinkel zu bilden (Abb. 69). Durch winkelgerechtes Anbinden an den Draht muß dieser Entwicklung Einhalt geboten werden. Andernfalls kommt das ganze Erziehungssystem durcheinander und es entstehen steile Bäume, die den Ertragsrahmen nicht füllen, weil sie den Abstand zum Nachbarbaum nicht überbrücken.

Sondermaßnahmen zur Erziehung der Birnbäume

Ganz gleich um welche Erziehungsmethode es sich handelt, immer wird die Bildung eines zweckmäßigen Leitastwinkels bei der Birne mehr Schwierigkeiten bereiten als beim Apfel. Deshalb muß bei jungen Birnbäumen vom »Spreizen«, einer Schnitthilfe, die auf Seite 118 eingehend beschrieben ist, fleißig Gebrauch gemacht werden (Abb. 70).

Der vergleichsweise späte Ertragsbeginn gegenüber dem Apfel zwingt bei der Birne während der Zeit des Erziehungsschnittes auch zum vermehrten »Herunterbinden von Trieben« (siehe S. 124), obwohl diese Schnitthilfe hier nicht von gleichem, zumindest nicht von gleich schnellem Erfolg begleitet wird, wie beim Apfel. Oft bilden sich an den flachgestellten Trieben die Fruchtknospen erst nach mehreren Jahren. Zumindest indirekt tritt aber dennoch eine Wirkung in Richtung Ertragsverfrühung unmittelbar ein, indem das Triebwachstum nämlich gebremst und damit gleichzeitig die Neigung des Baumes zum Fruchten gefördert wird. Kaum oder überhaupt nicht erforderlich ist das Binden bei Sorten wie 'Clapps Liebling' oder 'Alexander Lucas', die einen stark hängenden Wuchs haben und daher ihre einjährigen Triebe bereits sehr flachwachsend aus dem Mitteltrieb oder den Leitästen entwickeln.

Auch der Sommerschnitt der Birnen weicht teilweise von den Sommerschnittmaßnahmen aller anderen Obstarten ab. So können bei Spätträgern, wie 'Gellerts Butterbirne', die auf Sämlingsunterlage 8 bis 10 Jahre auf einen nennenswerten Ertrag warten läßt, Schnittmethoden, die in der Palette moderner und zweckmäßiger Schnittmaßnahmen heute allgemein keine Anwendungsberechtigung mehr haben, bei Birnen durchaus noch hilfreich bei

Abb. 70 Das Spreizen der Leitäste bei Birnen-Jungbäumen
a 3jährige Birnpyramidenkrone, 'Bosc's Flaschenbirne' mit zu steilen Leitastwinkeln vor dem Spreizen.
b Nach der Erweiterung der Leitastwinkel durch Einsetzen von Spreizhölzern.

a

b

a 

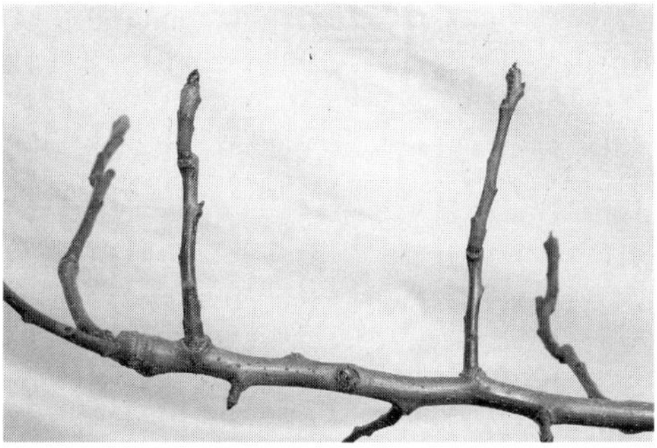 b

Abb. 71 Der Sommerschnitt der Birnen durch »Pinzieren«

a Bei einer Trieblänge von etwa 20 cm werden die senkrecht wachsenden Jungtriebe auf flachstehenden Zweigen oder Ästen auf 3 bis 4 Augen eingekürzt.

b Nach einem teilweise nochmaligen Pinzieren während des Sommers haben sich bereits erste Blütenknospen und verbreitet Übergangsknospen als Ausgangsbasis für eine Blütenknospenbildung im folgenden oder übernächsten Jahr gebildet.

der Sicherung früher Erträge sein. Hierzu gehört zum Beispiel das »Pinzieren«, bei dem junge Triebe, die aufgrund ihrer Stellung am älteren Holz Veranlagung zur Langtriebbildung haben und nicht als lästige Reiter zu entfernen sind, bei etwa 20 cm Trieblänge mit der Baumschere, einem Messer oder gar mit den Fingernägeln entspitzt werden (Abb. 71). Entwickeln sich im Laufe des Sommers aus den verbliebenen Augen nochmals neue Triebe mit Längenwachstum, werden auch sie in der gleichen Weise eingekürzt. Bis zum Herbst kommt es bei nachlassendem Triebwachstum des ganzen Baumes auch hier höchstens noch zur Kurztriebbildung mit Terminalknospenabschluß, die sich in den folgenden Jahren ebenso zu Fruchtknospen umbilden wie ein Teil der Holzknospen an den Triebachsen der Kurztriebe.

Diese sehr arbeitsaufwendige Art des Sommerschnittes hat in erster Linie Bedeutung für den Liebhaberobstbau. Im Erwerbsanbau kann – allerdings mit geringerer Wirkung – an die Stelle des Pinzierens der arbeitszeitsparende »Stummelschnitt« treten, bei dem das mehrmalige Zurückschneiden beim Pinzieren durch ein einmaliges Einkürzen der Triebe im Juli ersetzt wird. Aus den für ein vegetatives Wachstum günstig stehenden Trieben wird sich danach zwar nochmals ein für die Fruchtbildung unbrauchbarer mittellanger Trieb entwickeln, aus den nicht so vorteilhaft stehenden werden dagegen nur noch Kurztriebe hervorgehen, die eine ähnlich gute Neigung zur Fruchtknospenbildung haben, wie die nach dem Pinzieren (siehe S. 25) entstandenen Triebe.

Während das Ableiten auf Fruchtknospen oder kurzes Fruchtholz beim Apfel die Ausnahme bleiben soll, etwa zur Wahrung oder Wiederherstellung der Rangordnung unter den Kronenorganen, ist bei der Birne das Zurücksetzen von Zweigen und Ästen auf kurze Fruchtorgane durchaus zweckmäßig. Die Erfahrung hat gelehrt, daß Birnbäume, die nach dem Erziehungsschnitt noch auf stark vegetative Organe abgeleitet wurden, weniger fruchtbar waren als Bäume, denen die Langtriebe beim Sommer- oder Winterschnitt genommen wurden.

Erziehung der Quittenbäume

Quittenkronen werden nur auf kurzen Stämmen gebildet. Die Kronenerziehung kennt keine Gliederung der Kronenorgane nach Leitästen oder bestimmten Kronenformen. Die Krone wird vielmehr strauchartig locker aufgebaut und beim Instandhaltungsschnitt durch Auslichten übersichtlich gehalten. Das kann

ohne weiteres auch in einem mehrjährigen Rhythmus geschehen. Die Empfindlichkeit des jungen Quittenholzes gegenüber tiefen Wintertemperaturen führt in vielen Lagen unserer Klimazone zum häufigen Zurückfrieren der nicht ausreichend ausgereiften Triebspitzen. Ein Rückschnitt in das gesunde Holz läßt diesen Schaden ohne nennenswerte Folgen schnell vergessen. Nachlassender Trieb kann durch Rückschnitt leicht wieder angeregt und überalterte, aber noch gesunde Bäume, können mehrmals verjüngt werden.
Obwohl es mehrere Quittensorten gibt, es wird sogar ganz grundsätzlich zwischen Apfel- und Birnenquitten unterschieden, braucht beim Schnitt hierauf keine Rücksicht genommen zu werden.

Erziehung der Pflaumen-, Zwetschen-, Mirabellen- und Reneklodenbäume

Noch heute wird vielerorts der Standpunkt vertreten, Pflaumen, Zwetschen, Mirabellen und Renekloden brauchten gar nicht oder nur gelegentlich geschnitten zu werden. Diese Meinung stammt aus einer Zeit, in der diese Obstarten nur eine geringe Bedeutung als Marktfrucht hatten und weder Fruchtgröße noch Fruchtfarbe Qualitätsmerkmale waren. Inzwischen haben sich besonders die Pflaumen und Zwetschen zu beliebten Tafelobstarten entwickelt, die nur noch in ansprechender Fruchtgröße und mit sortentypischer Ausfärbung vermarktet werden können. Da wirtschaftliche Ausdünnungsmethoden für das Steinobst noch fehlen, kann dem Qualitätsbestreben nur dadurch Rechnung getragen werden, daß durch regelmäßigen Schnitt einem übermäßig dichten Fruchtbehang vorgebeugt und gleichzeitig die Ausfärbung aller Früchte durch lichte Kronen verbessert wird.

Abb. 72 Das Auslichten von Pflaumen, Zwetschen, Mirabellen und Renekloden
a 10jährige »Kombinierte Pyramiden-Hohlkrone« der Sorte 'Frühbühler' vor dem Schnitt.
b Nach dem Auslichten. Dabei wurde gleichzeitig der pyramidale Aufbau wiederhergestellt und das Höhenwachstum eingeschränkt.

a

b

Schnitt einzelner Obstarten

Freistehende Baum- und Kronenformen
Eine richtig gewählte Kronenform kann hierzu einen wesentlichen Beitrag leisten. Unzweckmäßige Pyramidenkronen, die bei dieser Obstart noch verbreitet anzutreffen sind, sollten rechtzeitig durch Herausnehmen des Gipfels zu zweckmäßigen kombinierten Pyramiden-Hohlkronen umgestellt und Neupflanzungen von Einzelbäumen gleich als Hohlkrone gepflanzt werden. Die Stammhöhe darf 1 m nicht übersteigen.
Wesentlichste Aufgabe des Instandhaltungsschnittes ist das Überwachen der gewählten Kronenform und das Auslichten der Gesamtkrone. Dabei sollte beim Herausnehmen ganzer Zweige und Äste wenig mit der Schere, aber viel mit der Säge gearbeitet werden (Abb. 72; S. 93). Besonderes Augenmerk muß auf die Einschränkung des Fruchtholzes gelegt werden. Ein mehrmaliges Verjüngen wirkt sich gerade bei diesen Obstarten günstig aus.

Heckenerziehung am Drahtrahmen
Aufgrund des natürlichen starken Wachstums der Pflaumen, Zwetschen, Mirabellen und Renekloden, und weil schwachwachsende Unterlagen fehlen, war lange Zeit die Erziehung als Niederstamm mit einer kombinierten Pyramiden-Hohlkrone oder einer reinen Hohlkrone zwangsläufig die einzige Möglichkeit, zweckmäßige Bäume aufzubauen. Leiterarbeit beim Schnitt und bei der Ernte war aber selbst hier noch immer unumgänglich. Vornehmlich in den Zwetschenanbaugebieten der Bundesrepublik Deutschland wurde deshalb ständig nach einem Ersatz für das Fehlen geeigneter Unterlagen in der Form neuer Erziehungsmethoden gesucht, die den Aufbau wirklich zweckmäßiger Baum- und Kronenformen, insbesondere für die Pflaumen und Zwetschen mit dem höchsten Marktwert dieser Obstartengruppe, erlauben. Versuche mit Doppelveredlungen und frei erzogenen Hecken, wie zum Beispiel der »Hechinger-Hecke«, brachten vor allen Dingen mit zunehmendem Alter der Bäume keine befriedigende Problemlösung.
Erst die »Heckenerziehung am Draht in Y-Form«, auch »Zwetschen-Schrägerziehung« genannt, macht es heute möglich, auch ohne schwachwachsende Unterlagen Hecken aufzubauen, die nicht nur in der Jugendphase, sondern auch in der Vollertragsphase und bis ins hohe Alter Schnitt und Ernte vom Boden beziehungsweise von einem Pflückschlitten als Arbeitsbühne erlauben. Leiterarbeit ist bei dieser Erziehungsmethode überflüssig geworden, die Produktionskosten konnten wesentlich gesenkt werden. Die für Pflaumen und Zwetschen zuvor nicht übliche strenge Erziehung mit allen sich daraus ergebenden Vorteilen gut ausgelichteter und bestens belichteter Kronen führt hier automatisch zu einer deutlichen Qualitätsverbesserung der Früchte. Für den Hausgarten liegt der besondere Vorteil dieser Hecke in der bequemen Pflege und Ernte und dem gegenüber früheren Baum- und Kronenformen geringeren Platzanspruch der Bäume (Abb. 2b; S. 11).

Sorteneignung Wegen der geringen Anbaubedeutung vieler Sorten sind bisher nur die heute marktgängigen Sorten auf ihre Eignung für diese Erziehungsmethode zu beurteilen. Ohne Schwierigkeiten lassen sich die Sorten 'Auerbacher', 'Chrudymer', 'Ersinger', 'Italiener', 'Lützelsachser', 'Opal', 'Ortenauer', 'Stanley', 'Talvana', 'The Czar' und 'Zimmers', mit Einschränkungen die 'Hauszwetsche' und die 'Mirabelle von Nancy' und nur recht widerwillig 'Bühler' und 'Frühbühler' auf diese Weise erziehen. Alle gut geeigneten Sorten zeichnen sich durch eine von Natur aus gute Fruchtbarkeit, mehr breiten als steilen Wuchs und eine nur mittlere Wuchsstärke aus. Bei Erfüllung dieser Sorteneigenschaften können auch alle anderen, hier nicht genannten Sorten unter den Pflaumen, Zwetschen, Mirabellen und Renekloden in gleicher Weise erzogen werden.

Gerüstaufbau und Pflanzweiten Das benötigte Gerüst erfordert Pfähle mit einer Zopfstärke von etwa 80 mm, einer Länge über dem Boden von 2 m und 2 Drähte in 0,80 und 2 m Höhe. Als Richtmaß für die Pflanzweite in der

Reihe können etwa 4 m gelten. Das genaue Maß ist von der Bodenqualität, von den Sorten und den Unterlagen abhängig. In Erwerbsanlagen beträgt der Reihenabstand 5 m, im Hausgarten muß der Abstand bei freistehender Hecke zu den Nachbarpflanzen 1,50 m, am Rande des Grundstücks mindestens 2 m zur Grundstücksgrenze betragen.

Kronenaufbau Als Pflanzmaterial sind bevorzugt einjährige Veredlungen zu verwenden. Sie können entweder gerade oder in Anlehnung an die künftige Erziehungsmethode bereits schräg gepflanzt werden. Bei gerader Pflanzung wird der Baum am untersten Draht befestigt und der den Draht überragende Triebteil in einem Winkel von etwa 40° zur Senkrechten heruntergebunden. Bei einer Schrägpflanzung wird dagegen gleich der ganze Baum in diesem Winkel angebunden. Das erspart das zusätzliche Herunterbinden.
Beim geraden Pflanzen kommt es im Sommer nach der Pflanzung an dem Knick, der sich durch das Schrägstellen der Triebspitze ergeben hat, zu einem Saftstau. Das bewirkt an dieser Stelle in der Regel sofort nach dem Austrieb die Ausbildung eines kräftigen neuen Triebes, der beim nächsten Schnitt im gleichen Winkel nach der entgegengesetzten Seite der Reihe an den Draht gebunden werden kann. Dabei ergibt sich aus dem Stamm und den beiden Leittrieben als Grundform des Baumes ein Ypsilon. Hieraus ließ sich die Bezeichnung »Heckenerziehung am Draht in Y-Form« ableiten. Bei einer Einordnung in die »Systematik des Obstbaumschnittes« müßte von einer »Hohlkrone« gesprochen werden.
Auch ohne den bei der senkrechten Pflanzung unumgänglichen, bei der Schrägpflanzung aber fehlenden Knick bildet sich ein ausreichend starker Trieb für den weiteren Aufbau der Krone. Er entsteht nur oft nicht unmittelbar an der vorgegebenen Stelle. Dieser Nachteil ist jedoch so unbedeutend, daß dieser Pflanzmethode dennoch der Vorzug vor der Senkrechtpflanzung gegeben werden kann, weil sie im weiteren Aufbau leichter zu beherrschen ist. Nach der Pflanzung wird bei beiden Methoden der Mitteltrieb leicht eingekürzt, alle stammbürtigen Triebe werden bis in die Höhe des unteren Drahtes beseitigt, die übrigen vorzeitigen Triebe bleiben ungeschnitten (Abb. 73; S. 96).
In den folgenden 3 bis 4 Jahren stabilisieren sich die in Y-Form angeordneten Gerüstäste durch das eigene Dickenwachstum und das Anbinden an den oberen Draht allmählich zu einer tragfähigen Krone. Alle Sorten, die sich für diese Erziehungsmethode gut eignen, machen ein Herunterbinden von Trieben in Richtung Fahrgasse oder Nachbarpflanzung überflüssig. Lediglich in Reihenrichtung muß durch Herunterbinden der Abstand zur Nachbarpflanze und zwischen den beiden Leitästen gefüllt werden. Das reicht bei den weniger gut geeigneten Sorten alleine nicht aus. Bei ihnen müssen vom zweiten bis vierten Standjahr zusätzlich auch auf der Oberseite der Leitäste stehende und steil aufrechtwachsende Triebe vom Drahtrahmen weg ohne Rückschnitt flachgestellt werden. Alle danach überzähligen Triebe werden beseitigt, die flachwachsenden bleiben ohne Rückschnitt erhalten. Ob die Leitäste beim zweiten und dritten Schnitt nochmals angeschnitten werden müssen, hängt von der Wüchsigkeit des Baumes ab (Abb. 74; S. 96).

Erhaltung des bodennahen Wachstums
Schon im fünften Jahr nach der Pflanzung können sich bei dieser Erziehungsmethode die Bäume im Vollertrag befinden. Nur wenige Jahre später sind auch die Baumabstände in der Reihe geschlossen. Die Hecke muß dann eine Tiefenausdehnung von 2–3 m haben. Von da an ist es Aufgabe des Instandhaltungsschnittes, die Bäume so niedrig zu halten, daß auch künftig keine Arbeit auf der Leiter erforderlich wird. Alle steil wachsenden kräftigen Triebe oder Zweige, deren Bildung auch im Alter des Baumes nicht zu unterbinden ist, sind daher kompromißlos zu beseitigen oder auf nach außen gerichtete Triebe abzuleiten. Ebenso muß das Höhenwachstum der Leitäste begrenzt werden. Da sich nicht nur auf den Leitästen, sondern auch auf den Tragästen bei

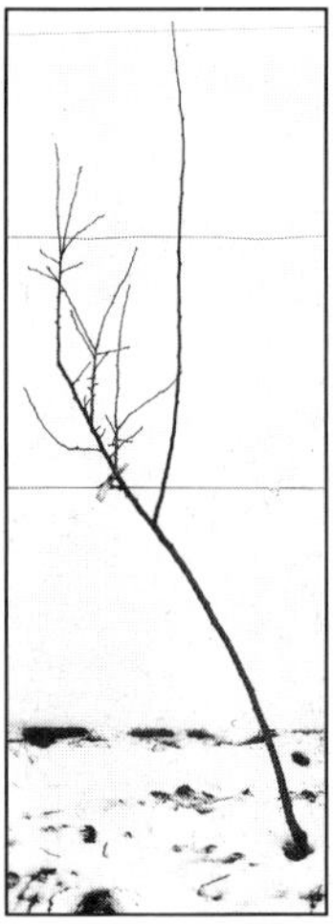

73 a

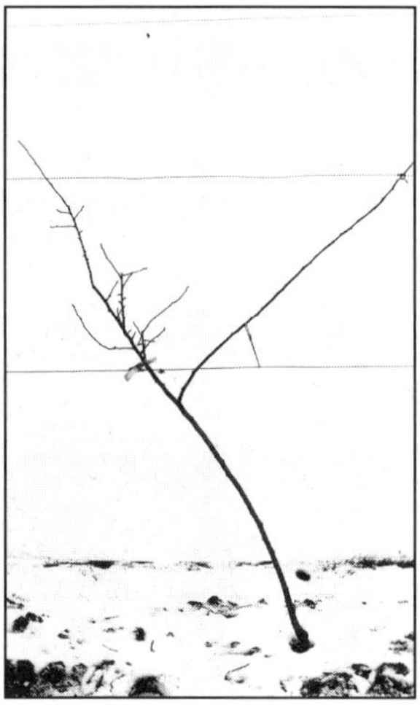

73 b

Abb. 73 Das Formieren zum Aufbau einer »Y-Hecke bei Zwetschen«

a Zwetschenbaum, 'Ortenauer', 1 Jahr nach der Schrägpflanzung.

b Nach dem winkelgerechten Anbinden der Leitäste und dem Anschnitt des ursprünglichen Mitteltriebes zur Herstellung der Saftwaage.

Abb. 74 Der Aufbau einer »Zwetschenhecke in Y-Form«

a Derselbe Baum wie im Bild 73 nach dem dritten Standjahr.

b Nach der Erweiterung des Leitastwinkels durch Binden und Ableiten (linker Leitast!), dem Wegschneiden steil stehender und zu kräftiger Triebe und dem flachen Anbinden von Tragtrieben.

74 a

74 b

75 a

75 b

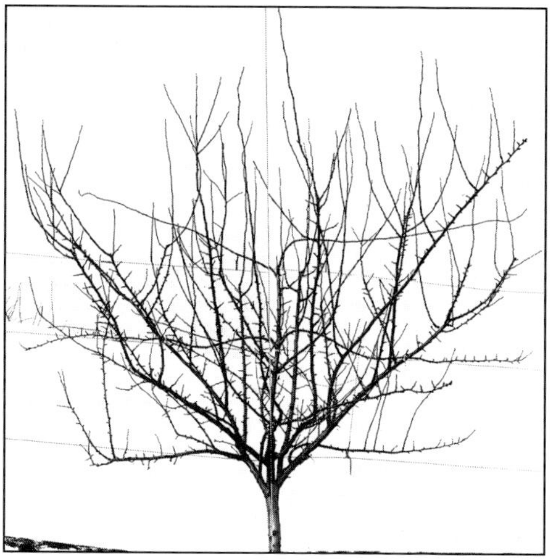

a

b

Abb. 76 Der Instandhaltungsschnitt einer »Zwetschen-Dreiastkrone am Drahtrahmen«

a Zwetschen-Dreiastkrone, 'Auerbacher', nach dem vierten Standjahr vor dem Schnitt.

b Nach dem Auslichten und dem Wegschneiden steilwachsender und zu dicht stehender senkrechter Triebe und Zweige. Die Höhenbegrenzung des Mitteltriebes wurde bereits im Sommer durch Waagerechtbinden von Mitteltrieb und Konkurrenztrieb an den obersten Draht vorgenommen.

manchen Sorten mehr, bei anderen weniger zahlreich aufrechtwachsende Triebe bilden, müssen diese ebenfalls unter Einhaltung der Rangordnung wie bei jeder anderen Hecke durch Ableiten ein- und untergeordnet werden. Andererseits müssen die durch die Fruchtlast bis in Bodennähe abgehängten Baumteile durch »Aufleiten« auf aufrechtwachsende Triebe aufgerichtet werden (Abb. 75; S. 96).

In Abwandlung dieser Schnitt- und Erziehungsmethode und in Anlehnung an die Dreiastkrone am Draht bei Äpfeln und Birnen wird gelegentlich versucht, auch die Pflaumen und Zwetschen mit Mitteltrieb zu erziehen. Diese Methode bringt mehr Nachteile als Vorteile, weil die Einordnung des Mitteltriebes in die Gesamtkrone wegen des unterlagenbedingten starken Wuchses dieser Obstarten noch mehr Schwierigkeiten als beim Kernobst mit schwächerwachsenden Unterlagen bereitet. Wo dennoch diese Art der Erziehung angewandt wird, muß der Mitteltrieb in ähnlicher, häufig noch strengerer Weise behandelt werden wie bei den Birnen (Abb. 76).

Abb. 75 Das Flachhalten von »Zwetschenhecken in Y-Form«

a Zwetschenbaum, 'Ortenauer', nach 4 Standjahren, als Y-Hecke erzogen, vor dem Schnitt.

b Nach dem Beseitigen zu tief hängender Zweige, dem Auslichten zu dicht und steil stehender Triebe und Zweige und dem Ableiten auf bodennahe stehende Vergabelungen.

Erziehung der Süßkirschenbäume

Unter den Marktobstsorten stellt die Süßkirsche die geringsten Anforderungen an den Schnitt. Alle nach dem Erziehungsschnitt zu ergreifenden Maßnahmen sind zudem mehr schematisch als systematisch auszuführen. Das erleichtert die Arbeit an den nach wie vor hohen Süßkirschenbäumen erheblich, die bisher am wenigsten die Forderung nach zweckmäßigen Bäumen erfüllen. Alle Bemühungen, Erziehungsmethoden zu entwickeln, die den Aufbau kleiner oder zumindest bodennahe wachsender Süßkirschen erlauben, sind bisher noch nicht ausreichend praxisreif.

Weder die Verwendung der schwachwachsenden Sauerkirschenunterlage *Prunus mahaleb* als Süßkirschenunterlage, die sich als nicht ausreichend verträglich mit Süßkirschen erwiesen hat, noch die Erziehung als »Dreiastkrone am Drahtgerüst«, die in der Schweiz entwickelt, versuchsmäßig bearbeitet und empfohlen und auch in der Bundesrepublik

Deutschland erprobt wurde, sich aber nur so lange als brauchbar erwiesen hat, wie die Bäume jung und daher ohnehin klein waren, haben in dieser Richtung bisher Fortschritte gebracht. Einige neue Unterlagen, die durch auffallende Schwachwüchsigkeit gewisse Hoffnungen auf eine Lösung des Problems wecken, müssen ihre Bewährungsprobe in Praxisversuchen noch bestehen. Insbesondere muß ihre Eignung als Veredlungspartner für alle marktgängigen Süßkirschensorten unter vielfältigen Klima- und Bodenbedingungen noch über einen längeren Zeitraum geprüft werden.

Deshalb muß heute noch immer unter Ausschöpfung aller bisher zur Verfügung stehenden Möglichkeiten und unter Nutzung aller schnittechnischen Erkenntnisse versucht werden, die Süßkirschenbäume, wenn schon nicht klein, so doch wenigstens so niedrig wie möglich zu halten, um auf diese Weise den Anbau wirtschaftlicher zu gestalten. Dazu darf vor

Abb. 77 Das Niedrighalten der Süßkirschen durch Einkürzen des Mitteltriebes
17 Jahre nach der Pflanzung und Erziehung als Pyramidenkrone wurde an diesem Süßkirschenbaum der Sorte 'Schneiders Späte Knorpelkirsche' der Mitteltrieb durch Ableiten bis tief in den Kronenkegel hinein zurückgesägt.

allen Dingen die Stammhöhe 0,80–1 m nicht übersteigen. Noch niedrigere Bäume läßt der hängende Wuchs fast aller älteren Süßkirschenbäume auch im Hinblick auf eine wirtschaftliche Durchführung der Bodenbearbeitungsmaßnahmen nicht zu.

Kronengestaltung

Bei der Gestaltung der Krone muß auf die niedrige Hohlkrone verzichtet werden. Jeder Süßkirschenbaum, der ohne Mitteltrieb erzogen wird, würde durch das selbständige Aufrichten eines Leitastes oder durch einen kräftigen, aus einem Leitast hervorgehenden Trieb in wenigen Jahren einen Ersatz-Mitteltrieb aufbauen. Außerdem würde auch die Hohlkrone bei der Süßkirsche nur eine sehr schmale und hohe Krone ergeben, weil durch den natürlichen Wuchs dieser Obstart in der Jugendphase nur sehr steile Astwinkel gebildet werden.

Daraus folgt, daß die Bäume zunächst als Pyramidenkrone erzogen und später durch Beseitigen des Gipfels zu einer kombinierten Pyramiden-Hohlkrone umgestellt werden müssen. Dieses »Abdecken der Krone« muß mehrere Male während der Vollertragszeit im Abstand von einigen Jahren wiederholt werden. Der günstigste Zeitpunkt für die Durchführung dieser Maßnahme liegt in den Sommermonaten unmittelbar nach der Ernte. Die hierbei unvermeidlichen größeren Wunden verheilen nach einer Sommerbehandlung besser als nach einem Winterschnitt. Alle Schnittmaßnahmen im Rahmen des Instandhaltungsschnittes sollten bei der Süßkirsche sowieso im Sommer ausgeführt werden (siehe S. 25). Dabei ist keineswegs ein jährlicher Schnitt erforderlich. Er kann ohne Nachteile für die Bäume nach Bedarf im mehrjährigen Rhythmus vorgenommen werden (Abb. 77).

Nur der Erziehungsschnitt in der Jugendphase muß jährlich durchgeführt werden, wobei die Leittriebe und der Mitteltrieb höchstens dreimal angeschnitten werden. Der danach noch erforderliche weitere Erziehungsschnitt geht ohne Anschnitt der Hauptäste vor sich (Abb. 78; S. 99).

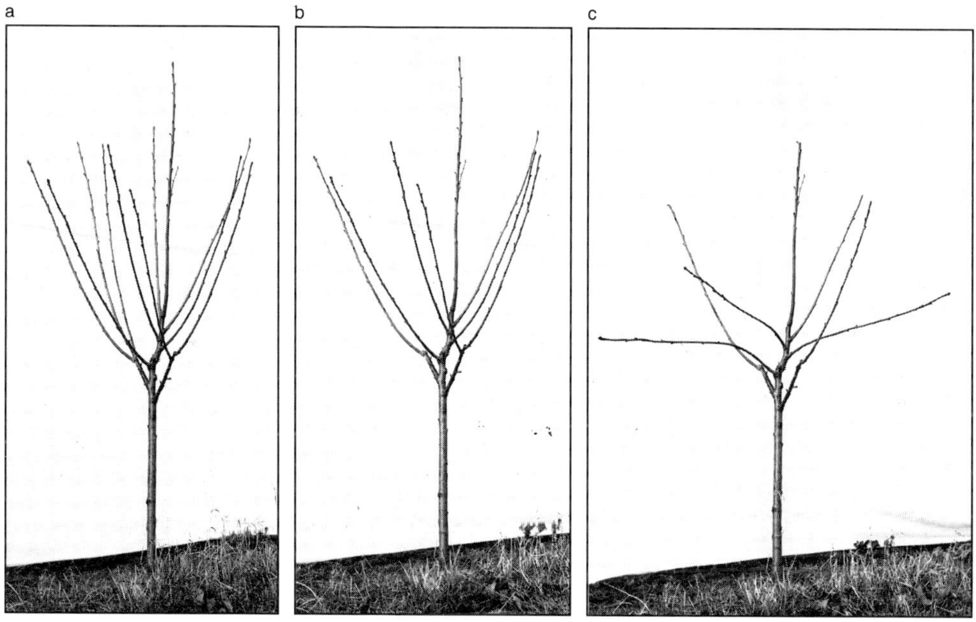

Abb. 78 Die Erziehung eines jungen Süßkirschenbaumes
a Süßkirschen-Niederstamm, 'Schneiders Späte Knorpelkirsche', nach dem zweiten Standjahr vor dem Schnitt.
b Nach dem Freistellen von Leitästen und Mitteltrieb durch Wegschneiden von Konkurrenztrieben und überzähligen Trieben.
c Nach dem Waagerechtbinden von einjährigen Trieben und dem Anschneiden der Verlängerungstriebe von Leitästen und Mitteltrieb unter Einhaltung der Saftwaage.

Obwohl die Seitentriebe beim Aufbau der Steinobstkronen allgemein nicht heruntergebunden werden – die Heckenerziehung der Pflaumen, Zwetschen, Mirabellen und Reneklöden macht hier eine Ausnahme – sollte diese Regel bei der Süßkirsche durchbrochen werden (Abb. 78). Sie reagiert auf das Herunterbinden in den ersten 3 bis 4 Standjahren ähnlich positiv wie das Kernobst. Der sich daraufhin bald einstellende Fruchtansatz führt nicht nur zur Ertragsverfrühung, sondern beruhigt gleichzeitig das stürmische Jugendwachstum und trägt so zum Kleinbleiben der Süßkirschen bei.

Erziehung der Sauerkirschenbäume

Nicht alleine die vorhandenen Variationsmöglichkeiten in der Unterlagenwahl lassen die Sauerkirsche schwächer als die Süßkirsche wachsen, auch ihre genetische Veranlagung erleichtert den Aufbau nur mittelgroßer Bäume. Trotz vieler botanischer Parallelen sind beide Obstarten in ihrem Habitus und ihrer Trieb- und Knospenbildung so verschieden, daß sie schnittmäßig völlig unterschiedlich zu behandeln sind.

Die Hohlkrone verdient den Vorzug
So ist im Gegensatz zur Süßkirsche die Hohlkrone für die Sauerkirsche ohne Einschränkung die zweckmäßigste Kronenform. Obwohl es keiner großen Mühe bedarf, bei dieser Obstart auch die Pyramiden- oder die kombinierte Pyramiden-Hohlkrone niedrig zu halten, spricht nichts für die Wahl dieser beiden Kronenformen im Sauerkirschenanbau. Weil sich die Äste höherer Ordnung bei Sauerkirschen weniger stark entwickeln als beim Kernobst, darf hier die Hohlkrone sogar aus 4 an-

79a

79b

Abb. 79 Der Instandhaltungsschnitt von Sauerkirschen-Hohlkronen

a 11jährige Hohlkrone mit 4 Leitästen, 'Schattenmorelle', vor dem Schnitt.

b Nach dem Schnitt.

Abb. 80 Schnitt eines Sauerkirschen-Leitastes durch Ableiten

a Leitast der Sorte 'Schattenmorelle' vor dem »Ableitungsschnitt«.

b Nach dem Wegschneiden überzähliger und in die Kronenmitte wachsender Triebe erfolgt das Ableiten der Leitastspitze auf einen günstig und nach außen gerichteten Trieb.

c Fertig geschnittener und an der Spitze sowie an einigen Nebenzweigen abgeleiteter Leitast (Pfeile = Ableitungs-Schnittstellen).

80a

80b

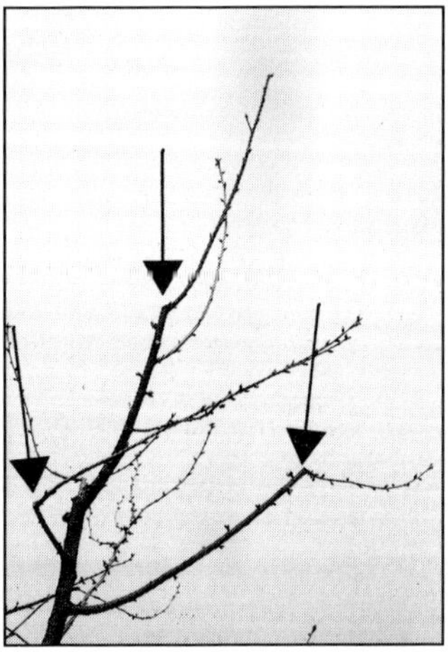

80c

stelle der sonst üblichen 3 Leitäste bestehen. Voraussetzung ist jedoch eine günstige Stellung der Äste zueinander (siehe S. 49, 50 und Abb. 79; S. 100).

Ableiten anstatt anschneiden

Auch bei der Sauerkirsche werden heute ausschließlich nur noch die Leittriebe während der Zeit des Erziehungsschnittes angeschnitten. Die frühere Auffassung, Sauerkirschen könnten nur durch einen Anschnitt jedes einzelnen Triebes zu einer erneuten Triebbildung und damit zu einer ausreichenden Bildung von Fruchttrieben, die bei den meisten Sauerkir-

Abb. 81 Die unterschiedliche Schnittstärke bei Sauerkirschen

a 10jähriger Sauerkirschenbaum, 'Schattenmorelle', auf Fruchtgröße »scharf geschnitten«. Vor und nach dem Schnitt.

b 10jähriger Sauerkirschenbaum, 'Schattenmorelle', auf gute Verwertbarkeit »mäßig ausgelichtet«. Vor und nach dem Schnitt.

81 a

81 b

a

b

Abb. 82 Der Sommerschnitt der Sauerkirschen ersetzt den Winterschnitt
a 11jährige Hohlkrone, 'Schattenmorelle' (gleicher Baum wie Abb. 79), vor der Ernte und vor dem Sommerschnitt.
b Nach der Ernte und dem Schnitt. Im Winter bleiben hier nur noch wenige Korrekturen auszuführen.

schen ja einjährige Langtriebe sind, angeregt werden, ist nicht mehr haltbar. Die Stärke des Austriebs und die Anzahl der neuen Triebe muß nicht unbedingt durch die Schnittstärke am Einzeltrieb, sondern sie kann ebensogut auch durch die Schnittstärke am gesamten Baum beeinflußt werden. Deshalb wird die berechtigte Forderung nach einem stärkeren Schnitt der Sauerkirsche gegenüber einigen anderen Obstarten gleich gut auch durch das Ableiten erfüllt. Der an allen Obstarten heute vorgenommene »Ableitungsschnitt« hat für die Sauerkirsche damit eine ganz besondere Bedeutung. Da die Sauerkirsche im Gegensatz zur Süßkirsche jährlich geschnitten werden muß, ergibt sich durch das Ableiten außerdem noch eine erhebliche Kostensenkung bei den Schnittarbeiten gegenüber früheren Schnittmethoden (Abb. 80; S. 100).

Die Schnittstärke beeinflußt Fruchtgröße und Fruchtqualität

Die Stärke des Auslichtens durch Ableiten und der verbleibende Besatz eines Baumes mit Fruchttrieben nimmt entscheidenden Einfluß auf die Ertragshöhe und die Fruchtqualität. Da Sauerkirschen aus dem Erwerbsanbau vornehmlich von der Verarbeitungsindustrie aufgenommen werden, sind übermäßig große, daher weiche, leicht platzende und sehr saftreiche Früchte nicht immer gefragt, weil nur mittelgroße und feste Früchte für alle Verarbeitungsarten brauchbar sind. Eine marktgerechte Produktion verlangt daher ein eher mäßiges als zu starkes Auslichten, zumal die Gesamterträge des Baumes nach einem maßvollen Schnitt höher ausfallen als nach einem strengen Schnitt (Abb. 81; S. 101).

Für den Frischmarkt produzierte Ware kann dagegen durch einen verstärkten Schnitt günstig beeinflußt werden. Die Ertragseinbußen können dabei durch Mehrerlöse wettgemacht werden, soweit hiefür Abnehmer überhaupt vorhanden sind. Ähnliche Überlegungen können auch im Liebhabergarten angestellt werden, jedoch tendiert hier der durchaus berechtigte »Besitzerstolz« häufig mehr zur größeren Frucht auf Kosten der Ertragshöhe.

Auf keinen Fall darf auf den Schnitt ganz verzichtet werden. Vornehmlich 'Schattenmorelle' und 'Frühe Ludwigskirsche', deren abgetragene Triebe ihre Austriebsfähigkeit verloren haben, bilden sonst im Laufe weniger Jahre »Astpeitschen« und damit Kronen, die mehr Trauerweiden als Sauerkirschenbäumen ähneln. Nur ein starker Rückschnitt in das ältere Holz oder das Ableiten auf jüngeres Holz nahe den Hauptästen kann sie dann wieder ausreichend leistungsfähig machen (siehe S. 81), wobei eine ein- bis zweijährige deutliche Ertragseinbuße bis zum Wiederaufbau der Krone unvermeidlich ist. Alleine der jährliche mäßige Schnitt liefert kontinuierliche Erträge und gilt deshalb als der zweckmäßigste Sauerkirschenschnitt (siehe Abb. 81b; S. 101). Nur er erlaubt übrigens das heute mit zunehmender Tendenz durchgeführte »Maschinelle Ernten«.

Anpassung des Schnittes an die Sorte

Da sich im Wachstum und bezüglich der Fruchtbildung nicht alle Sorten gleich verhalten (siehe S. 82), kann auch der Sauerkirschenschnitt nicht einheitlich sein. So verlangen die zum Verkahlen neigenden Sorten 'Schattenmorelle' und 'Frühe Ludwigskirsche' den regelmäßigsten und strengsten Schnitt, um der Peitschenbildung vorzubeugen. Außerdem müssen die verhältnismäßig schwachen Leittriebe der Schattenmorelle beim Aufbau des Kronengerüstes stärker als bei anderen Sorten angeschnitten werden.

'Morellenfeuer' und 'Heimanns Rubin' neigen weniger zum Verkahlen, bilden zahlreiche vorzeitige Triebe und haben einen steileren Wuchs. Sie treiben daher auch nach einem etwas schwächeren Schnitt gut aus, müssen aber beim Aufbau der Krone »breitgemacht« werden, indem die Leitäste gespreizt oder auf Triebe abgelegt werden, die günstiger als die eigentlichen Verlängerungstriebe stehen (siehe S. 54, 118).

Zu einer dritten Gruppe gehören alle Sorten, die in ihrer Trieb- und Knospenbildung den Süßkirschen ähnlich sind. Ihre bekannteste Vertreterin ist die 'Koröser Weichselkirsche'. Sie müssen auch schnittmäßig diesen ähnlich behandelt und beim Instandhaltungsschnitt lediglich gut ausgelichtet werden. Überhaupt ist bei allen Sauerkirschen das jährliche Auslichten und Ableiten die wichtigste Arbeit bei der Durchführung des Instandhaltungsschnittes.

Wie die Süßkirsche wird auch die Sauerkirsche am zweckmäßigsten im Sommer unmittelbar nach der Ernte geschnitten (Abb. 82; S. 102). Die dem Baum noch verbliebenen und freigestellten Triebe können sich danach, gut belichtet, zu besonders kräftigen Fruchttrieben als gute Ertragsbasis für das kommende Jahr entwickeln, und die Ränder der Schnittwunden beginnen noch im gleichen Jahr zu überwallen. Allerdings kann der Vorteil, der mit dem Schneiden im Sommer verbunden ist, nicht immer ausreichend genutzt werden. In den Erwerbsbetrieben stehen in den arbeitsreichen Sommermonaten häufig nicht die erforderlichen Arbeitsstunden zur Verfügung und dem Gartenliebhaber fällt eine richtige Beurteilung des Baumes im belaubten Zustand oft so schwer, daß er den Schnitt lieber auf die blattlosen Wintermonate verschiebt.

Erziehung der Pfirsichbäume

Die Anbaubedeutung des Pfirsichs bleibt in weiten Teilen Mitteleuropas auf den Liebhabergarten beschränkt. Die fehlende Wärme während des Sommers, zu früh einsetzende Herbst- und Vorwinterfröste, tiefe Wintertemperaturen und unzureichende Vermarktungsmöglichkeiten schließen einen nennenswerten erwerbsmäßigen Anbau dieser wärmeliebenden und frostanfälligen Obstart aus. Lediglich im Gebiet der Vorderpfalz, in Rheinhessen, an der Bergstraße, im Bonner Vorgebirge und an einigen Stellen Badens finden sich heute noch kleine Anlagen mit überwiegend direkter Vermarktung an den Verbraucher.

Die Hohlkrone beherrscht den Pfirsichanbau
Aus der Palette verschiedener Baum- und Kronenformen eignet sich für den Pfirsich nur der Viertelstamm mit einer Hohlkrone. Für diese Kronenform sprechen zwei Gründe. So kann einmal eine angemessene Fruchtqualität unter den unzureichenden Lichtverhältnissen unserer Breitengrade nur an einer offenen, von allen Seiten sonnenbeschienenen Krone heranwachsen, zum anderen erlaubt das Wuchsverhalten des Pfirsichs gar keinen Aufbau einer funktionsfähigen Stammverlängerung. Jeder Mitteltrieb würde in wenigen Jahren sein aufrechtes Wachstum verlieren und von den Leitästen überwachsen werden, wobei er selbst die Funktion eines zusätzlichen Leitastes übernehmen würde.
Die Hohlkrone des Pfirsichs wird gelegentlich auch »Trichterkrone« genannt. Dann handelt es sich um eine Abwandlung und ganz spezielle Form der allgemein üblichen Hohlkrone in bezug auf die Anordnung der Äste höherer Ordnung. Während diese bei der einfachen Hohlkrone unregelmäßig, nur der Rangordnung entsprechend aus den Leitästen gebildet werden, werden sie bei der Trichterkrone in regelmäßigen Vergabelungen von Zweig zu Zweig und von Ast zu Ast aufgebaut. Eine Verbesserung des Wirtschaftserfolges ist mit diesem Kronenaufbau nicht verbunden, vielmehr beansprucht der regelmäßige Aufbau noch zusätzliche Schnittarbeit und Zeit.
Gelegentlich in Hausgärten an der Südwand des Hauses gepflanzte Pfirsich-Fächerspaliere entsprechen überwiegend nur in der Jugendphase den Vorstellungen, die mit einer solchen Pflanzung verbunden wurden. Weil das Holz des Pfirsichs wie das keiner anderen Obstart anfällig gegen Holzerkrankungen, insbesondere gegen Gummifluß, ist, sterben mit zunehmendem Alter des Holzes immer wieder einzelne Äste ab, wodurch ein mehrmaliger Neuaufbau einzelner Fächerteile erforderlich wird. Oft gelingt das aus Gründen einer fehlenden Triebförderung aber nicht, da bei älteren Bäumen namentlich im unteren Teil der Krone die Triebkraft nur noch schwach ausgebildet ist. Deshalb kann auf diese Erziehung ganz verzichtet werden.

Variable Zahl der Leitäste
Die Empfindlichkeit des Holzes rechtfertigt einen gegenüber anderen Obstarten weniger strengen Aufbau der Krone. Dennoch sollte zunächst auch hier, wie überall, die Zahl der Leitäste auf höchstens 4 begrenzt sein. Nach einigen Jahren wird sich beim Pfirsich allerdings darüber hinaus noch der eine oder andere zusätzliche Leitast aus Nebenästen oder Leitästen entwickeln, deren Entstehung im Ansatz nicht erkannt wurde. Sie können in begrenzter Zahl als Ersatzleitäste für vorzeitig abgängige Leitäste, die beim Pfirsich im Laufe der Jahre unvermeidlich sind, toleriert werden.
Die heute für den Erziehungs- und Instandhaltungsschnitt der Sauerkirsche geltenden und bereits dargestellten Regeln können weitgehend auch auf den Pfirsich übertragen werden. Auch in der Entwicklung verlief die Umstellung vom »Kurzen Schnitt« des Pfirsichs mit einem Anschnitt jedes einjährigen Langtriebes zum »Langen Schnitt« des Ableitens fast parallel zur Umstellung des Sauerkirschenschnittes.
Nach dem Aufbau der Krone mit einem jährlichen Anschnitt der Leittriebe (Abb. 83; S. 105) wird der Pfirsich in gleicher Weise durch Ableiten des Seitenholzes instandgehalten und zu neuem Trieb angeregt (Abb. 84a, b; S. 106). Jedes Einkürzen von Trieben muß unterbleiben. Alle Reiter auf den Leitästen, die beim Pfirsich besonders kräftig werden können, müssen ebenso beseitigt werden wie alle Triebe, Zweige und Äste, die in das Kroneninnere wachsen. Daneben muß das abgestorbene Holz beseitigt werden. Die zahlreichen »Falschen Fruchttriebe« (siehe S. 84), die dem Ableitungsschnitt nicht zwangsläufig zum Opfer fallen, können dagegen beim Schnitt unberücksichtigt bleiben. Sie trocknen ein oder bilden aus ihrer Basis neue Triebe.

a

b

Abb. 83 Der Erziehungsschnitt zur Pfirsich-Hohlkrone
a Pfirsich-Hohlkrone, 'Red Haven', nach dem zweiten Standjahr, vor dem Schnitt.
b Nach dem Freistellen der Leitäste, dem Auslichten und der Herstellung der Saftwaage an den Leitästen durch Anschneiden.

Leitastgarnierung bis zur Astbasis

Ein besonderes Augenmerk muß beim Pfirsichschnitt darauf gerichtet werden, das Verkahlen im Basisbereich der Leitäste zu verhindern. Auch der ältere Baum muß noch bis in Stammnähe gut mit jungem Holz besetzt sein (Abb. 84c, d; S. 106). Deshalb sollte das »Wegschneiden« von Nebentrieben, -zweigen oder -ästen an den Leitästen im unteren Kronenbereich die Ausnahme bilden. Ableiten auf noch so schwaches junges Holz ist immer günstiger als ein gänzliches Entfernen bis auf die Basis eines Kronenorgans.

Mit dem Schnitt beginnt das Ausdünnen

Die Stärke des Schnittes eines Pfirsichbaumes wird vorrangig nicht durch seine Wuchsstärke bestimmt, sondern sie ist von der Anzahl der verbleibenden »Wahren Fruchttriebe« (siehe S. 83) abhängig. Der Besatz mit diesen für die Fruchtbildung ausschlaggebenden Trieben muß einen normalen, aber keinen übermäßigen Fruchtansatz sicherstellen. Je mehr überzählige Fruchttriebe der Baum behält, um so mehr muß im Sommer mit der Hand ausgedünnt werden. Ganz zu vermeiden ist eine Fruchtausdünnung nach einer ungestörten Befruchtung ohnehin nicht, wenn Qualitätsfrüchte geerntet werden sollen. Ein strenger Schnitt des Baumes kann aber wenigstens teilweise die zeitraubende und teure Sommerarbeit des Ausdünnens ersetzen (Abb. 103; S. 131).

Möglichst spät schneiden

Der günstigste Termin für den Pfirsichschnitt ist der Spätwinter und das zeitige Frühjahr. Erst dann zeigen sich mögliche Winterschäden am einjährigen Holz und an den Knospen. Sie können beim nachfolgenden Schnitt berücksichtigt und damit die möglichen Ertragsverluste gemindert werden.
Als einzige Obstart kann der Pfirsich auch noch während der Blüte geschnitten werden, ohne übermäßig viele und später fehlende Reservestoffe zu verlieren. Allerdings sollte auch hier ein Schnitt zur Blütezeit nicht die Regel

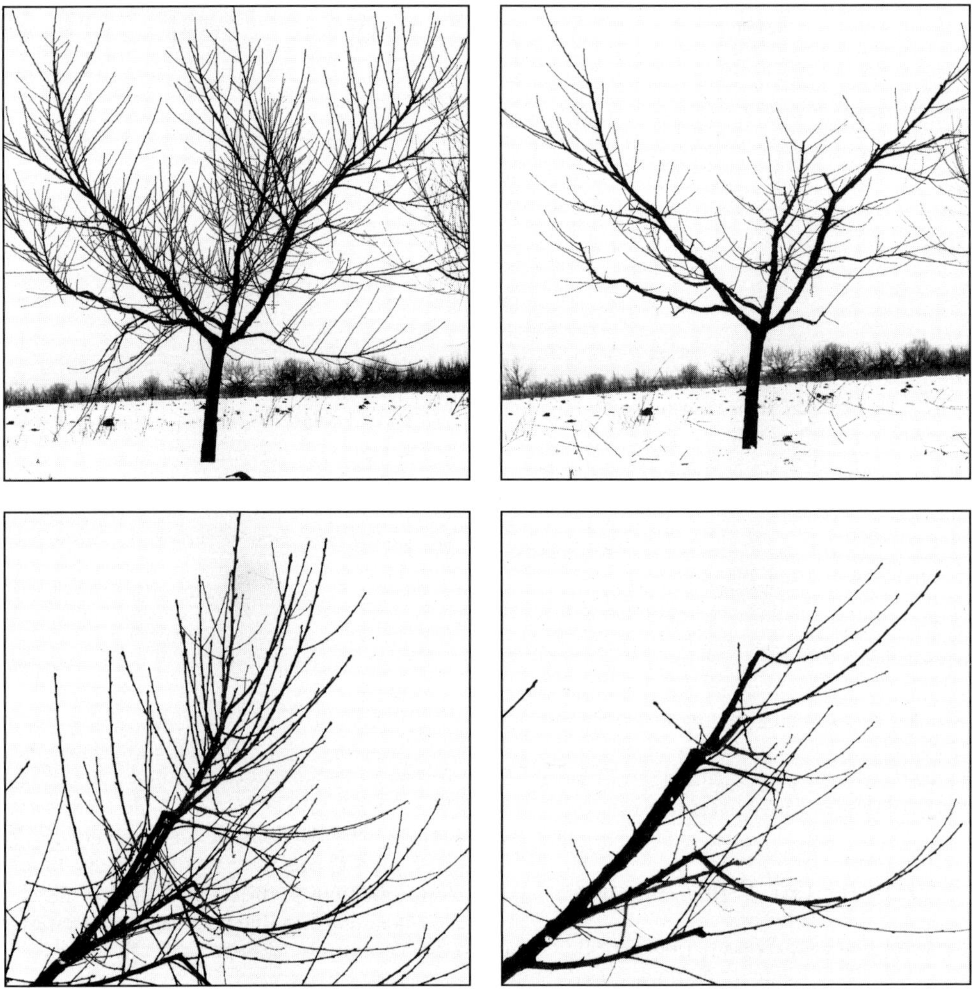

a b c d

Abb. 84 Der Ableitungsschnitt an Pfirsichen

a Pfirsich-Hohlkrone, 'South Haven', nach dem sechsten Standjahr vor dem Schnitt.

b Nach dem Schnitt durch Ableiten, wobei auf die Erhaltung einer guten Garnierung im unteren Kronenbereich besonderer Wert gelegt wurde.

c Leitast eines Pfirsichbaumes vor dem Schnitt.

d Nach dem Auslichten, Wegschneiden aller aufrecht und in das Kroneninnere gerichteten Triebe und Begrenzung des Längenwachstums des Leitastes und der Nebenäste durch Ableiten bei gleichzeitiger Wahrung der Rangordnung innerhalb der Nebenäste durch Längerlassen der tiefer stehenden und Begrenzung der höherstehenden Organe.

sein, sondern Jahren vorbehalten bleiben, in denen mit größeren Winterschäden an Holz und Knospen gerechnet werden muß, oder in denen eine Arbeitsüberlastung einen früheren Schnitt nicht möglich machte.

Für den Liebhaber ist dieser späte Schnitt ohnehin problematisch. Er gibt ihm einerseits zwar eine gute Möglichkeit, aufgetretene Holz- und Knospenschäden zu erkennen, er hindert ihn andererseits aber oft daran, nach einem schadenfreien Winter die bereits erkennbaren Blüten wegzuschneiden. Da arbeits- und marktwirtschaftliche Überlegungen für ihn keine Rolle spielen, macht ihm eine psychologische Sperre das Beseitigen von Blüten besonders schwer.

Erziehung der Aprikosenbäume

Seltener noch als Pfirsiche sind Aprikosen in der Bundesrepublik Deutschland im Anbau vertreten. Einziges Erwerbsanbaugebiet ist das »Mainzer Becken«. Darüber hinaus bleiben der Aprikose nur die Hausgärten in den Bundesländern Südwestdeutschlands als Standorte vorbehalten. Bei den wenigen erwerbsmäßig angebauten Bäumen herrscht der Niederstamm vor, auf dem alle Kronenformen anzutreffen sind. Anfängliche Pyramidenkronen sollten rechtzeitig auf die kombinierte Form umgestellt werden. Für den Hausgarten sind locker aufgebaute, nicht regelmäßig erzogene Büsche die zweckmäßigsten Bäume. Die Verkahlungsgefahr an der Basis der Leitäste ist bei der Aprikose geringer als beim Pfirsich. Das Fruchtholz bleibt oft kurz, deshalb muß im mehrjährigen Abstand mit Hilfe eines verstärkten Schnittes für eine ausreichende Fruchtholzerneuerung durch kräftige Langtriebe gesorgt werden, während sich der jährliche Schnitt auf das Auslichten und Ableiten beschränken kann.

Erziehung der Walnußbäume

Soweit sie der Flurbereinigung nicht Platz machen mußten, stehen Walnußbäume heute vornehmlich noch im Süddeutschen Raum als belebendes Element zwischen Weingärten und Obstflächen. Dort sollten sie auch künftig ihren Standort haben oder finden. In Hausgärten wärmerer Gebiete haben sie nur dann ihre Berechtigung, wenn eine ausreichend große Gartenfläche zur Verfügung steht. Das wird in erster Linie der größer bemessene bäuerliche Hausgarten sein. Ein ausgewachsener Walnußbaum beansprucht nämlich alleine für sich einen Standraum von 60–100 m². Da bleibt im Garten für andere Obstgehölze oft nur wenig Platz. Dabei sollten veredelte Bäume den Sämlingsbäumen vorgezogen werden. Sie sind heute überall erhältlich und bieten alleine die Gewähr für eine gute Nußqualität.
Als Pflanzmaterial eignen sich Heistern und

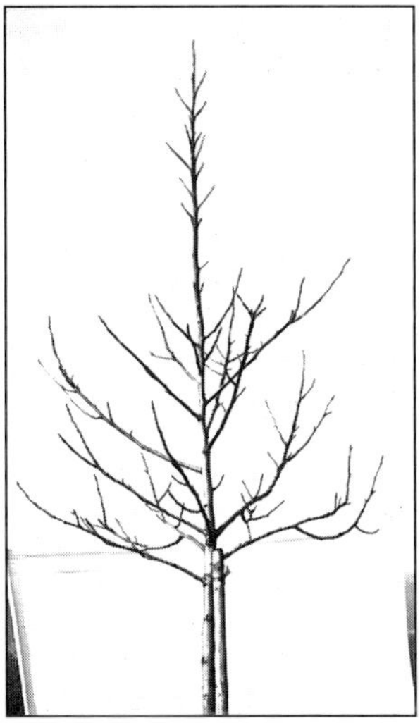

Abb. 85 Die naturgemäße Entwicklung einer Walnußkrone
Walnußbaum 4 Jahre nach der Pflanzung mit einem 1,20 m hohen Stamm und einer lockeren Kronenentwicklung, die keine Schnittarbeit erfordert.

zwei- bis dreijährige Veredlungen. Sie alleine erlauben die Anzucht niedriger Bäume. Die früher üblichen Hochstämme sollten den Pflanzungen in der freien Flur vorbehalten bleiben. Mit dem Aufputzen bis zur gewünschten ersten Kronenvergabelung ist der Pflanz- und Erziehungsschnitt des Walnußbaumes bereits beendet. Ein Kronenaufbau mit Leitästen und Mitteltrieb erübrigt sich. Die Krone soll sich vielmehr frei entfalten (Abb. 85).
Erst nach 10 bis 15 Jahren können gelegentliche Schnittkorrekturen erforderlich werden. Sie beschränken sich ausschließlich auf das Entfernen trockener Äste und das Auslichten zur Verbesserung der Belichtung im Kroneninneren. Häufig muß im Hausgarten in diesem Alter auch bereits die erste stärkere Einschränkung des Kronenvolumens vorgenommen werden, weil bei der Pflanzung der Abstand zu den Nachbarpflanzen, zum Weg oder zu den Gebäuden zu eng bemessen wurde. Dann sollte der Schnitt immer im Sommer erfolgen. Ein starker Saftaustritt aus der Schnitt- oder Sägewunde, auch »Bluten« genannt, wäre die Folge eines Frühjahrsschnittes, eine schlechte Wundheilung träte nach dem Schnitt im Winter ein.

Schnitt einzelner Obstarten

Erziehung der Haselnußsträucher

Haselnüsse werden nur selten zur Fruchtgewinnung gepflanzt. Ein mehr oder weniger reicher und regelmäßiger Anfall von Nüssen im Herbst ist meistens nur eine willkommene Zugabe. Überwiegend dienen Haselnußsträucher als Heckenpflanzung zum Windschutz oder als Decksträucher zur Abschirmung des eigenen Grundstückes gegen Einsicht von außen.

Dementsprechend werden sie auch nicht als Bäume gepflanzt, sondern als Sträucher erzogen und kaum geschnitten. Nur bei der Pflanzung muß ein Rückschnitt aller vorhandenen Triebe und Zweige auf 30–40 cm Höhe über dem Boden erfolgen. Später beschränkt sich der Schnitt auf das bei allen strauchartig wachsenden Pflanzen erforderliche Auslichten im Abstand von mehreren Jahren, wobei ganze Äste unmittelbar über dem Boden beseitigt werden. Dabei werden immer die älteren zugunsten der jüngeren Äste entfernt. Soll die Hecke auch in ihrer Höhe begrenzt werden, so dürfen keineswegs alle Äste in der Form eines »Rasierschnittes« auf eine einheitliche Höhe zurückgeschnitten werden, vielmehr muß jeder einzelne Ast durch Ableiten auf tieferstehende Triebe, Zweige und Äste gekürzt werden. Insgesamt sollte ein Strauch aus 8 bis 12 kräftigen Ästen mit Seitenholz bestehen. Im Gegensatz zum mehrjährig durchzuführenden Auslichten müssen jährlich alle überzähligen Bodentriebe, die nicht als Ersatztriebe für beseitigtes Holz benötigt werden, entfernt werden.

Die Schnitthilfen

Grundvoraussetzung für die Erziehung und Instandhaltung zweckmäßig erzogener Obstbäume ist zwar ein jährlich durchgeführter, fachgerechter Schnitt, doch lassen sich hiermit alleine nicht immer alle Ziele in gewünschter Weise erreichen. Häufiger, als oft angenommen, bedarf es hierzu weiterer unterstützender Maßnahmen in Form sogenannter »Schnitthilfen«. Sie werden immer dann erforderlich, wenn das eigene, naturgegebene Verhalten der Bäume stärkeren Einfluß auf die Entwicklung der Bäume nimmt, als es die üblichen Schnittmaßnahmen vermögen. Der Grundstein für derartige Fehlentwicklungen wird oft schon bei der Planung einer Obstanlage oder der Vorbereitung eines Baumeinkaufs und bei der Pflanzung selbst gelegt. So kann zum Beispiel eine falsche Sorten-Unterlagenkombination aufgrund fehlender Abstimmung auf die Bodenverhältnisse oder das Sortenverhalten, aber auch ein zu tiefes Pflanzen einen nicht vorausberechneten Wuchs mit allen sich daraus ergebenden Folgen auslösen. Dann helfen nur noch Sondermaßnahmen zur nachträglichen Regelung des Fehlverhaltens der Bäume, die es zum Glück mit vielfältiger Wirkungsweise gibt.

Bevor zu dem Mittel einer »Schnitthilfe« gegriffen wird, sollten zuvor alle anderen Möglichkeiten zur Beeinflussung der Bäume, wie zum Beispiel eine Veränderung der Schnittintensität, die Umstellung der Düngung oder die Anwendung einer anderen Bodenpflegemethode, ausgeschöpft werden. Schnitthilfen sind zusätzliche Maßnahmen und verursachen daher Kosten. Einige sind aber auch operative Eingriffe in die natürliche Entwicklung des Baumes, die bei unsachgemäßer Ausführung nicht nur erfolglos verlaufen, sondern auch unerwünschte Folgen haben können.

Eine Reihe von Schnitthilfen kann zwar nur für den Liebhaberobstbau Bedeutung haben und daher auch nur von Liebhabergärtnern genutzt werden, dennoch gibt es mehr Möglichkeiten, die Entwicklung der Obstbäume in bestimmte, durch Standardschnittmaßnahmen nicht erreichbare Richtungen zu lenken, als allgemein von der obstbaulichen Praxis genutzt werden. Deshalb sollte auch jeder Betriebsleiter, den die Entwicklung einer ganzen Anlage oder von Teilen oder Einzelbäumen einer Pflanzung nicht befriedigt, zunächst prüfen, ob nicht durch die Anwendung von Schnitthilfen das angestrebte Ziel erreicht werden kann, ehe er möglicherweise an grundlegende Änderungen oder gar Rodungen denkt.

Schnitthilfen mit Einfluß auf das vegetative Wachstum

»Schnitthilfen« können in zwei Richtungen wirken: Entweder nehmen sie Einfluß auf das vegetative Wachstum, also das Holztrieb- und Blattwachstum, oder sie verändern die generative Entwicklung, also die Neigung zur Fruchttriebbildung. Da keine dieser lokalen Maßnahmen losgelöst von den Wachstumsvorgängen innerhalb des Gesamtbaumes wirken kann, muß jede »Schnitthilfe« natürlich mehrfache Nebenwirkungen auf das Verhalten des Gehölzes auslösen. Deshalb sind übergreifende Wirkungen zwischen den beiden genannten Schnitthilfen-Gruppen fast immer zu beobachten.

Beseitigung sorteneigener Wurzeln

Mit der heute üblichen Verwendung schwach- bis höchstens mittelstarkwachsender Unterlagen, wie M 27, M 9, M 26, M 106 und M 4 für Äpfel und der Quitte für Birnen, hat die Einhaltung der richtigen Pflanzhöhe bei der Obstbaumpflanzung mehr noch als früher Bedeutung erlangt. Nur dann, wenn die Veredlungsstelle deutlich über dem Boden steht, kann sich ein Baum unterlagengemäß entwickeln.

Nahezu alle Obstbäume bestehen aus zwei Pflanzenteilen, der Unterlage und der Edelsorte. Die Verwachsungsstelle zwischen beiden Partnern wird als »Veredlungsstelle« be-

zeichnet. Zum Zeitpunkt der Pflanzung ist diese Veredlungsstelle deutlich an der noch nicht vollkommen verwachsenen »Zapfenschnittstelle« erkennbar. In späteren Jahren bilden sich an der Übergangsstelle von der Unterlage zur Edelsorte in Abhängigkeit von der Unterlage Verdickungen (M 9) oder gelegentlich halsförmige Einschnürungen (M 2) (Abb. 86). Die Verwendung von Unterlagen ist aus mancherlei Gründen unerläßlich. So unter anderem zur Beeinflussung des vegetativen Wachstums. Nur mit ihrer Hilfe ist es möglich, baumschulmäßig Bäume zu erstellen, deren späterer Wuchs vorausberechnet werden kann. Die unterlageneigene Wuchsstärke kann jedoch nur zum Tragen kommen, wenn keine anderen Kräfte als die der Unterlage auf den Baum einwirken. Das wiederum ist nur dann möglich, wenn die Edelsorte keine eigenen Wurzeln aus der Veredlungsstelle oder aus dem Stamm bilden kann.
Solange die Veredlungsstelle durch ausreichend hohes Pflanzen weit genug über dem Boden steht und daher keine Berührung mit dem Erdreich bekommen kann, ist die Bildung «sorteneigener Wurzeln» unmöglich. Steht sie jedoch durch zu tiefes Pflanzen oder durch nachträgliches Anarbeiten von Erde im oder unmittelbar am Boden, so wird die Edelsorte immer eigene Wurzeln ausbilden.

Abb. 86 Das äußere Kennzeichen einer Veredlungsstelle
Deutliche Wulstbildung an einem 17jährigen Apfelbaum der Sorte 'Golden Delicious' auf der Unterlage M 9 am Übergang von der Unterlage zur Veredlungsstelle.

»Freigemachte« Bäume wachsen unkontrolliert

Die Eigenbewurzelung der Edelsorte am Standort wird als »Freimachen der Edelsorte von der Unterlage« bezeichnet. Da alle Edelsorten mehr oder weniger starkwüchsig sind, hebt sich durch das Freimachen die Unterlagenwirkung einer schwachen oder mittelstarken Unterlage auf und der Baum bekommt ein unvorhergesehen starkes Wachstum mit allen damit verbundenen Nachteilen, wie zum Beispiel fehlender Standraum für die weitere Entwicklung, verzögerter Ertragsbeginn oder einsetzende Alternanz.
Begründet liegt die Veränderung des Wuchsverhaltens im Gesetz der Unterlagenwirkung. Es besagt unter anderem:

> Wenn 2 oder mehr Unterlagen in horizontaler Anordnung auf ein Obstgehölz einwirken, bestimmt die Unterlage mit der stärksten Wuchsleistung das Wachstum des Baumes.

Nach dem Freimachen der Edelsorte von der Unterlage steht der Wurzelkörper der eigentlichen Unterlage als **eine** Unterlage neben den durch die Freimachung entstandenen sorteneigenen Wurzeln als **zweiter** Unterlage, wobei die stärkerwachsenden Wurzeln der Edelsorte die Führung übernehmen.

Wurzeln mit Maß trennen

Ein auf diese Weise verändertes Wachstum läßt sich nur durch die restlose Beseitigung der sorteneigenen Wurzeln wieder auf das normale Maß begrenzen. Die jüngeren Wurzeln können dabei bis zu einer Stärke von etwa 20 mm Durchmesser sofort mit einer Baumschere oder einer Säge unmittelbar an ihrer Entstehungsstelle aus der Edelsorte entfernt werden.

a b c

Abb. 87 Das Entfernen sorteneigener Wurzeln
a Starke sorteneigene Wurzel an einem 18jährigen Apfelbaum der Sorte 'Cox Orange'/M 9 vor dem Ansägen.
b Keilförmiges Einsägen der Wurzel im ersten Jahr.
c Völlige Trennung der Wurzel vom Baum im zweiten Jahr.

Haben sich bereits zahlreiche Wurzeln bis zu dieser Stärke gebildet, so sollte diese Maßnahme zweckmäßigerweise auf 2 Jahre verteilt werden, indem zunächst die Hälfte und erst im folgenden Jahr der Rest der Wurzeln beseitigt wird. Das hält den Schock in Grenzen, den der Baum durch den plötzlichen Wasser- und Nährstoffentzug erleidet.
Eine ähnliche Schockwirkung ist zu befürchten, wenn Einzelwurzeln mit mehr als 20 mm Durchmesser auf einmal vom Baum getrennt werden. Sie sollten deshalb im ersten Jahr lediglich keilförmig bis zur Wurzelmitte eingesägt und erst im zweiten Jahr endgültig durchgesägt und vom Baum getrennt werden (Abb. 87). Als nachsorgende Behandlung muß nach jeder Beseitigung sorteneigener Wurzeln der Boden bis unter die Veredlungsstelle abgegraben werden, um jede künftige Bildung von Wurzeln oberhalb der Veredlungsstelle von vornherein zu unterbinden.

Das Wurzelkappen

Das gesteigerte Wachstum eines Baumes muß nicht unbedingt die Freimachung von der Unterlage als Folge eines Pflanzfehlers zur Ursache haben, es kann auch auf eine falsch gewählte oder gelieferte Unterlage zurückzuführen sein. Dann reicht es nicht aus, nur einzelne Wurzeln zu beseitigen. Es müssen vielmehr durch »Wurzelkappen« größere Teile des gesamten Wurzelkörpers entfernt werden. Von der Möglichkeit des Wurzelkappens wird im Erwerbsbetrieb sicher nur selten Gebrauch gemacht werden, weil die Behandlung ganzer Pflanzungen weder erforderlich sein wird, noch möglich ist. Einzelbäume, die als Folge von Unterlagenverwechselungen mit einem zu starken Wachstum aus dem Rahmen einer Pflanzreihe herausfallen, werden hier entweder ganz entfernt oder toleriert. In einem Hausgarten können dagegen Bäume, die so stark wachsen, daß sie den vorgesehenen Standraum deutlich überschreiten, aber dennoch nicht gerodet werden sollen, durch das »Kappen der Wurzeln« in ihrem Wachstum so eingeschränkt werden, daß die Nachbargehölze nicht weiter behindert werden.

Nur Wurzelteile abstechen

Im Unterschied zu freigemachten Bäumen werden beim Wurzelkappen anstelle ganzer Wurzeln nur Teile mehrerer oder zahlreicher Wurzeln in ihrer Länge gekürzt. Da sich die Hauptwurzelmasse eines Obstbaumes zwischen 20 und 40 cm Bodentiefe bewegt, müssen vornehmlich in diesem Bereich die Wurzeln eingekürzt werden. Am leichtesten geht das mit einem schmalen und langen Dränagespaten, mit dem der Baum etwa in Höhe der

Kronentraufe bis in eine Tiefe von 40 cm umstochen wird. Steht ein solcher Spaten nicht zur Verfügung, so muß mit einem normalen Grabespaten nacheinander in zwei Horizonten gearbeitet werden. Zunächst wird ein etwa 20 cm tiefer und spatenbreiter Graben ausgehoben, wobei alle in dieser Tiefe verlaufenden Wurzeln abgestochen werden. In diesem Graben wird der Baum anschließend weitere 20 cm tief umstochen.

Das Wurzelkappen sollte niemals die gesamte Wurzelkrone erfassen. Es darf sich vielmehr nur auf einen Kreissektor beziehen. Da die Anzahl der abgestochenen Wurzeln den Wirkungsgrad dieser Maßnahme bestimmt, muß vor dem Wurzelkappen geprüft werden, wie groß der zu umstechende Sektor gewählt werden muß. Je stärker der Wuchs des Baumes reduziert werden soll, um so mehr Wurzeln müssen gekappt werden. Ein Sektor von 180° sollte aber nicht überschritten werden, so daß mindestens die Hälfte des Wurzelkörpers unbehandelt bleibt.

Wiederholung ist möglich

Das Wurzelkappen hat in der Regel nur eine zeitlich begrenzte Wirkung. Aus den gekappten Wurzelenden bilden sich in den folgenden Jahren neue Wurzeln, die den eingetretenen Verlust an Wurzelmasse bald wieder wettmachen. Dann ist eine Wiederholung der Maßnahme durchaus möglich. Allerdings muß dann erneut auf der gleichen Seite des Baumes und im gleichen Sektor wie beim ersten Mal gekappt werden. Eine Markierung der behandelten Seite ist deshalb zu empfehlen.

Überwiegend wird das einmalige Einkürzen der Wurzeln jedoch ausreichen, um den Baum physiologisch umzustimmen. Das eingeschränkte vegetative Wachstum wird ein verstärktes generatives Wachstum auslösen und zu vermehrter Fruchtbarkeit führen. Bei den bekannten Wechselbeziehungen zwischen diesen beiden Wuchstendenzen muß das zwangsläufig als Rückwirkung wiederum ein nachhaltiges Nachlassen des vegetativen Wachstums zur Folge haben und zu einem physiologisch ausgewogenen Wachstum führen.

Das Wurzelkappen kann nur an mittelstark- und starkwachsenden Bäumen wirken. Bäume auf schwachwachsenden Unterlagen, deren Wurzelkrone nur klein ist und die bereits frühzeitig zu tragen beginnen, vertragen keinen Wurzelverlust und regeln bei der Anwendung zweckmäßiger Schnittmaßnahmen durch ihre Fruchtbarkeit das Wachstum von selbst.

Das Vorspanngeben

Wenn auch am häufigsten ein zu starkes Wachstum Anlaß zur Klage gibt, so ist doch auch die unbeabsichtigte Schwachwüchsigkeit durchaus keine seltene Fehlentwicklung der Obstbäume. Sie ist vornehmlich bei Äpfeln, gelegentlich auch bei Birnen zu beobachten und ausschließlich auf Fehler bei der Zusammenstellung der Sorten-Unterlagenkombinationen zurückzuführen. In Erwerbsanlagen handelt es sich dabei nur selten um das Fehlverhalten einzelner Bäume, vielmehr bleiben dort gelegentlich ganze Blöcke einer Pflanzung als Folge einer zu schwach gewählten Unterlage im Wuchs zurück. Ursache hierfür kann eine falsche Einschätzung der Bodenqualität sein, es können aber auch Fehler bei der Abstimmung der Unterlagen auf das sorteneigene Wuchsverhalten mit dem Ziel einer Pflanzung »leistungsgleicher Bäume« (»Leistungsgleiche Bäume« = Bäume, die trotz verschieden stark wachsender Sorten durch Verwendung von Unterlagen mit unterschiedlicher Wuchsstärke gleiche »vegetative Leistung« haben) unterlaufen sein. Eine schlechte Standraumausnutzung des Einzelbaumes und sich daraus ergebende unzureichende Flächenleistungen sind die Folge zu schwach wachsender Bäume.

Häufiger als im Erwerbsanbau kommt es im Liebhaberobstbau zu Fehlern bei der Standraumbemessung für einen Apfel- oder Birnbaum, weil hier nur selten ausreichende Kenntnisse über den Boden und spezielle Wuchsleistungen einzelner Sorten und Unterlagen vorhanden sind. Der gewählte Abstand zur Nachbarpflanze ist dann häufig einerseits

zu groß, um ihn in einem kleinen Hausgarten ungenutzt zu lassen, andererseits aber auch nicht groß genug, um ihn durch das Pflanzen eines zusätzlichen Baumes zu füllen.

Es muß deshalb versucht werden, die Kronenentwicklung noch nachträglich so zu fördern, daß der vorgesehene Standraum dennoch voll genutzt wird. Das ist allerdings nur bei Bäumen auf schwachwachsenden Unterlagen

Abb. 88 Das Vorspanngeben

a Keilförmiges Anschneiden des Vorspannes und Maßnahmen am Standbaum.
b Abklappen der Rinde und Einschieben des Vorspannes.
c Festnageln von Rindenlappen und Vorspann.
d Verstreichen der Anveredlungsstelle.
e Fertig anveredelter Vorspann.
f Schrittweises Trennen des Vorspannes nach einer mehrjährigen ausreichenden Stärkung des Standbaumes.

möglich. Da schwachwachsende Unterlagen nur für Äpfel und Birnen zur Verfügung stehen, kann sich eine nachträgliche Triebförderung auch nur auf diese beiden Obstarten beschränken.

»Unterlagenwechsel an Standbäumen« durch zweite Unterlage

In einer solchen Situation kann selbst einige Jahre nach der Pflanzung mit Hilfe des »Vorspanngebens« noch eine so deutliche Wuchsförderung erzielt werden, daß praktisch von einem »Unterlagenwechsel am Standort« gesprochen werden kann. Dazu muß dem zu schwach wachsenden Standbaum eine zweite, stärker wachsende Unterlage als Vorspann anveredelt werden, die gemäß dem bereits erwähnten »Gesetz der Unterlagenwirkung« (siehe S. 110) als stärker wachsender Partner nach einer Anlaufzeit das künftige Wachstum des gesamten Baumes bestimmt.
Hierzu müssen dicht neben dem zu fördernden Baum 1 oder 2 aufschulfähige Unterlagen gepflanzt werden, die stärkeres Wachstum haben als die baumeigene Unterlage. Wird der Pflanzung von 2 Unterlagen der Vorzug gegeben, sollten diese jeweils an die gegenüberliegenden Seiten des Standbaumes gepflanzt werden. Für einen Apfelbaum auf den Unterlagen M 9 und M 26 können das nur die Unterlagen M 7, 106 oder 4 sein, für diese Unterlagen wiederum nur M 11 und A_2 und für eine Birne auf Quittenunterlage der Birnsämling.
Nur selten wird das Anveredeln bereits im Sommer nach der Pflanzung des Vorspannes möglich sein. Bessere Erfolge werden erzielt, wenn die Unterlagen vor der Veredlung 1 Jahr lang am neuen Standort Fuß fassen konnten. Ein Einkürzen der Unterlage nach dem Pflanzen auf eine Höhe von 0,30 – 0,40 m über dem Boden und die Beseitigung aller vorzeitigen Nebentriebe erleichtert das Anwachsen.

Anveredeln durch Einschieben unter die Rinde

Günstigster Veredlungstermin ist das zeitige Frühjahr, sobald die Rinde wieder löst. Die Unterlage muß zunächst auf die erforderliche Länge zurückgeschnitten werden. Die genaue Längenbestimmung ist von der Höhe der Veredlungsstelle am Standbaum abhängig. Sie sollte ungefähr 25 cm über dieser Veredelung liegen und muß frei von Unebenheiten, alten Astansatzstellen und Wunden sein.
Zur Absicherung des Veredlungserfolges müssen zuvor beide Veredlungspartner mit einem Lappen gründlich von allen anhaftenden Bodenresten gesäubert werden. Die Unterlage wird danach mit einem Veredelungsmesser von zwei Seiten keilförmig zugeschnitten, während am Standbaum in Höhe der Veredlungsstelle ein Rindenlappen in der Breite und Länge des Keils an der Unterlage gelöst wird (Abb. 88a, b; S. 113). Der Keil sollte etwa 3–5 cm lang sein. Je länger die Schnittstellen an beiden Veredlungspartnern sind, um so größer sind ihre gemeinsamen Verwachsungsflächen und desto intensiver werden sich beide Partner miteinander verbinden. Jede Berührung der Schnittstellen mit den Fingern beim Veredeln kann das Anwachsen in Frage stellen und muß deshalb vermieden werden. Nach dem Anschnitt beider Veredlungspartner kann die Unterlage unter den abgehobenen Rindenlappen geschoben und Rindenlappen und anveredelte Unterlage gemeinsam mit einem dünnen Nagel an den Standbaum genagelt werden (Abb. 88c; S. 113). Ein lückenloser Wundverschluß mit einem Wundverschlußmittel beendet die »Operation« (Abb. 88d; S. 113).
Anstelle des Einschiebens des Vorspannes unter einen Rindenlappen kann das Anveredeln auch in Form des »Anplattens« erfolgen. Dabei muß anstelle des Nagelns beim Aneinanderpressen beider Partner mit Bast oder anderem Bindematerial gearbeitet werden.
Sobald beide Partner gut miteinander verwachsen sind, kräftigt sich der anveredelte Vorspann in den nächsten Jahren so sehr, daß er von Jahr zu Jahr mehr die alleinige Ernährung des Gesamtbaumes übernehmen kann. Das Wachstum des Baumes entspricht nach vollendeter Umstellung dem Wuchscharakter der Vorspannunterlage. Es verhält sich so, als hätte ein Unterlagenwechsel stattgefunden. In Wirklichkeit steht der Baum jetzt auf 2 Unter-

lagen, denn der ursprüngliche Wurzelkörper stirb nach dem Anveredeln eines Vorspannes nicht ab, sondern verharrt lediglich in Ruhestellung, ohne seinerseits wesentlichen Einfluß auf den Wuchs des Baumes zu nehmen.

Verbindung auf Dauer oder Zeit
Die weitere Behandlung hängt sowohl von der Entwicklung des Baumes ab, als auch vom verfügbaren Standraum. Entspricht die neue Wuchsstärke den Erwartungen und erlauben es die gegebenen Möglichkeiten, so kann der Vorspann dauernd mit dem Baum verbunden bleiben. Übersteigt das Wachstum jedoch das erwünschte Maß, so kann bis ungefähr 8 Jahre nach der Anveredlung die ganze Maßnahme ohne Risiko für den Baum wieder rückgängig gemacht werden. Eine spätere Trennung ist wegen des erheblichen Unterschiedes in der Leistungskraft der beiden Wurzelkörper jedoch nicht zweckmäßig.
Die Trennung des Standbaumes vom Vorspann muß in zwei Stufen erfolgen. Nur so kann ein zu großer Schock für den Baum vermieden werden, der als Folge der mit der Trennung verbundenen starken Einschränkung der Wurzelmasse ohnehin nicht ganz zu vermeiden ist. Der Vorspann sollte deshalb zunächst, etwa in der Mitte zwischen Boden und Veredlungsstelle, nur keilförmig bis zu seiner Mitte eingesägt werden (Abb. 88f; S. 113). Das reduziert einerseits den Saftstrom durch den Vorspann, belebt andererseits aber gleichzeitig das Wachstum des ruhenden Wurzelkörpers der ursprünglichen Unterlage. Erst im zweiten Jahr sollte der Vorspann dann restlos durchgetrennt und damit vom Baum gelöst werden. Von hier an steht der Baum wieder auf seiner alten Unterlage, wird sich größenmäßig kaum nennenswert weiterentwickeln, aber besonders stark fruchten.
In den 2 Jahren, die für die Trennung des Baumes benötigt werden, reagiert der Baum zunächst sehr stark, indem er nur kleine Blätter ausbildet und einen geschwächten Gesamteindruck macht. Er wird diesen durchaus verständlichen Schock jedoch bald überwinden und den harten Eingriff schon nach 2 bis 3 Jahren kaum noch ahnen lassen. Die Wiederherstellung des ursprünglichen Zustandes wird unterstützt, wenn alle zusätzlichen Störungen vom Baum ferngehalten werden. Dazu gehört in Trockenzeiten eine kräftige Wassergabe, eine besonders harmonische und nicht zu geringe Bodendüngung, ergänzt durch zusätzliche Blattdüngungen, eine Fruchtausdünnung bei zu starkem Fruchtansatz und ein gewissenhafter Pflanzenschutz.

Das Kerben

Nicht immer gibt gleich das Verhalten des Gesamtbaumes Anlaß zur Unzufriedenheit. Gelegentlich sind nur einzelne Organe korrekturbedürftig. So fehlen beim Kernobst oft geeignete Triebe oder Fruchtaugen an Stellen des Baumes, wo sie für den Kronenaufbau junger Bäume oder zur Garnierung verkahlter Astpartien benötigt werden. Dann kann mit Hilfe des »Kerbens« an schlafenden Augen der erforderliche Austrieb auch an solchen Kronenteilen geweckt werden, an denen aufgrund ihrer Stellung innerhalb der Krone nach den bekannten Wachstums- und Triebförderungsgesetzen mit den üblichen Schnittmethoden kein Austrieb zu erzielen wäre.

Trieb- oder Knospenbildung nach Maß
Das Kerben kann auf zwei Arten ausgeführt werden. Die beabsichtigte Wirkung entscheidet darüber, welche der beiden Methoden angewendet werden muß. Soll aus dem schlafenden Auge ein Langtrieb hervorgehen, muß über dem Auge gekerbt werden. Wird dagegen lediglich eine Fruchtknospe oder ein kurzes Trieborgan erwartet, so muß der Kerbschnitt unterhalb des Auges angelegt werden. In beiden Fällen ist ein halbmondförmiger Keil dicht über oder unter dem Auge herauszulösen. Beim Kerben über dem Auge muß dabei neben der Rinde gleichzeitig auch ein Holzkeil in einer Stärke von etwa 0,5 cm mit herausgeschnitten werden (Abb. 89a; S. 116). Das führt zu einem Stau der im Holzteil des Baumes von den Wurzeln zu den Kronenspitzen geführten

89 a

89 b

Nährstoffe im Bereich des gekerbten Auges. Diese Nährstoffanreicherung läßt das Auge in den Sommermonaten mit einer Tendenz zum Längenwachstum austreiben (Abb. 89b). Da neben der Rinde auch ein Teil des Holzes beim Kerben über dem Auge herausgelöst wird und der Saftstrom von der Wurzel in die Krone sehr frühzeitig im Frühjahr einsetzt, muß bei dieser Methode bereits vor dem Knospenschwellen gekerbt werden.

Das Kerben unterhalb des Auges beschränkt sich auf das Ablösen der Rinde (Abb. 90a; S. 117). Da sich die Rinde frühestens Mitte April vom Holz lösen läßt, kann das Kerben unter dem Auge erst mit Austriebsbeginn vorgenommen werden. Nach dem Rindenkerben wird das Abfließen der in der Krone gebildeten Assimilate, die in starkem Maße für die Bildung der Fruchtorgane verantwortlich sind und in der Rinde abwärts transportiert werden, unmittelbar am schlafenden Auge gestört. Der Assimilatestau führt zur Anlage eines Fruchtorgans (Abb. 90b; S. 117).

Abb. 89 Der Einfluß des »Holzkerbens« auf die Entwicklung ruhender Knospen

a Holzkerben oberhalb einer Knospe durch Herausschneiden eines Holzkeils im Frühjahr vor Austriebsbeginn.

b Triebentwicklung aus der ruhenden Knospe als Folge des Kerbens bei gleichzeitig guter Wundheilung.

Abb. 90 Der Einfluß des »Rindenkerbens« auf die Entwicklung ruhender Knospen

a Rindenkerben unterhalb einer Knospe durch Lösen eines halbmondförmigen Rindenstückes, sobald im Frühjahr die Rinde zu lösen beginnt.

b Entwicklung der ruhenden Knospe zur vollkommenen Blütenknospe bei gleichzeitigem Schließen der Schnittwunde.

Abb. rechts unten Das Spreizen von Leitästen
Durch Einsetzen von Spreizhölzern lassen sich zu spitze Leitastwinkel auf den richtigen Neigungswinkel erweitern. Die hierfür benötigten Hölzer können leicht aus dem beim Baumschnitt anfallenden Schnittholz gefertigt werden.

90a △

90b △

Das Schröpfen

Gelegentlich kann an jüngeren Bäumen ein gestörtes Dickenwachstum der Stämme beobachtet werden. Diesen Bäumen mit zu dünnen Stämmen fehlt die erforderliche Dehnungsfähigkeit der Rinde. Wegen ihrer horizontalen Ringelung der Rinde sind hiervon besonders die Kirschbäume betroffen. Beim Vorliegen eines allgemein guten Gesundheitszustandes können sogenannte »Schröpfschnitte« durch Auslösen eines zusätzlichen Wundreizes, verbunden mit einer gesteigerten Gewebeneubildung, hier zur Dehnung der Rinde und damit zu vermehrtem Dickenwachstum des Stammes beitragen.
Am wirksamsten ist das Schröpfen zwischen Vegetationsbeginn und Ende Juni. Die Schnitte werden zu dieser Zeit in einer Länge von ungefähr 20 cm senkrecht um den Stamm verteilt angebracht (Abb. 91). Je Meter Stammlänge sind etwa 3 Schnitte erforderlich. Mit einem scharfen Messer soll dabei lediglich die Rinde durchschnitten werden, ohne das darunterliegende Holz nennenswert zu verletzen.

Spreizen von Trieben oder Zweigen

Alle Kronenformen, die aus Leitästen oder aus Leitästen und Mitteltrieb gebildet werden, verlangen während des Erziehungsschnittes eine besondere Aufmerksamkeit bei der Bildung des richtigen Neigungswinkels der Leitäste. Nicht alle für die Heranbildung zum Leitast geeigneten Triebe und Zweige entwickeln sich nach ihrer Entstehung aus dem Stamm oder der Stammverlängerung bereits aufgrund ihres natürlichen Wachstums so, daß sie unse-

a

b

Abb. 91 Das Schröpfen
a Im Frühsommer ausgeführter senkrechter Schröpfschnitt an einem Süßkirschenstamm.
b Gute Verheilung eines Schröpfschnittes bis zum darauf folgenden Herbst. Die verhältnismäßig breite Wunde zeigt, daß eine Dehnung der Rinde stattgefunden hat.

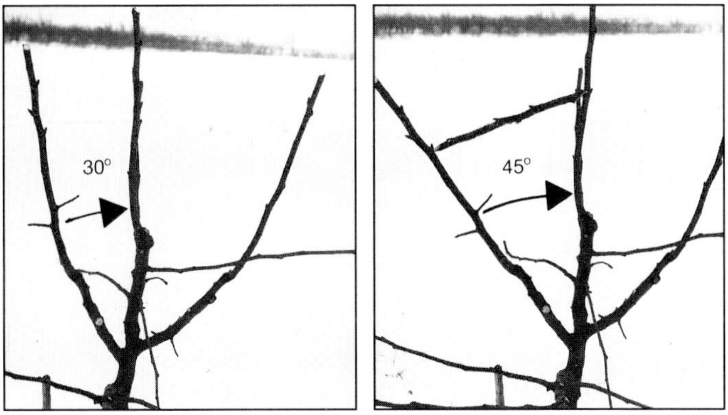

a b

Abb. 92 Die Korrektur des Leitastwinkels durch Spreizen
a Der linke Leitast steht zu steil.
b Spreizen des Leitastes durch Einsetzen eines Spreizholzes auf die günstigere Leitastneigung von 45°.

ren Vorstellungen von einem zweckmäßigen Kronenaufbau entsprechen. Wenngleich auch gewisse Abweichungen vom Idealwinkel, der mit Ausnahme der etwas steiler wachsenden Birnen bei allen Obstarten zwischen 45 und 50° betragen soll, zunächst durchaus toleriert werden können und erst beim späteren Schnitt korrigiert werden müssen, erlauben stärkere Abweichungen keinen Aufschub bei der Berichtigung des Neigungswinkels. Nur dann kann von vornherein eine zweckmäßige und im Wachstum ausgewogene Krone aufgebaut werden.

Bildung des richtigen Neigungswinkels der Leittriebe

An jüngeren Bäumen mit einem von Natur aus noch steilen Wuchs ist der natürliche Leittriebwinkel fast immer zu klein. Selten wird ein Leittriebwinkel durch flachen Wuchs zu groß sein. Dann muß er entweder durch einen anderen, günstiger stehenden Trieb ersetzt oder hochgebunden werden. Das Hochbinden ist in der Regel schnitttechnisch zwar einfacher auszuführen, im Erfolg aber zweifelhafter als das Absenken eines zu steil wachsenden Triebes durch das Einsetzen von selbstgefertigten »Spreizhölzern« (S. 117 unten; Abb. 92).
Zum Spreizen wird keinerlei Fremdmaterial benötigt. Die erforderlichen Hölzer werden vielmehr aus dem anfallenden Schnittholz älterer Bäume gewonnen. Dabei können zwei Arten von Spreizhölzern Verwendung finden. Einmal werden die beiden Enden kräftiger Triebe oder Zweige keilförmig zugeschnitten, wobei darauf zu achten ist, daß die Schnitte an beiden Enden in gleicher Ebene verlaufen. Um ein Abgleiten nach dem Einsetzen des Holzes in den Baum zu verhindern, sollte jeder Keil in seiner Mitte zusätzlich eine Kerbe erhalten (Abb. 93a; S. 120). Steht älteres Schnittholz für die Fertigung von Spreizhölzern zur Verfügung, so können die Hölzer auch in anderer Form zugeschnitten werden, indem nur das eine Ende des Holzes in der beschriebenen Weise als Keil, das andere Ende dagegen als Gabel ausgebildet wird (Abb. 93b; S. 120). Spreizhölzer dieser Art lassen sich leichter und mit besserem Halt einsetzen.

Vor dem Einsetzen der Spreizhölzer Maß nehmen

Die Spreizhölzer werden überwiegend zwischen Mitteltrieb und angehendem Leitast, bei der Hohlkrone auch zwischen 2 Leitästen eingesetzt. Die Länge des Spreizholzes ist daher von der Lage der Ansatzpunkte und vom Grad des Spreizens abhängig. Vor dem Zuschneiden des zweiten Endes eines Spreizholzes muß deshalb durch provisorisches Anhalten bei gleichzeitigem Absenken des Triebes in die künftige Stellung maßgenommen werden. Als Ansatzpunkt eignen sich Vergabelungen oder ruhende Knospen. Sie geben dem Spreizholz einen

a

b

Abb. 93 Das Anfertigen und der Umgang mit Spreizhölzern
a Spreizhölzer können beidseitig keilförmig zugeschnitten werden oder an einem Ende als Gabel ausgebildet sein.
b Das Spreizholz muß beim Einsetzen zwischen Mitteltrieb und Leitast so hinter einer Knospe oder einer Triebkrümmung angesetzt werden, daß es nicht vorzeitig wieder herausfallen kann.

sicheren Sitz und verhindern das Abgleiten und Herausfallen bei Wind und der Durchführung von Pflanzenbehandlungsmaßnahmen mit hohem Gebläsedruck.
In der Reihenfolge des Ablaufs der einzelnen Arbeitsgänge am Baum beim Winterschnitt muß das Spreizen vor dem Rückschnitt der Leittriebe erfolgen. Erst danach ist für alle Leittriebe die für die folgende Wachstumsperiode vorgesehene Stellung festgelegt und der Rückschnitt zur Herstellung der Saftwaage möglich (S. 117 unten).
Von der Stärke der Korrektur und vom Verhalten des Baumes ist es abhängig, wann die Hölzer wieder entfernt werden können. Bei geringfügigen Berichtigungen fallen die Spreizhölzer bereits im folgenden Sommer von selbst heraus, bei stärkeren Veränderungen der Leittriebhaltung werden sie erst nach 1 oder 2 Jahren entbehrlich.

Schnitthilfen mit Einfluß auf das generative Wachstum

Die Wirkung der bisher erwähnten Schnitthilfen beschränkte sich überwiegend auf die vegetative Entwicklung der Obstbäume. Nur gelegentlich waren Nebenwirkungen auf die generative Leistung damit verbunden. Im Gegensatz hierzu nehmen die folgenden Maßnahmen in erster Linie Einfluß auf die Fruchtholzbildung. Da das Steinobst in gepflegten Anlagen und Gärten bereits in der Jugendphase und erst recht während der Ertragsphase willig fruchtet, bleiben alle fruchtholzfördernden Schnitthilfen ausschließlich auf das Kernobst beschränkt.

Ringeln

Eine sehr wichtige und wirksame Maßnahme in der Palette der Schnitthilfen mit Einfluß auf die Fruchtbildung ist das »Ringeln«. Es kann Äpfel auf starkwachsenden Unterlagen und Birnensorten mit einem erblich bedingten späten Ertragsbeginn, wie zum Beispiel 'Gellerts Butterbirne', die das Ertragsalter erreicht haben und schnittmäßig richtig behandelt wurden, aber dennoch nicht blühen, leicht zur Fruchtknospenbildung zwingen.

a

b

c

d

Abb. 94 Die Ausführung einer Ringelung an einem 5jährigen Birnenstamm
a Vorzeichnen der Schnittlinien.
b Durchtrennen der Rinde in den Schnittlinien.
c Abheben der Rinde.
d Fertig ausgeführte Ringelung.

Die Ringelung, bei der ein 3–5 cm breiter Rindenstreifen rund um den Stamm abgelöst wird, muß an einer möglichst glatten Stelle des Stammes ausgeführt werden. Schnittechnisch geschieht das so, daß zunächst die horizontalen Schnittlinien mit Kreide oder einem Farbstift vorgezeichnet werden, anschließend in diesen Linien mit einem scharfen Veredlungsmesser die Rinde bis auf das Holz durchtrennt wird und abschließend beide Schnittlinien durch einen senkrechten Schnitt miteinander verbunden werden. Danach läßt sich der gesamte Rindenstreifen vom Stamm abheben. Dabei muß peinlich darauf geachtet werden, daß weder die Schnittwunden der Rinde noch das freigelegte Holz mit den Fingern berührt werden (Abb. 94; S. 121).

Assimilatestau fördert Fruchtknospenbildung

Die Ringelungswunde bleibt anschließend ohne künstlichen Wundverschluß. Sie heilt auch ohne Verstreichen im Laufe des Sommers vom Wundrand aus entweder bereits vollständig oder nur teilweise zu. Spätestens im zweiten Jahr ist sie geschlossen und die Saftzirkulation über den freigelegten Rindenstreifen hinweg wieder ungehindert möglich. Damit wird gleichzeitig auch die Wirkung des Ringelns aufgehoben, die auf einer Unterbrechung des Saftstromes in der Rinde beruht. Die in der Krone mit Hilfe des Blattgrüns und des Sonnenlichts auf dem Wege der Assimilation gebildeten Baustoffe werden auf diese Weise am Abfließen gehindert und in der Krone überwiegend in der Form von Fruchtknospen angelegt. Das hat zwangsläufig eine reiche Blüte im kommenden Frühjahr zur Folge.

Das Ringeln kann nur dann wirken, wenn es rechtzeitig ausgeführt wird. Die Monatswende Mai/Juni ist daher in frühen Anbaugebieten der günstigste Zeitpunkt. Auch in klimatisch späten Gebieten sollte nicht nach der zweiten Junihälfte geringelt werden. Nur dann kann neben der Beeinflussung der Blütenknospendifferenzierung auch noch eine befriedigende Wundheilung einsetzen.

»Fruchtbrücke« und »Holzringelung« sind gefährlich

Mit der Wiederherstellung der Rindenverbindung zwischen beiden Wundrändern oder nach der Bildung einer neuen Rinde aus dem Kambium der Wundfläche endet die Wirkung der Ringelung (Abb. 95). Eine nachhaltige Wirkung ist mit dieser Maßnahme zunächst nicht verbunden. Weder stimmt sie den Baum dauerhaft zu größerer Fruchtbarkeit um, noch führt sie zu verändertem Baumwachstum. Eine Dauerwirkung ließe sich nur durch das Anlegen einer »Fruchtbrücke« erzielen, indem Überbrückungsreiser von schwachwachsenden Unterlagen, wie M 9 oder Quitte, anstelle der sich neu bildenden baumeigenen Rinde eingesetzt werden. Sie würden die Fruchtbarkeit nachhaltig fördern und das Wachstum gleichzeitig bremsen.

Abb. 95 Das Verheilen einer Ringelungswunde
a Fortgeschrittene Verheilung der Wunde vom oberen Wundrand aus.
b Endgültiges Schließen der Wunde im Sommer nach der Ringelung.

a

b

Die Begründung hierfür liefert der zweite Teil des Gesetzes der Unterlagenwirkung. Es sagt aus, daß dann, wenn 2 oder mehr Unterlagen mit vertikaler Anordnung auf ein Obstgehölz einwirken, die schwächere Unterlage das Wachstum des Baumes bestimmt.

Auf die Wirkung der Fruchtbrücke übertragen heißt das, daß die gegenüber der stärkeren Wurzelunterlage höher angeordneten Überbrückungsreiser der schwachwachsenden Unterlagen M9 oder Quitte das Wachstum bestimmen.
Die Anlage einer Fruchtbrücke setzt erhebliche Fertigkeiten im Veredeln, aber auch Übung voraus. Da beides nur selten vorhanden ist und die geeigneten Veredelungsreiser schwachwachsender Unterlagen fast immer fehlen, kann der Hinweis auf die Möglichkeit zur Anlage einer Fruchtbrücke nur als Abrundung der vielfältigen Möglichkeiten zur Beeinflussung der Obstgehölze mittels Schnitthilfen gelten. Die praktische Verwertbarkeit ist nur gering.
Ebenso wird von der Möglichkeit, eine »Holzringelung« anzulegen, die früher häufig empfohlen wurde, heute kaum noch Gebrauch gemacht. Wegen ihrer historischen Bedeutung in der Entwicklung der Schnitthilfen darf sie hier nicht unerwähnt bleiben. Hierbei wurde nicht, wie bei der »Bastringelung« üblich, lediglich ein Rindenstreifen (Rinde = Bast) gelöst, sondern darüber hinaus etwa 1 cm tief auch das darunterliegende Holz in einer Breite von ungefähr 2 cm herausgemeißelt. Derartige Ringelungen sind gefährlich, weil sie nur schlecht oder gar nicht verheilen, und sind daher abzulehnen, wenn sie auch ähnlich der Fruchtbrücke längere Wirkung haben und die vegetative und generative Entwicklung des Baumes sofort gleichzeitig beeinflussen.
Eine ähnliche, wenn auch erst verzögert einsetzende Wirkung läßt sich durch die Wiederholung einer Bastringelung in mehreren aufeinanderfolgenden Jahren erzielen. Die nachfolgenden Ringelungen dürfen dabei jedoch niemals an einer bereits geringelten Stelle des Stammes vorgenommen werden, sondern müssen immer in einer anderen Höhe erfolgen. Auf diese Weise wird der Baum allmählich ebenso umgestimmt wie nach dem Anlegen einer Fruchtbrücke oder der Ausführung einer Holzringelung, indem die Fruchtbarkeit zu- und das Wachstum abnimmt und der Baum in das physiologische Gleichgewicht gebracht wird.

Strangulieren

In ähnlicher Weise wie das Ringeln wirkt das Strangulieren, nur übernimmt hier eine fest um den Stamm gelegte Drahtschlinge die Aufgabe des herausgelösten Rindenstreifens. Sie verhindert zwar nicht den Abtransport der Assimilate aus der Krone, schränkt ihn aber stark ein. Dementsprechend schwächer ist ihre Wirkung.
Das Anlegen der Schlinge erfolgt zeitgleich mit dem Ringeln. Der Draht muß so fest angezogen werden, daß er in den Sommermonaten

Abb. 96 Das Strangulieren eines Stammes zur Förderung der Blütenknospenbildung durch Festziehen einer Drahtschlinge auf einem untergelegten Blechstreifen.

den beabsichtigten Saftstau hervorrufen kann, er darf dabei aber nicht in die Rinde einwachsen oder sie beschädigen. Deshalb sollte er vor dem Festziehen auf der Rinde mit einem Schutzstreifen unterlegt werden.
Hierfür eignet sich ein dünnes, an Ober- und Unterseite mehrfach eingeschnittenes Blech einer Konservendose. Zum Festziehen des Drahtes dient ein nicht zu dünner Knebel (Abb. 96; S. 123). Im Herbst des Behandlungsjahres muß die Schlinge wieder gelöst werden, sie kann jedoch im folgenden Jahr an einer anderen Stelle des Stammes erneut angelegt werden.

Waagerechtstellen von Trieben

Wie die meisten anderen Schnitthilfen auch, hat das »Waagerechtstellen von Trieben« fast ausschließlich nur für das Kernobst Bedeutung. Abgesehen von Sonderfällen, wie beim Aufbau der Süßkirschenbäume (siehe S. 99) und bei der Erziehung von Pflaumen, Zwetschen, Mirabellen und Reneklоden in Heckenform (siehe S. 95), besteht für die übrigen Steinobstarten hierfür auch gar keine Notwendigkeit. Für das Kernobst ist das Waagerechtstellen von Trieben dagegen eine fast unverzichtbare Schnitthilfe bei der Erziehung junger Bäume.
Die hier angesprochene Schnitthilfe wird vom Verfasser bewußt als »Waagerechtstellen von Trieben« bezeichnet. In der obstbaulichen Fachsprache gibt es hierfür auch andere Bezeichnungen, wie »Herunterbinden«, »Herunterbiegen« oder »Krümmen«. Da erst an dieser Stelle des Buches eine Bewertung und Beschreibung dieser Schnitthilfe erfolgt, obwohl auf die Notwendigkeit einer solchen Hilfsmaßnahme bereits mehrfach hingewiesen werden mußte, wurde auch vom Verfasser zunächst der gebräuchliche Begriff »Herunterbinden« benutzt. Es sollte sich künftig aber mehr die hier gewählte Bezeichnung »Waagerechtstellen« durchsetzen, weil sie recht schwerwiegende Mißverständnisse von vornherein ausschließt.

a

Abb. 97 Das Waagerechtstellen von Trieben im Sommer
a Apfel-Pillarbaum, 'Gloster 69', nach dem zweiten Standjahr vor dem Waagerechtstellen.
b Waagerechtbinden durch Anlegen einer Schlinge am Trieb und Befestigen der Schnur am Stamm.
c Nach dem Waagerechtbinden und der Beseitigung überzähliger, steil stehender Triebe.

Die Form, in der ein Trieb heruntergebunden oder -gebogen, beziehungsweise wie er gekrümmt wird, und die Stellung, die er nach der Behandlung einnimmt, dürfen nämlich nicht beliebig gewählt werden. Erfolgreich kann diese Maßnahme nämlich nur dann sein, wenn der Trieb sich nach dem Absenken in einer Stellung befindet, die zur »Oberseitenförderung« führt (siehe S. 15). Er muß danach unbedingt waagerecht stehen. Ein bogenförmiges »Abbiegen« oder ein »Herunterbinden« unter die Waagerechte veranlassen dagegen eine gänzlich unerwünschte »Scheitelpunkt- oder gar Basisförderung« (siehe S. 16).

b

c

Wachstum in falscher Richtung und an falscher Stelle oder ausbleibende Erfolge bei der Anwendung dieser Schnitthilfe sind fast immer auf ihre fehlerhafte Durchführung zurückzuführen, wozu die erwähnten unterschiedlichen Bezeichnungen nicht selten beitragen. »Waagerechtstellen« läßt Fehldeutungen gar nicht erst zu. Lediglich bei Hinweisen auf die technische Durchführung der Maßnahme sollte vom »Herunterbinden« beim Waagerechtstellen mit Bindematerial und vom »Krummen« bei der Verwendung von Zweigkrümmern gesprochen werden. Das Wort »Herunterbiegen« sollte aus der Obstbau-Fachsprache in diesem Zusammenhang überhaupt ganz verschwinden.

Bevorzugt Jungbäume behandeln

Starkes, besonders aber steiles Wachstum sind äußere Merkmale der Jungbäume. Von den im Übermaß gebildeten steilwachsenden und ausschließlich mit Holzknospen besetzten Trieben haben nur wenige als Leittriebe für den Kronenaufbau Bedeutung. Für den Aufbau eines Spindelbusches oder einer Spindel sind sogar alle aufrechtwachsenden Triebe wertlos. Das Belassen dieser störenden Triebe in der Krone würde den Kronenaufbau behindern, ihre restlose Beseitigung aber nicht nur das ohnehin starke Jugendwachstum zusätzlich fördern, sondern auch den Ertragsbeginn verzögern. Deshalb muß ein Teil dieser Triebe am Baum verbleiben, aber durch eine Veränderung der Triebstellung zu zweckmäßigen Organen umgewandelt werden. Zweckmäßige Organe eines Jungbaumes sind neben den Gerüstästen alle Triebe, die entweder bereits als Fruchttriebe entstanden sind, oder durch einen flachen Wuchs sich in der Umstellung vom Holz- zum Fruchttrieb befinden. Deshalb müssen alle Triebe, außer den Konkurrenztrieben und den in das Kroneninnere gerichteten Trieben, die diesen flachen Wuchs nicht aufweisen, so lange waagerecht gestellt werden, bis der Baum ohne diese Schnitthilfe ausreichend fruchtbar ist.

Sommer- und Winterbehandlung sind möglich

Altersmäßig beschränkt sich das Binden oder Krümmen auf einjährige Triebe. Nur gelegentlich kann es notwendig werden, auch zweijähriges Holz in diese Maßnahme mit einzubeziehen. Da sowohl im Sommer, wie auch während der blattlosen Zeit waagerecht gestellt werden kann, sind für die Sommerbehandlung die Triebe als »Einjährige Triebe« anzusprechen, die im gleichen Sommer gewachsen sind. Bei der Winter- oder Frühjahrsbehandlung vor dem Austrieb sind die im vorangegangenen Sommer entstandenen Triebe »Einjährige Triebe«.

Wann waagerecht gestellt werden soll, hängt in erster Linie von arbeitswirtschaftlichen Überlegungen und vom zeitlichen Eintritt der Wirkung nach der Behandlung ab. Nach einer Sommerbehandlung bilden sich zumindest einige Triebe in der Regel noch im gleichen Jahr vom Holz- zum Fruchttrieb um und blühen bereits im folgenden Frühjahr. Der günstigste Behandlungstermin für das Waagerechtstellen im Sommer liegt zwischen Ende Juli und Ende August (Abb. 97; S. 124). Die genaue Terminfestlegung ist ebenso von der geografischen wie von der örtlichen klimatischen Lage abhängig. Sie richtet sich aber auch nach dem Entwicklungsstand der Triebe. Sie sollen bei der Behandlung bereits so weit verholzt sein, daß sie sich biegen lassen anstatt zu brechen.

Im Winter oder Frühjahr behandelte Triebe fruchten erst im zweiten Sommer nach dem Waagerechtstellen. Dennoch spricht einiges für diesen Behandlungstermin. In den Erwerbsbetrieben kann auf diese Weise die Ausführung in die arbeitsärmeren Winter- und Frühjahrsmonate verlegt werden und der Liebhaber überschaut die Krone in der blattlosen Zeit besser als im Sommer, was ihm die Auswahl der waagerechtzustellenden Triebe erleichtert.

Waagerechtstellen mit Bindematerial

Es kann auf verschiedene Arten waagerecht gestellt werden. Ohne wesentliche Hilfsmittel,

Abb. 98 Das Anlegen der Schlinge am Baum beim Waagerechtstellen von Trieben im Sommer
Indem eine offene Schlinge hinter eine Blattachsel gelegt wird, kann die Stellung des Triebes genau bestimmt und ein Abgleiten der Schnur mit nachfolgendem Aufrichten des Triebes verhindert werden.

aber vornehmlich bei der Sommerbehandlung etwas arbeitsaufwendig, wird mit Schnur oder anderem Bindematerial heruntergebunden. Hierbei muß ein Ende der Schnur mit offener Schlinge um den abzusenkenden Trieb gelegt werden, während das andere Ende am Stamm des Baumes befestigt wird. Die offene Schlinge ist hierbei besonders wichtig. Nur so kann das Einschnüren des Triebes und sein späteres Abbrechen verhindert werden. Zur Fixierung der Schnur an der Ansatzstelle des Triebes sollte die Schlinge hinter eine etwa in der Triebmitte stehende Knospe, oder bei älterem Holz, hinter eine Vergabelung gelegt werden (Abb. 98). Der genaue Ansatzpunkt am Trieb wird durch die Stellung des Triebes bestimmt, der nach dem Binden waagerecht stehen muß.

Einfacher lassen sich Äpfel, Birnen oder Pflaumen, Zwetschen, Mirabellen und Renekloden waagerecht stellen, die am Drahtgerüst erzogen werden. Dort spielt das Binden eine untergeordnete Rolle, weil die Triebe leicht mit selbstgefertigten, s-förmigen Drahthaken in die richtige Stellung gebracht werden können. Die Länge der Haken und ihre Krümmung kann dabei leicht der gewünschten Neigung des Triebes angepaßt werden.

Waagerechtstellen mit »Triebkrümmern«

Die Verwendung von »Triebkrümmern« macht das Waagerechtstellen unabhängig von Bindematerial und Drahthaken. Mehrere Formen und Ausführungen dieser Krümmer sind am Markt und käuflich erhältlich. Sie können aber auch selbstgefertigt werden. Eine dieser »Do-it-your-self-Methoden« soll hier beispielhaft beschrieben werden.
Mit Hilfe eines Holzstückes, etwa 3 mm starkem Eisendraht, einem Hammer und einer Flachzange ist diese Krümmerart leicht herzustellen. In das ausreichend dicke Holz wird zunächst ein 35 mm tiefes Loch von 3–4 mm Durchmesser gebohrt. In dieses Loch wird zuerst ein Ende des in etwa 18 cm lange Stücke geschnittenen Drahtes gesteckt und anschließend der überstehende Draht mit dem Hammer im rechten Winkel umgeschlagen. Danach muß mit dem anderen Ende entsprechend verfahren werden. Am fertig gebogenen Draht müssen die Schenkel um 180° gegeneinander versetzt sein, also in zwei entgegengesetzte Richtungen zeigen. Um dem Trieb beim späteren Einsetzen des Krümmers in den Baum einen besseren Halt im Krümmer zu geben, werden die beiden Schenkel abschließend mit der Zange in gleicher Richtung gekröpft (Abb. 99).
Das Einsetzen eines Krümmers ist denkbar einfach. Zunächst wird mit einer Hand ein Schenkel mit der Kröpfung nach unten von oben in den an der Entstehungsstelle des zu krümmenden Triebes gebildeten Astwinkel eingesetzt. Danach biegt die andere Hand den Trieb über den schenkelverbindenden Draht unter den zweiten Schenkel. Wenn erforderlich, werden abschließend Trieb und Triebkrümmer gemeinsam waagerecht gestellt (Abb. 100; S. 128).

Nachbehandlung ist erforderlich

Um nach dem Binden Bruchschäden an den behandelten Bäumen zu verhindern, muß das Bindematerial beim nächsten Baumschnitt gelöst werden. Bei der Benutzung von Triebkrümmern müssen die Krümmer vor Wintereinbruch entfernt werden, da die gute Kälteleitfähigkeit des Metalls sonst zu kleinen Frostplatten führen kann. Bis zum Lösen des Bindematerials und zum Herausnehmen der Krümmer sind aus den behandelten steilwachsenden Trieben flachstehende Triebe geworden, die auch ohne äußere Hilfe nicht mehr in ihre Ausgangsstellung zurückschnellen. Alle behandelten Triebe bleiben beim folgenden Schnitt selbstverständlich ungeschnitten. An-

Abb. 99 Das Anfertigen von Zweigkrümmern
a Einsetzen des Drahtes in das Bohrloch eines Holzklotzes.
b Umschlagen des Drahtes zu einem Schenkel im rechten Winkel.
c Kröpfen der Drahtschenkel.
d Fertiger Krümmer.

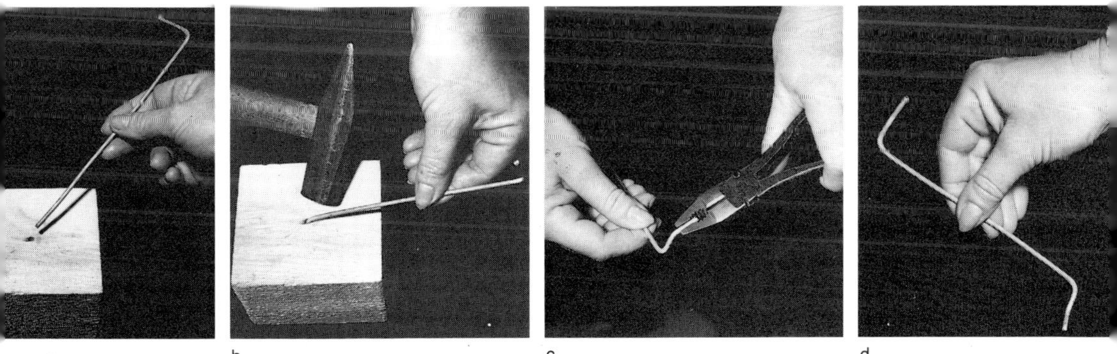

a b c d

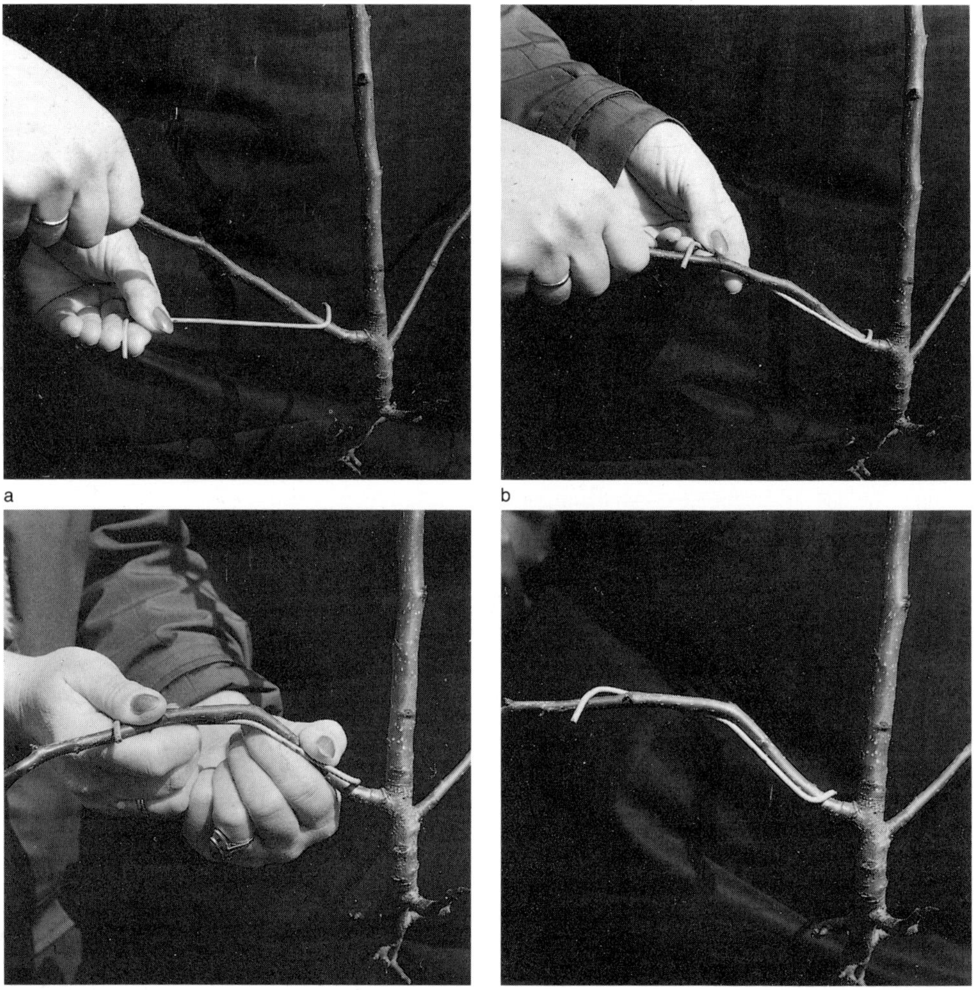

dernfalls würden die entstandenen Fruchttrieborgane durchtreiben und sich wieder zu Holztrieben entwickeln.

Obwohl das Waagerechtstellen der Triebe in erster Linie eine Schnitthilfe zur Beeinflussung junger Bäume darstellt, können in besonderen Fällen auch ältere Bäume in dieser Weise behandelt werden, wenn sie aufgrund ihrer Sorteneigenschaft, einer zu starken Unterlage, zu strengen Schnittes in der Jugendzeit oder wegen anderer Kulturfehler zu stark wachsen und unbefriedigend fruchten.

Abb. 100 Das Krümmen mit einem Zweigkrümmer
a Anlegen eines Schenkels nahe der Triebbasis.
b Einhängen des Triebes unter dem zweiten Schenkel.
c Zurechtbiegen von Trieb und Schenkel in die Waagerechte.
d Trieb in waagerechter Stellung mit angelegtem Krümmer.

Die Wechselwirkungen zwischen dem Schnitt und anderen Kulturmaßnahmen

Bereits bei der Beantwortung der Frage nach dem Sinn und Zweck des Obstbaumschnittes wurde darauf hingewiesen, daß der Obstbaumschnitt als obstbauliche Pflegemaßnahme nicht isoliert betrachtet werden darf. Er ist vielmehr ein Glied in der Kette der sich in ihrer Wirkung auf die Obstgehölze gegenseitig beeinflussenden obstbaulichen Kulturmaßnahmen. Dabei hat der Schnitt durchaus nicht nur dienende Funktionen zu erfüllen, sondern er ist auch seinerseits in starkem Maße von der sinnvollen Gestaltung und Durchführung anderer Pflegemaßnahmen abhängig, um seiner Aufgabe gerecht werden zu können. Zwangsläufig werden hierdurch bestimmte Kulturmaßnahmen, wie Düngung, Pflanzenschutz, Bodenbearbeitung und Fruchtausdünnung zumindest indirekt zu stützenden Maßnahmen bei der Durchführung eines zweckmäßigen Schnittes und dürfen deshalb hier nicht unerwähnt bleiben.

Die Düngung

Früh einsetzende, lange anhaltende und gleichmäßige Erträge hoher Qualität, das Hauptziel einer zweckmäßigen Schnittbehandlung, setzen auch eine harmonische Düngung voraus. Dieser Forderung kann am besten entsprochen werden, wenn die Düngung aufgrund vorliegender Bodenuntersuchungsergebnisse vorgenommen wird. Ohne diese Analysenwerte muß die Düngung anhand von Beobachtungen über Blattstand, Blattfarbe, Trieb- und Fruchtbildung erfolgen.

Alle Nährstoffe haben natürlich für Wachstum und Fruchtbarkeit der Obstgehölze ihre Bedeutung. Dennoch verdient der Stickstoff bei der Düngung aus vielerlei Gründen eine besondere Aufmerksamkeit. Er sollte auf jeden Fall gezielt, den Erfordernissen der Obstgehölze angepaßt, verabreicht werden. Auf diese Weise kann eine sparsame Düngung in der Jugendphase die auf Triebeinschränkung ausgerichteten Schnittmaßnahmen sinnvoll unterstützen. In der Vollertragsphase muß sich die jährliche Gesamtstickstoffgabe nach dem Triebwachstum und dem Fruchtbehang richten. Sie muß in Ertragsjahren höher, in schlechten oder gar in Ausfalljahren entsprechend niedriger liegen. Besonders hohe Nährstoffgaben sind nach stärkeren Eingriffen in das Kronengefüge erforderlich. Einem Verjüngungsschnitt kann auf diese Weise zu einem schnelleren und besseren Erfolg verholfen werden.

Die Bodenbearbeitung

Nach der Pflanzung einer Obstanlage oder eines Baumes im Hausgarten darf unter den Obstgehölzen keine tiefe Bodenbearbeitung mehr vorgenommen werden. Diese Regel wird im Erwerbsanbau sicher weitgehend beachtet. Fraglich ist dagegen, ob sie auch jedem Liebhabergärtner geläufig ist. Hier wird allzuoft durch alljährliches Umgraben des gesamten Gartens, einschließlich der Flächen unter den Obstgehölzen, bis in Spatentiefe ein Teil der für die Wasser- und Nährstoffaufnahme wichtigen Faserwurzeln beschädigt oder abgestochen. Besonders bei sehr flachwurzelnden Obstarten, wie zum Beispiel bei Pfirsichen und dem Beerenobst, aber auch bei den im oberen Bodenhorizont wurzelnden Typenunterlagen des Apfels führt der mit dem Umgraben verbundene Wurzelverlust zu Störungen in der Wasser- und Nährstoffaufnahme, was wiederum unerwünschte Wirkungen auf das spätere Wachstum der Bäume ausübt. Hierdurch entstehende Fehlentwicklungen müssen durch den Schnitt wieder ausgeglichen werden. Andererseits kann ein tiefes Umgraben unter zu stark wachsenden Bäumen eine dem »Wurzelkappen« (siehe S. 111) ähnliche Wirkung erzielen und als Schnitthilfe langjährig das Wachstum eines Baumes bremsen.

Der Pflanzenschutz

Zwar überwiegt bei der Wechselwirkung zwischen Pflanzenschutzmaßnahmen und dem Schnitt der Einfluß des Schnittes, jedoch dürfen die Auswirkungen eines unterlassenen oder unzureichenden Einsatzes von Pflanzenbehandlungsmitteln nicht unterschätzt werden. Unbeachtet gebliebene oder nicht bekämpfte Holzerkrankungen, wie Obstbaumkrebs, Kragenfäule oder Zweig-*Monilia*, können den Verlust wesentlicher Teile des Kronengerüstes zur Folge haben und danach Schnittmaßnahmen erforderlich machen, die an gesunden Bäumen entweder gar nicht oder völlig anders hätten ausgeführt werden müssen.
Wechselwirkungen bestehen auch zwischen der Mehltaubekämpfung und dem Schnitt. Nach einer unzureichenden Sommerbekämpfung verlangen vornehmlich anfällige Sorten beim Winterschnitt eine besondere Aufmerksamkeit. Die im Winter nachzuholende Beseitigung der befallenen Triebe macht es nämlich erforderlich, daß nicht nach Zweckmäßigkeitsüberlegungen geschnitten wird, sondern die Vernichtung der mehltaubefallenen Triebe im Vordergrund stehen muß. Dieser Schnitt ist dann fast immer physiologisch falsch und damit natürlich auch gleichzeitig unzweckmäßig.

Abb. 101 Der Entwicklungsstand der jungen Apfelfrüchte zum Zeitpunkt der »Chemischen Ausdünnung« mit alpha-Naphtylessigsäureamid
Die Ausdünnung zu diesem Zeitpunkt wirkt sich günstig auf die Fruchtqualität des gleichen und gleichzeitig auf den Fruchtbehang des folgenden Jahres aus.

Die Fruchtausdünnung

In ihrer Bedeutung als indirekte Schnitthilfe steht die Fruchtausdünnung den direktwirkenden Schnitthilfen am nächsten. Wie der Schnitt selbst, nimmt sie unmittelbar Einfluß auf die Verbesserung der Fruchtqualität des Behandlungsjahres, die Ertragssicherung für das folgende Jahr und die Verhinderung der Alternanz (siehe S. 12). Ihre Anwendung muß allerdings auf das Kernobst und den Pfirsich beschränkt bleiben. Für alle anderen Obstarten besteht entweder keine Notwendigkeit zum Ausdünnen oder es fehlen wirtschaftliche Ausdünnungsmethoden.

Abb. 102 Das Ausdünnen mit der Hand bei Äpfeln zur Verbesserung der Fruchtqualität
a Zu dichter Fruchtbehang vor dem Ausdünnen.
b Ausdünnen von Fruchtbüscheln mit der Hand oder einer Fruchtschere.
c Fertig ausgedünnte Fruchtstände nach dem Vereinzeln der Fruchtbüschel.

Abb. 103 Das Ausdünnen der Früchte bei Pfirsichen zur Verbesserung der Fruchtqualität
a Fruchtast vor dem Ausdünnen.
b Beim Ausbrechen aller zu dicht stehenden Früchte werden zuerst die kleineren Früchte beseitigt.
c Nach dem Ausdünnen sollten alle Früchte einzeln stehen und eine Faustbreite Abstand zur Nachbarfrucht haben.

102a △

102b ▽

102c ▽

103a △

103b ▽

103c ▽

Chemische Fruchtausdünnung

Am wirtschaftlichsten kann mit Wirkstoffen aus organischen, chemisch hergestellten Verbindungen ausgedünnt werden, die auch in den pflanzeneigenen Wuchsstoffen als sogenannte »Auxine« enthalten sind. In der Fachsprache wird hierfür die nur zum Teil richtige Bezeichnung »Chemische Fruchtausdünnung« gebraucht, um den Unterschied zur manuellen Ausdünnung, die »Handausdünnung« genannt wird, herauszustellen. Chemisch hieran waren nur die Erforschung der Wirkungsmechanismen und der Fabrikationsvorgang zur Herstellung der Wirkstoffe. Keineswegs stellt die chemische Fruchtausdünnung eine zusätzliche Belastung der Umwelt dar.
Bisher können auf diese Art mit Hilfe des wirtschaftlichen Spritzverfahrens nur Äpfel ausgedünnt werden. Diese Methode ist die einzige wirtschaftliche Form des Ausdünnens, die die Alternanz wirksam unterbinden kann. Lediglich der Liebhaber könnte durch Ausbrechen ganzer Blütenbüschel in angemessenen räumlichen Abständen eine solche Wirkung auch mit der Handausdünnung erzielen. Denn ausschlaggebend für die Sicherung einer ausreichenden Zahl von Fruchtknospen für das folgende Jahr ist weder der Wirkstoff noch das Verfahren alleine, sondern lediglich der frühzeitige Ausdünnungstermin. Jedes Ausdünnen, das später als 8 Tage nach der Blüte erfolgt, kann nur noch die Qualität der heranwachsenden Früchte und nicht mehr den künftigen Fruchtbehang verbessern.
Die Anwendung der »Chemischen Ausdünnung« muß auf den Erwerbsanbau beschränkt bleiben, weil der erfolgreiche Einsatz der Mittel nur dann gewährleistet ist, wenn der Anwender ein ausreichend geschultes Fachwissen besitzt. So muß beachtet werden, daß die Mittel nur dann wirken können, wenn sie lange genug in Lösung bleiben und bei warmen Temperaturen von der Pflanze in ausreichender Menge aufgenommen werden können. Das ist nur möglich, wenn die Witterung bei der Ausbringung und mehrere Stunden danach trüb, windstill bis höchstens schwachwindig, trocken und warm ist, wobei gleichzeitig eine hohe relative Luftfeuchtigkeit herrschen muß.
Die Konzentration der Spritzbrühe richtet sich nach den Angaben der Herstellerfirmen, wobei besonders die Sortenunterschiede beachtet werden müssen. Eine Überdosierung kann das Gegenteil der beabsichtigten Wirkung zur Folge haben und zum Hängenbleiben vieler kleiner Früchte führen. Der Brüheaufwand muß grundsätzlich hoch sein; es darf nicht im Sprühverfahren gearbeitet werden. Er richtet sich nach dem Alter der Anlage und der Baumform. Günstigster Termin für die Anwendung der Mittel auf der Basis von »Alpha-Naphtylessigsäureacetamid« ist die Zeit nach Abfall von etwa 80% der Blütenblätter bis höchstens 1 Woche nach der Blüte (Abb. 101; S. 130).

Handausdünnung

Ist eine chemische Ausdünnung nicht erfolgt, so kann mit dem Ziel einer Verbesserung der Fruchtqualität auch noch mit der Hand ausgedünnt werden. Dabei müssen unmittelbar nach dem Junifall die einzelnen Fruchtbüschel auf 1 bis 3 Früchte vereinzelt werden (Abb. 102; S. 131). Je langstieliger eine Sorte und je geringer der Ertrag ist, um so mehr Früchte dürfen in einem Fruchstand verbleiben. In gleicher Weise werden Birnen ausgedünnt, für die es bisher noch kein chemisches Ausdünnungsverfahren gibt.
Anders als beim Kernobst muß beim Pfirsich auf Einzelfrüchte ausgedünnt werden. Sobald die Früchte Walnußgröße erreicht haben, müssen sie nach einer wörtlich zu nehmenden »Faustregel« ausgebrochen werden. Der Abstand zwischen 2 Früchten muß nämlich nach dem Ausdünnen mindestens eine Faustbreite betragen (Abb. 103; S. 131). Die Auswahl der Früchte sollte sich, wie übrigens beim Kernobst auch, nach ihrer Größe und äußeren Beschaffenheit richten. Die im Wachstum am weitesten fortgeschrittenen und gleichzeitig auch fehlerfreien Früchte bleiben am Baum, die kleinen und beschädigten oder deformierten werden ausgebrochen.

Das Führen von Schere und Säge

Für den Erfolg eines zweckmäßig ausgeführten Obstbaumschnittes ist es vorrangig sicher wichtig zu wissen, »wo« Schere und Säge richtig angesetzt werden müssen. Nicht gleichgültig ist es aber auch, »wie« die Schnittwerkzeuge geführt werden sollen, um das künftige Wachstum besonders im unmittelbaren Bereich der Schnittwunde in gewünschter Weise sicherzustellen. Das ist nur möglich, wenn Säge oder Schere die Funktionsfähigkeit der Augen und Austriebsbasen nicht behindern. Häufig wird diese Bedeutung einer richtigen Scheren- und Sägeführung unterschätzt, und die Ursachen für die sich hieraus ergebenden Fehlentwicklungen werden deshalb allzuoft an falscher Stelle gesucht.

Abb. 104 Das Schärfen von Scheren und Messern

a Nur die Außenseite der Messerklinge einer Schere wird abgezogen.

b Das Schärfen der Messer darf nur auf der angeschrägten Seite erfolgen. Auf der Gegenseite wird nur der Grat abgezogen.

Schärfen der Schnittwerkzeuge

Eine erste Fehlerquelle sind schlecht geschärfte Schnittwerkzeuge. Scharfe Sägen, Scheren und Messer sind eine unverzichtbare Voraussetzung für eine ordnungsgemäße Schnittführung und eine lückenlose Wundheilung. Während die Baumsägen überwiegend außer Haus geschärft und geschränkt und bei starker Abnutzung der Sägeblätter durch eigenes Auswechseln gegen neue Blätter einsatzbereit gehalten werden, können Baumscheren und Messer jederzeit selbst durch Nachschleifen gewartet werden. Hierzu wird ein »Korund-Wetzstein« mit feiner Körnung für den Grobschliff und besonders für die Messer ein sogenannter »Belgischer Brocken« für den Feinschliff benötigt.
An jeder Schere darf nur der schneidende Teil, also das Messer, geschliffen werden, und zwar ausschließlich an seiner Außenseite (Abb. 104a). Auf der Innenseite der Schneide ist nach dem Schleifen lediglich der Grat durch leichtes Abziehen auf dem Feinschliffstein, einem Streichleder oder dem Daumenballen zu entfernen. Durch direktes Schleifen der Messerinnenseite geht die unbedingt erforderliche enge Führung zwischen dem Messer und der

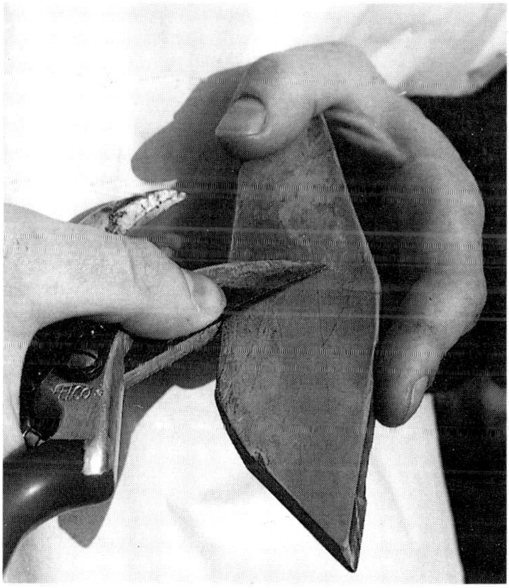

a

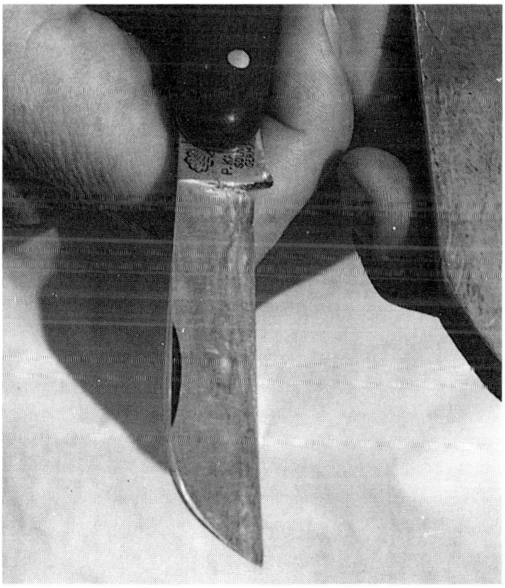

b

nichtschneidenden Klaue verloren. Ein Spielraum zwischen Messer und Klaue führt zum Verkanten und Klemmen beim Schneiden. Das erschwert nicht nur die Arbeit, es verursacht zusätzlich auch unsaubere und daher schlecht verheilende Schnittwunden. Deshalb ist von Zeit zu Zeit auch die Nachstellschraube anzuziehen, die beide Scherenarme zusammenhält und aneinanderdrückt.

Nicht nur die Messer der Baumscheren werden bei der Fertigung fabrikmäßig einseitig angeschliffen, sondern auch die Klingen der Gärtnermesser. Sie dürfen deshalb ebenso beim Nachschleifen nur auf einer Seite geschärft werden. Erkennbar ist die zu schleifende Klingenseite an der unterschiedlichen Ausformung beider Seiten der Klinge. Geschärft werden darf nur auf der Seite, die am Übergang der einklappbaren Klinge in das Heft des Messers einen deutlich erkennbaren Absatz aufweist. Wenn überhaupt vorhanden, dann befindet sich in aller Regel der Firmenname des Herstellers am Fußpunkt der zu schleifenden Klingenseite (Abb. 104b; S. 133). Geschliffen wird in kreisenden Bewegungen auf oder mit dem angefeuchteten Stein.

a
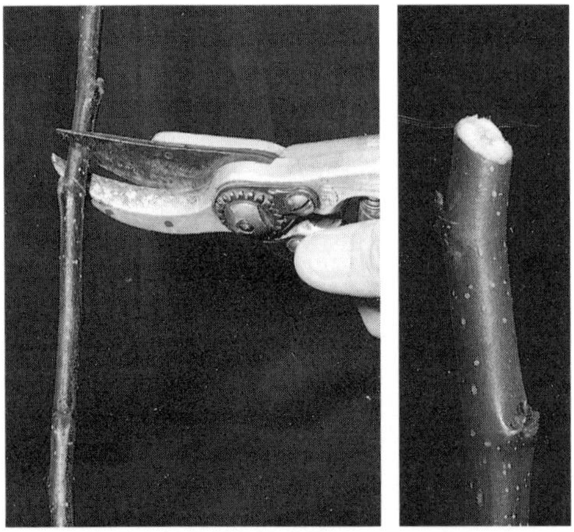

b
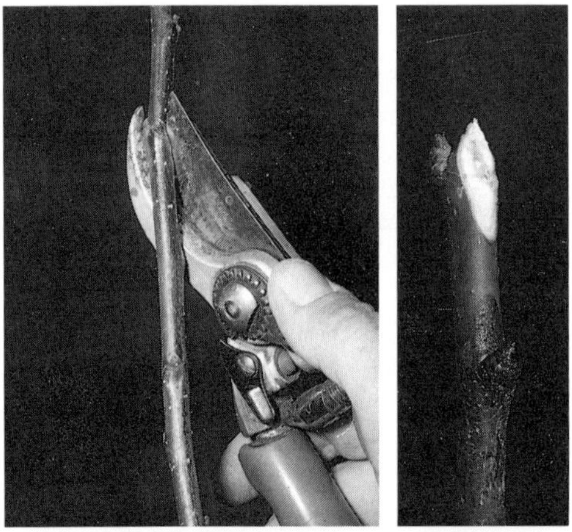

c
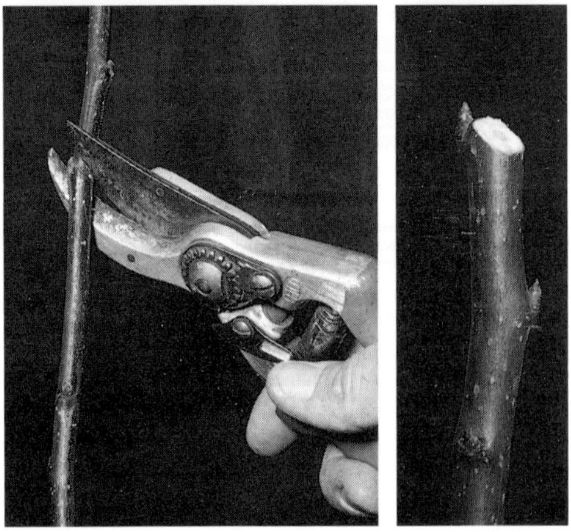

Abb. 105 Die fehlerhafte und richtige Scherenführung beim Anschnitt eines einjährigen Leitastverlängerungstriebes

a Zu hoch angesetzte Schere führt zur Zapfenbildung. **Falsch!**

b Zu schräg angesetzte Schere führt zum Austrocknen des Auges. **Falsch!**

c Dicht und leicht geneigt über dem Auge angesetzte Schere begünstigt den Austrieb des Auges und die Wundheilung. **Richtig!**

Abb. 106 Die Bedeutung einer richtigen Scherenhaltung beim Baumschnitt

a Fast senkrechtes Ansetzen der Schere am stumpfen Winkel der Astgabel. **Richtig!**

b Der Schnitt ist zapfenlos, der Astring wird mitbeseitigt, der verbleibende Baumteil bleibt unbeschädigt.

c Seitliches Ansetzen der Schere mit der Klaue in der Astgabel. **Falsch!**

d Der Schnitt hinterläßt einen Zapfen, der Astring bleibt an der Schnittwunde, der Eindruck der Klaue verursacht eine Quetschwunde am Baum.

106a △

106b △

106c ▽

106d ▽

Handhabung der Schnittwerkzeuge

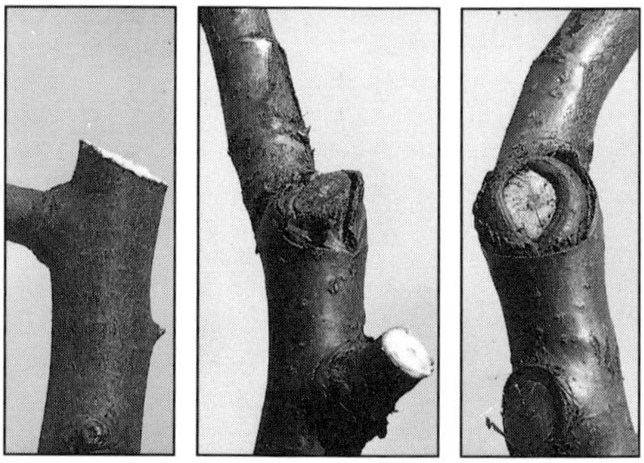

a b c

Abb. 107 Die fehlerhafte und richtige Schnitttechnik beim Ableiten

a Das Stehenlassen von Astresten verhindert die Wundheilung.

b Das Ansetzen der Schere im rechten Winkel zum Ableitungstrieb führt zu einer verzögerten und unvollkommenen Wundheilung.

c Die Parallelstellung der Schere zum Ableitungsast ermöglicht eine schnelle und fehlerlose Verheilung der Wunde.

Ansetzen der Schere beim An- und Wegschneiden

Die Abkehr vom früher verbreitet vorgenommenen Anschneiden einjähriger Triebe zugunsten des Ableitens hat dazu geführt, daß heute nur noch beim Pflanz- und Erziehungsschnitt die Leitäste und der Mitteltrieb mit dem Ziel eines zweckmäßigen Kronenaufbaues angeschnitten werden. Damit hat heute das Anschneiden gegenüber früher eine viel größere Bedeutung erlangt, wirken sich doch Fehler, die hierbei begangen werden, immer auf die wesentlichsten Organe eines Baumes, die Leitäste und den Mitteltrieb, aus. Deshalb muß unbedingt sichergestellt werden, daß nach jedem »Anschnitt« auch tatsächlich das Auge austreiben kann, das für die Triebverlängerung vorgesehen ist. Gewährleistet ist das nur, wenn der Schnitt leicht schräg und unmittelbar über diesem Auge vorgenommen wird. Eine zu schräg angesetzte Schere kann zum Austrocknen des Auges führen, nach einem zu hoch über dem Auge ausgeführten Schnitt bleibt ein Zapfen stehen und behindert die Verheilung der Schnittwunde (Abb. 105; S. 134).

Versagt das oberste Auge beim Austrieb, so wird der Trieb aus dem darunterstehenden Auge zur Triebverlängerung. Aufgrund der pflanzeneigentümlichen Verteilung der Knospen um die Triebachse zeigt dieses Auge aber niemals in die gleiche Richtung wie das ursprünglich ausgewählte Auge. Demnach entwickelt sich auch der Trieb, der aus diesem Auge hervorgeht, in eine andere, unerwünschte Richtung. Nur zusätzliche Korrekturen beim nächsten Schnitt können dann das verlorengegangene Gleichgewicht wiederherstellen.

Ganz andere Überlegungen müssen beim »Wegschneiden« von Trieben und Zweigen zugunsten anderer Organe angestellt werden. Besonders trifft das beim Schneiden mit den heute überwiegend verwendeten Scheren mit Messer und Klaue zu. Sie dürfen keineswegs wahllos angesetzt werden. Da jedes aus einem älteren Baumteil hervorgehende jüngere Organ eine Astgabel entstehen läßt, kann nur dann zweckmäßig zapfenlos weggeschnitten werden, wenn Messer und Klaue so am stumpfen Winkel der Astgabel angesetzt werden, daß die Klaue beim Schneiden nicht im spitzen Winkel der Astgabel steht (Abb. 106; S. 135).

Schnittrichtung von Säge und Schere beim Ableiten

Andere, aber nicht weniger einschneidende Schäden kann eine falsche Scheren- oder Sägehaltung am älteren Holz hervorrufen. Hier geht es nicht um Augenstellung, Austriebsrichtung oder zapfenlose Beseitigung von jungen Trieben und Zweigen, sondern um eine schnelle und lückenlose Überwallung größerer Wunden. Unvollkommen verheilte Wunden haben in der Regel nicht nur augenblickliche, sondern vielmehr dauernde Schäden zur Folge. Ihre Entstehung muß daher schon im Ansatz beim Schneiden oder Sägen unterbunden werden.

a

b

Abb. 108 Das richtige Sägen stärkerer Äste
a Ausschließliches Absägen eines Astes von oben nach unten führt häufig zum Einschlitzen des stehengebliebenen Astteiles.
b Durch zusätzliches Einsägen der Astunterseite vor dem Absägen von oben entsteht eine Sägewunde, die nur ein kurzes Nachsägen zum Glätten des Sägeschnittes erfordert.

Die Gefahr, daß es zu Schäden kommt, ist bei der heute vermehrt angewandten Schnittmethode des Ableitens von Ästen, Zweigen und Trieben (siehe S. 34) besonders groß. Eine Gewähr für eine gute Verheilung der Schnittwunden ist hierbei nur dann gegeben, wenn der zu entfernende Baumteil unmittelbar an dem Zweig oder Ast beseitigt wird, auf den abgelegt werden soll. Das setzt voraus, daß die Schere oder Säge parallel zur Wuchsrichtung des stehenbleibenden Baumteiles angesetzt wird. Jedes Verkanten führt zu überstehenden Astresten, die eine ungestörte Wundheilung verhindern (Abb. 107; S. 136). In besonders ungünstigen Fällen kann darüber hinaus sogar der Saftstrom so weit gestört werden, daß eine Unterversorgung der Kronenorgane oberhalb der Ableitungswunde eintritt.

Einsatz der Säge beim Verjüngen und Umveredeln

Spätestens beim Verjüngen, besonders aber beim Umveredeln müssen auch größere Äste, anstatt abgeleitet zu werden, ohne Rücksicht auf Vergabelungen zurückgesägt werden. Nur schwächere Äste können dabei mit einem einzigen Sägeschnitt von oben nach unten vom Baum getrennt werden. Wichtig ist allerdings, daß tatsächlich von oben nach unten gesägt wird. Nur dann fällt das Sägen leicht und es entstehen glatte Sägewunden, weil die Last des überhängenden und abzusägenden Astteils mit zunehmender Tiefe des Sägeschnittes mehr und mehr den Zwischenraum zwischen den beiden Sägeflächen erweitert und das Sägeblatt frei und beweglich gleiten kann. Im Gegensatz hierzu führt seitliches Einsägen und besonders das Sägen von unten zum Einklemmen des Sägeblattes.

Erlauben Baum und Leiter es nicht, eine günstige Position zum abzusägenden Ast einzunehmen, dann sollten auch die schwächeren Äste, wie bei stärkeren Ästen grundsätzlich üblich, nicht in einem, sondern in mehreren Arbeitsgängen abgesagt werden. Der Ast muß in diesem Fall zunächst von unten angesägt und erst danach, leicht versetzt, von oben durchgesägt werden. Damit wird einerseits das Blockieren des Sägeblattes verhindert, andererseits aber bei stärkeren Ästen gleichzeitig auch ein Abschlitzen (Aufspalten des verbleibenden Sägekopfes) des Astes unmöglich gemacht (Abb. 108). Ein zusätzlicher, gerade durchlaufender Sägeschnitt über die gesamte Schnittfläche, kurz hinter den beiden Einschnittstellen ausgeführt, begradigt abschließend die Sägewunde.

Die Wundpflege

Wunden an Obstbäumen können mehrere Ursachen haben. Am häufigsten sind sie jedoch die Folge von Schnitt- und Sägearbeiten. Daneben werden sie aber auch nicht selten durch Holzkrankheiten hervorgerufen, und gelegentlich haben sie ihren Ursprung sogar im unachtsamen Umgang mit Maschinen und Geräten in den Obstanlagen in der Form von Stammbeschädigungen.
Der Pflege von Schnittwunden wurde früher fast selbstverständlich eine angemessene Beachtung geschenkt. Heute läßt der knappe Arbeitskräftebesatz in den Betrieben und der damit verbundene Druck im Arbeitsablauf kaum noch Zeit für eine Wundpflege. Dabei wäre häufig, gerade aufgrund der oft sehr unsauberen und flüchtigen Ausführung der Schnittarbeiten als Folge einer ständigen Zeitnot und bei der Anwendung gelegentlich recht harter Schnittmethoden mit Astscheren und Motorsägen, eine nachträgliche Wundbehandlung mit Glattschneiden und Verstreichen besonders wichtig. Zumindest an großen Wunden sollte aber selbst nach sauberem Sägen und Schneiden auf die Nachbehandlung nicht verzichtet werden.

Abhängigkeit der Obstarten von der Wundpflege

Nicht alle Obstarten machen in gleicher Weise eine intensive Wundpflege erforderlich. Am ehesten kann beim Kernobst und bei den Pflaumen, Zwetschen, Mirabellen und Renekloden hierauf verzichtet werden. Nur nach einem Verjüngungsschnitt oder nach dem Abwerfen der Krone für eine Umveredlung darf die nachfolgende Wundpflege auch hier nicht unterbleiben. Schlecht gepflegte Pfropfköpfe lassen bei der Umveredlung nicht nur die Sägewunden schlecht verheilen, sie stellen auch den Veredlungserfolg in Frage. Deshalb ist in der Praxis bei dieser Schnittmaßnahme ein Hinweis auf die Notwendigkeit der Wundbehandlung auch zu allerletzt erforderlich.

Wichtiger als bei den erwähnten Obstarten ist die Wundpflege bei den Kirschen. Wenn hier schon keine »Vollkommene Wundpflege« mit Glattschneiden und Verstreichen betrieben wird, sollte es sich jeder, der Kirschbäume mit gesundem Holz behalten will, zur Pflicht machen, wenigstens alle Wunden über 50 mm Durchmesser zu verstreichen. Am stärksten reagieren aber Pfirsiche und Aprikosen auf eine unterlassene Wundbehandlung. Bei beiden Obstarten sollten während des Erziehungsschnittes grundsätzlich alle Wunden verstrichen, die größeren auch mit dem Messer nachbehandelt werden. Selbst die Schnittwunden einjähriger Triebe und die nach der Beseitigung von vorzeitigen Trieben entstandenen Wunden dürfen hier nicht ausgenommen werden. Später, während der Zeit des Instandhaltungsschnittes, kann die Wundpflege auf Sägewunden beschränkt bleiben. Diese Minimalpflege sollte allerdings bis zur Rodung der Bäume beibehalten werden.

Vollkommene Wundpflege

Eine »Vollkommene Wundpflege« besteht aus dem Glattschneiden der Wundränder und dem Verstreichen der Wunde. Das Glattschneiden erfordert ein sehr gut geschärftes Messer, mit dem lediglich die Rinde und das angrenzende Holz sauber angeschnitten werden. Da sich Schnittwunden nur vom Wundrand her durch Kallusbildung der Rinde schließen, besteht kein Anlaß, auch das Holz im Kern der Schnittwunde mit dem Messer zu glätten (Abb. 109a, b; S. 139).
Glattgeschnittene Wundränder lassen die Schnittwunden schneller verheilen als unbehandelte Wundränder, weil nur unverletzte oder angeschnittene Zellen des Kambiums (Wachstumsgewebe) schnell Wundkallus und neue Rinde bilden können. Vom Sägeblatt angerissene Zellen sind hierzu nicht in gleicher Weise fähig. An unbehandelten Wunden setzt die Wundheilung aus tieferliegenden und durch die Säge nicht geschädigten Zellen erst verzögert oder gar nicht ein.

Geglättete Wunden sollen abschließend verstrichen werden. Es reicht allerdings nicht aus, nur das freigelegte Holz der Schnitt- oder Sägewunde abzudecken. Das Wundbehandlungsmittel muß auch über den Wundrand hinaus einen Teil der angrenzenden Rinde haubenartig mit bedecken. Nur so kann die Wunde luft- und wasserdicht verschlossen lückenlos überwallen (Abb. 109c, d).

Die Auswahl des Wundverschlußmittels zum Verstreichen ist in erster Linie von seiner Beständigkeit unter dem Einfluß der Witterung und seiner Verarbeitbarkeit abhängig. Es gibt »warmflüssige« Baumwachse, die nur für das Verstreichen in den Baumschulen verwendet werden, »kaltstreichfähige«, »pastenförmige« und »pinselfähige« Mittel. Hiervon lassen sich die mit einem Pinsel aufzutragenden flüssigen und pastenförmigen Wundverstreichmittel am wirtschaftlichsten verarbeiten. Sie schließen die Wunden bei sorgfältiger Anwendung gleichzeitig auch am dichtesten ab. Kaltstreichfähige Mittel werden mit einem aus Schnittholz selbstgefertigten Spatel aufgetragen. Sie lassen sich nur bei angemessenen Temperaturen, die das Material geschmeidig halten, leicht und lückenlos verstreichen.

In ähnlicher Weise werden Wunden behandelt, die als Folge von Holzkrankheiten auftreten. Hierzu zählen in erster Linie Wunden durch Obstbaumkrebs, Kragenfäule oder Gummifluß im Frühstadium. Aber auch mechanische Beschädigungen durch unachtsamen Umgang mit Arbeitsgeräten können zusätzliche Wunden hervorrufen.

Im Gegensatz zur Behandlung von Schnittwunden reicht es bei dieser Art von Wunden nicht aus, nur die Wundränder glattzuschneiden. Die Wunden müssen zusätzlich so weit

a b c d

Abb. 109 Die vollkommene Wundpflege an größeren Sägewunden
a Glattschneiden des Wundrandes.
b Beseitigen des Sägemehls ohne Berührung der Wunde mit den Händen.
c Verstreichen der gesamten Wunde.
d Fertig verstrichene Sägewunde bis über den Wundrand hinaus.

a b c d

Abb. 110 Das Überbrücken einer Stammwunde
a Zurückschneiden eines zum Überbrücken geeigneten einjährigen, stammbürtigen und unterhalb der Wunde entstandenen Triebes.
b Einschneiden eines Rindenlappens oberhalb der Wunde.
c Keilförmiges Anschneiden des Überbrückungstriebes.
d Zusätzliches Freilegen von Kambium durch leichtes Anschneiden der Rinde des Überbrückungstriebes an beiden Seiten zur Verbesserung des Einwachsens in den Stamm.
e Einveredeln des Überbrückungstriebes durch Unterschieben unter den gelösten Rindenlappen.
f Befestigen von Reis und Rindenlappen mit einem dünnen Nagel.
g Verstreichen der Veredlung mit einem Wundverstreichmittel.
h Fertige Wundbrücke.

e f g h

ausgeschnitten, -gemeißelt oder -gefräßt werden, bis zumindest dem Augenschein nach gesundes Holz und gesunde Rinde sichtbar werden. Erst dann kann die Wunde in der beschriebenen Weise versorgt werden.

Überbrücken von Wunden

Häufig wird erst nach dem Ausschneiden krankheitsbedingter Wunden das ganze Ausmaß des Schadens erkennbar. Nicht selten hat die Wunde dann bereits einen Umfang erreicht, der ein Schließen vom Wundrand her kaum noch erwarten läßt. So stark geschädigte Leitäste müssen dann bis hinter die Wunde zurückgesägt werden. Stammwunden, die durch Zurücksägen nicht beseitigt werden können, lassen sich in diesem Fall nur durch das Anlegen einer »Wundbrücke« eliminieren. Befindet sich die Wunde in Bodennähe, können baumeigene Triebe oder Zweige, die entweder aus dem Wurzelstock oder dem Wurzelhals entstanden sind, als Überbrükkungstriebe dienen. Bodenferne Wunden müssen durch Stammausschläge überbrückt werden, die sich als eine natürliche Reaktion des Baumes auf den durch die Wunde verursachten Saftstau unterhalb der Schadstelle gebildet haben.

Die Veredlungstechnik zur Anlage einer Wundbrücke ähnelt der Einveredlung eines Vorspannes. Es wird hier lediglich anstelle der anzuveredelnden zweiten Unterlage ein baumeigener Trieb über die Wunde hinweggeführt und damit die an dieser Stelle unterbrochene Zirkulation des Saftstromes in beiden Richtungen wiederhergestellt (Abb. 110; S. 140).

Die Schnittwerkzeuge und das Material für die Baumerziehung

Eine gute Schnitt- und Erziehungsarbeit setzt einwandfrei arbeitende Schnittwerkzeuge und brauchbares Hilfsmaterial voraus. Die Schnittwerkzeuge müssen leicht zu bedienen, hand- und arbeitsgerecht gestaltet, leichtgängig und aus verschleißarmem Material gefertigt sein. Das für die Erziehung benötigte Hilfsmaterial zum Binden und Stützen der Bäume und zum Erstellen der Drahtrahmengerüste sollte den Anforderungen in Elastizität, Pflanzenverträglichkeit und Haltbarkeit genügen, die sich aus der jeweiligen Aufgabenstellung ergeben.

Baumscheren

Wichtigstes und am häufigsten verwendetes Schnittwerkzeug ist die »Einhand-Baumschere«. Allgemein üblich ist hierfür in der Obstbau-Fachsprache die Verwendung der Kurzform »Baumschere«. Sie soll auch hier in den weiteren Ausführungen den Vorzug erhalten. Dennoch kann zur Unterscheidung von der »Zweihand-Astschere« auf die Bezeichnung Einhand-Baumschere an dieser Stelle nicht ganz verzichtet werden.
Während die Scheren früherer Jahre aus Eisen und daher schwer und unhandlich waren, sind heute handgerecht geformte Leichtmetallscheren fast überall gebräuchlich. Unter ihnen gibt es keine Schere, die als **die** Baumschere gelten kann, weil sie etwa alle Vorteile für jeden Benutzer in sich vereinigen würde. Jeder, der mit einer Schere arbeitet, muß sich aus dem breiten Angebot verschiedenartiger Scheren die für ihn am besten geeignete Schere auswählen. Die Entscheidung darf sich dabei allerdings nicht nur an individuellen Maßstäben orientieren, sie muß vielmehr ganz wesentlich auch von der Erfüllung unverzichtbarer Schereneigenschaften bestimmt sein.

Abb. 111 Baumscheren
Obere Reihe:
Links = Rollgriffschere.
Rechts = Einschneidige Schere mit 2 feststehenden Griffen.
Untere Reihe:
Links = Schere für Linkshänder.
Rechts = Löweschere, bei der die Schneide auf einen Amboß aufsetzt.

Abb. 112 Astscheren
Links: Astschere mit geradem Messer und gleitendem Amboß.
Rechts: Astschere mit gebogener Klaue und rundem Messer.

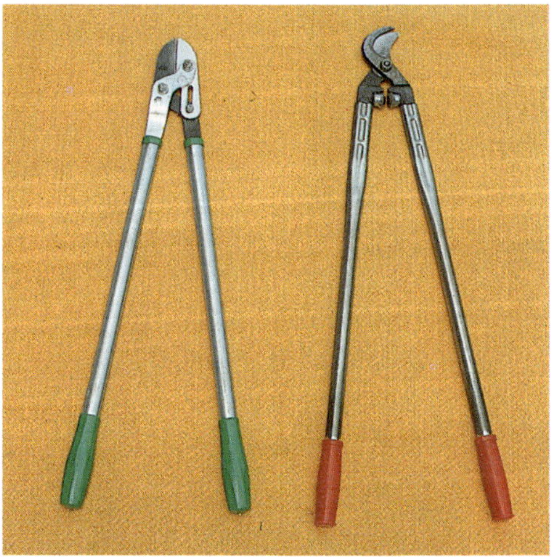

Auswahl nach individuellen Gesichtspunkten

Die Spannweite der Hand sollte zunächst ausschlaggebend für den Abstand der Scherenarme einer geöffneten Schere sein. Nur wenn beide Spannen annähernd übereinstimmen, ist ein leichtes und ermüdungsfreies Arbeiten möglich. An einer offenen, paßgerechten Schere muß ein Scherenarm in der Daumenbeuge liegen, während gleichzeitig die mittleren Fingerglieder von Ring- und Mittelfinger am anderen Scherenarm anliegen. Da die Spannweiten der Hände individuell verschieden sind, die Scheren der meisten Fabrikate aber nicht nach Größen gehandelt werden, muß die Auswahl des Scherentyps nach diesem Gesichtspunkt ebenso nach den persönlichen Ansprüchen erfolgen, wie die Entscheidung über die Verwendung einer Schere mit 2 in sich feststehenden Griffen oder einer »Rollgriffschere« alleine vom Benutzer der Schere getroffen werden muß.

In der Regel genügen Scheren mit feststehenden Griffen allen Anforderungen, die in bezug auf die Belastung der Hand- und Armmuskulatur und der Haut an eine Schere zu stellen sind (Abb. 111; S. 142). Liegt hier eine besondere Schwäche oder Empfindlichkeit vor oder muß ausnehmend viel geschnitten werden, kann die Verwendung einer derzeit nur von einem Hersteller angebotenen »Rollgriffschere« das Arbeiten spürbar erleichtern. Die Eigenart dieser Schere besteht darin, daß nur der in der Daumenbeuge liegende Griff in sich fest, der von den Fingern umfaßte Griff dagegen um seine Längsachse beweglich ist (Abb. 111, S. 142). Dadurch dreht sich der Rollgriff automatisch beim Öffnen und Schließen der Schere mit der Fingerbewegung mit. Die Finger behalten dabei einen festen Kontakt zum Griff, anstatt, wie bei den Scheren mit feststehendem zweiten Griff üblich, über den Griff zu rutschen. Das verhindert Blasen- und Hornhautbildung bei längerer Benutzung einer Schere und erfordert gleichzeitig weniger Kraftaufwand. Das anfänglich ungewohnte Arbeiten mit einer Schere dieser Konstruktion verliert sich schnell.

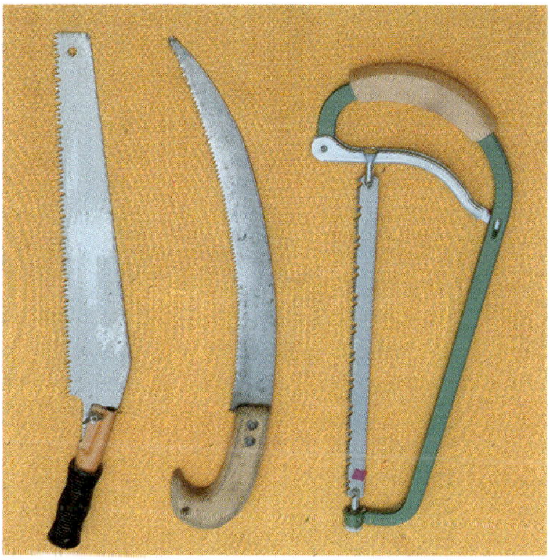

Abb. 113 Baumsägen
Links: Stichsäge mit Schweden-Sägeblatt in Doppelzähnung.
Mitte: Stichsäge mit einfacher Zähnung.
Rechts: Bügelsäge mit Klemmbügel zum Verstellen des Sägeblattes.

Abb. 114 Die wichtigsten Gärtnermesser für den Obstbaumschnitt
Von links nach rechts: Okuliermesser, Kopuliermesser, Kopulierhippe, Hippe.

Nicht zuletzt muß sich die Entscheidung bei der Auswahl einer Schere nach der »starken Hand« des Käufers richten. Linkshänder können ermüdungsfrei und schnittechnisch fehlerfrei längere Zeit nur mit einer Schere für Linkshänder arbeiten. In der Regel werden in den Fachgeschäften und im Landhandel aber lediglich Rechtshänderscheren vorrätig gehalten. Da sich im Verkaufsprogramm mehrerer Hersteller aber auch Scheren für Linkshänder befinden, sind derartige Scheren zumindest auf Bestellung lieferbar.

Anforderungen an den technischen Aufbau der Baumscheren

An alle Scheren muß unabhängig von persönlichen Wünschen und Rücksichtnahmen auch die Forderung nach Leichtgängigkeit gestellt werden. Wenn man bedenkt, daß in Abhängigkeit von der Stärke des Schneidgutes und von der Baumform in einer Stunde etwa 400 bis 1000 Schnitte ausgeführt werden, läßt sich ermessen, welche Bedeutung gerade dieser Eigenschaft einer Baumschere zukommt. An einer guten Schere sollte deshalb auch die Führung zwischen Klaue und Messer nachstellbar sein, damit stets eine enge Führung zwischen den beiden schneidenden Teilen der Schere sichergestellt werden kann. Andernfalls leidet nicht nur die Arbeitsleistung beim Schnitt durch ständiges Verkanten und Klemmen der Schere, sondern es verschlechtert sich auch die Qualität der Arbeit. Die Schere braucht weiterhin eine leichtgängige, mit dem Daumen der Führungshand bequem zu bedienende Arretierungsvorrichtung, die es ermöglicht, die Scherengriffe im geschlossenen Zustand zusammenzuhalten. Das Arbeiten wird erleichtert durch Schenkelgriffe, die der Form der Hand angepaßt sind. Ein Kunststoffüberzug an den Scherengriffen ist bei fast allen Scheren heute üblich. Einige besitzen sogar Vollkunststoffgriffe. Beides verhindert Scheuerstellen und isoliert gegen Kälte (Abb. 111; S. 142).

Für die Anzahl der Messer, ihre Anordnung und ihre Arbeitsweise ist alleine entscheidend, daß sie der Schere ein sauberes und quetschfreies Schneiden ermöglichen. Diese Voraussetzung erfüllen in erster Linie Scheren mit einem Messer und einer leicht geschwungenen und etwas angeschliffenen Klaue, an der sich das Messer eng vorbeibewegt. Das Messer sollte auswechselbar sein, da eine gute Baumschere in der Regel länger hält als ein Messer nach oftmaligem Nachschleifen benutzt werden kann.

Astscheren

Die übliche Schnittarbeit an den Baumkronen kann in der Regel mit Einhandscheren ausgeführt werden. Einzelne Obstarten, aber auch manche Erziehungsmethoden erfordern darüber hinaus aber den zusätzlichen Einsatz von Zweihandscheren in der Form von langschenkeligen »Astscheren«. Bevorzugte Anwendungsgebiete sind das Beseitigen von Bodentrieben der Johannis- und Stachelbeeren und das Auslichten von Zwetschenhecken.

Die verschiedenen Fabrikate unterscheiden sich in ihren Grundelementen vornehmlich in der Ausbildung der Schneiden und in der Schnittführung. So gibt es Scheren mit einem geraden Messer und gleitendem Amboß, deren Einsatz sich besonders an stärkeren Kronenorganen bewährt hat. Andere haben ein stark gebogenes Messer und eine gekrümmte Klaue (Abb. 112; S. 142). Die gebogene Klaue dieser Scheren erleichtert vor allen Dingen das Ansetzen in dichten Sträuchern mit schwer zugänglichen Astvergabelungen.

Baumsägen

Obwohl die Sägearbeit an den Obstgehölzen mit zunehmendem Anbau kleinkroniger Bäume auf schwachwachsenden Unterlagen deutlich an Bedeutung verloren hat, kann auf die Baumsäge als Schnittwerkzeug nach wie vor während der Zeit des Instandhaltungsschnittes (siehe S. 60) und beim Verjüngen (siehe S. 63) nicht ganz verzichtet werden. Sei es, daß einfach die Stärke der Äste ihren Einsatz erforderlich macht, sei es aber auch, daß zur Schonung der Armmuskulatur und der Sehnenscheiden nicht jeder Zweig oder Ast, der mit einer Schere gerade noch zu schneiden wäre, unbedingt auch auf diese Weise geschnitten werden muß.

Grundsätzlich muß zwischen zwei in der Praxis gebräuchlichen Arten von Sägen unterschieden werden. Für dünneres Holz und leicht zugängliche Sägestellen reicht eine handliche »Stichsäge«, auch »Fuchsschwanz« genannt, völlig aus. Stärkere Äste mit verwinkelten Astgabeln lassen sich dagegen nur mit einer »Bügelsäge« mit verstellbarem Sägeblatt sauber beseitigen (Abb. 113; S. 143). Das Verstellen des Sägeblattes muß einfach vorzunehmen sein, und der Klemmbügel zum Spannen und Entspannen des Sägeblattes sollte bei seiner Betätigung Hautquetschungen weitgehend unmöglich machen.

Die Beschaffenheit des Sägeschnittes und die Leichtgängigkeit der Säge sind von ihrer Schärfe, Schränkung und Zähnung abhängig. Im allgemeinen reicht ein einfach gezähntes Sägeblatt für Sägeschnitte an mittelstarken Ästen aus. Für stärkere Äste oder gar Stämme haben sich Doppelzähnungen und die sogenannten »Schweden-Sägeblätter« besonders bewährt, die es heute übrigens nicht nur für Bügelsägen, sondern auch für Stichsägen gibt (Abb. 113; S. 143).

Da beim Obstbaumschnitt hauptsächlich grünes Holz gesägt wird, verschmutzen die Sägeblätter besonders schnell und die Sägen werden schon nach kurzer Zeit stumpf. Häufiges Säubern, rechtzeitiges Schärfen und ausreichendes Schränken sind deshalb zur Erleichterung der Arbeit besonders wichtig.

Gärtnermesser

Ein oder mehrere Gärtnermesser sollten zur Grundausrüstung an Schnittwerkzeugen jedes Obstbaubetriebes und jedes Hausgartens mit Obstbaumbestand gehören. Dabei wird jeder für sich zu entscheiden haben, welche Messer er benötigt. So vielfältig nämlich die Arbeiten in der Baumschule und beim Obstbaumschnitt sind, so umfangreich ist auch das Angebot an Spezialmessern (Abb. 114; S. 143). Es gibt zum Beispiel »Kopuliermesser« mit gerader und »Kopulierhippen« mit einer leicht geschwungenen Klinge. Die »Okuliermesser« können einen in die Klingenoberseite eingearbeiteten Auslöser haben, er kann aber auch aus Horn oder Kunststoff ausklappbar oder fest am Ende des Messerheftes angebracht sein. Schließlich werden »Hippen« von der leicht bis zur stark gebogenen und von der schmalen bis zur ganz breiten Klinge angeboten. Nach der Klingenbreite und ihrer Krümmung werden sie in »leichte«, »mittlere« und »schwere Hippen« unterteilt.

Über die Art und die Zahl der Messer müssen die Aufgaben entscheiden, die im Betrieb oder im Garten anfallen. Das Messer mit den vielseitigsten Verwendungsmöglichkeiten ist die »leichte Kopulierhippe«. Sie sollte deshalb überall dort zum Schnittwerkzeug gehören, wo lediglich Wundränder glattzuschneiden sind oder die eine oder andere Reiserveredlung vorzunehmen ist und nur ein Messer benötigt wird. Im Hausgarten kann damit sogar eine Okulation gelingen.

In Obstbaubetrieben, die darüber hinaus auch die Baumanzucht selbst vornehmen, sei es zur Erstellung ganzer Anlagen oder nur zur Erprobung neuer Sorten, wird zusätzlich auf ein Okuliermesser und mindestens eine mittelschwere Hippe nicht verzichtet werden können.

Baumpfähle

Der Baumpfahl hat mit der Umstellung des Obstbaues auf niedrige Baumformen einen Teil seiner Bedeutung verloren. Lediglich dort, wo heute noch Halb- oder Hochstämme gepflanzt werden, zum Beispiel im Mostobstbau, aber auch in modernen Apfelanlagen auf schwachwachsenden Unterlagen mit gleichzeitiger Einzelbaumunterstützung wird noch ein dauerhafter Pfahl benötigt. Nach wie vor dominiert für diese Art der Unterstützung trotz vielfältiger Bemühungen zur Einführung von Kunststoff- oder Metallpfählen noch immer der Holzpfahl. Voraussetzung ist allerdings eine gute Imprägnierung oder die Verwendung von Hölzern, die auch ohne Imprägnierung mehrere Jahrzehnte haltbar sind, wie zum Beispiel Akazienholz.

Die gebräuchlicheren Kiefernpfähle müssen bis auf einen kleinen Restkern des Holzes durchgehend druckimprägniert sein. Eine einfache Tauchimprägnierung bietet keinen ausreichenden Schutz gegen Fäulnis im Boden. In dieser Weise behandelte Pfähle beginnen daher bald zu faulen und müssen schon nach wenigen Jahren erneuert werden.

Im Hausgarten braucht auf die Haltbarkeit sicher nicht der gleiche Wert gelegt zu werden wie im Erwerbsbetrieb. Wegen des vergleichsweise geringen Materialbedarfs spielt hier bei einer Erneuerung der Kostenfaktor keine so ausschlaggebende Rolle. Dort bieten sich sicher auch andere Materialien als durchaus brauchbare Baumunterstützung an, wie zum Beispiel alte Gas- oder dünne Wasserleitungsrohre.

Gerüstmaterial

Selbst die Äpfel auf schwachwachsenden Unterlagen werden heute verbreitet nicht mehr an freistehenden Einzelpfählen, sondern an einem Gerüst gepflanzt. Dazu werden stärkere Endpfähle für jedes Reihenende, etwas schwächere Gerüstpfähle als Zwischenunterstützung und schwache Stäbe für jeden Einzelbaum benötigt.

Während bei der Einzelbaumunterstützung das Holz als Material noch immer eine dominierende Rolle spielt, finden im Anbau am Drahtgerüst zunehmend auch andere Materialien Verwendung. Neben das Holz als Material für die Gerüstpfähle, an die die gleichen Anforderungen zu stellen sind, die auch an den Einzelpfahl gestellt werden müssen, sind gleichberechtigt inzwischen Kunststoff-, Beton- und verzinkte oder anderweitig gegen Korrosion geschützte Metallpfähle getreten.

Die Entscheidung darüber, welchem Material der Vorzug zu geben ist, sollte nach gründlichem Abwägen von Preis, zu erwartender Lebensdauer und der Möglichkeit einer Wiederverwendung getroffen werden.

An den Pfählen als tragenden Säulen jedes Gerüstes werden die waagerechten Drähte befestigt, die sich in Zahl und Anbringungshöhe nach der am Gerüst zu pflanzenden Obstart richten müssen. Noch immer kann hier, unter Abwägung von Kosten und Nutzen, dem verzinkten Eisendraht der Vorzug gegeben werden. Eine Ummantelung mit Kunststoff als Ersatz für das Verzinken kann nur für den Hausgarten sinnvoll sein. Versuche mit reinen Kunststoffdrähten haben bisher mehr Nachteile als Vorteile gezeigt. Weil Kunststoff, so wie er bisher angeboten wurde, sich temperaturabhängig verhält, wobei das Ausdehnen bei Wärme besonders unangenehm ist, lassen sich Kunststoffdrähte schlecht spannen. Sie geben daher den angehefteten senkrechten Stäben und den Pflanzen keinen ausreichenden Halt. Da es sich beim Schneiden der Bäume und Sträucher nicht vermeiden läßt, daß die Schere gelegentlich auch den Draht trifft, werden, als weitere Nachteile der Kunststoffdrähte, diese dabei sofort durchschnitten und müssen geflickt werden. Die Verletzung durch die Baumschere ist übrigens ein Nachteil, von dem auch die kunststoffummantelten Drähte betroffen sind. Als Folge von Verletzungen des Mantels kommt es trotz Kunststoffüberzugs zur Rostbildung am eingebetteten Draht.

Viele Obstarten, wie das Beerenobst oder die Pflaumen und Zwetschen, werden direkt am Draht befestigt. Anders verhält es sich dagegen bei modernen Apfel-Spindelanlagen. Hier dient ein einziger Draht in etwa 2 m Höhe lediglich zur Befestigung des Stützmaterials für den Einzelbaum. Weil bei dieser Art der Baumunterstützung nicht der Baumpfahl alleine dem Baum den erforderlichen Halt gibt, sondern nur in Verbindung mit dem Gerüst, reicht hier ein relativ schwacher Stab als senkrechte Unterstützung des Baumes aus. Bewährt haben sich die überwiegend verwendeten Tonkinstäbe mit etwa 20 mm Durchmesser

a

b

und 2,25 m Länge. Aber auch Metall-Hohlstäbe von 12,5–15 mm Durchmesser, die neuerdings versuchsweise eingesetzt werden, dürften ein brauchbares Material darstellen. Daneben haben natürlich auch gut imprägnierte Holzstäbe ähnlicher Stärke ihre Bedeutung für den Spindelanbau am Drahtgerüst. Da alle Stäbe ihren Halt vom Draht beziehen, brauchen sie nur 5–10 cm in den Boden eingesenkt zu werden.

Die Befestigung der Stäbe am Draht richtet sich in erster Linie nach den betrieblichen Möglichkeiten und dem verfügbaren Bindematerial. Es muß dabei gewährleistet sein, daß

c

Abb. 115 Binde- und Heftmaterial

a Federstahlklammer zum Befestigen senkrechter Tonkinstäbe am Draht von Spindel- und Pillaranlagen.

b Kunststoffschlauch zum Anbinden der Bäume am Spindel- und Pillarstab.

c Wiederverwendbare Kunststoffklammern zum Anheften von Himbeerruten. Sie können nach dem Wegschneiden der abgetragenen Ruten bis zur nächsten Verwendung am Draht hängen bleiben.

sich die Stäbe nicht in Längsrichtung am Draht verschieben können. Das kann durch arbeitsaufwendiges Binden mit billigem Bindematerial, aber auch durch schnelles Klammern mit vorgefertigten, etwas teureren Federstahl-Klammern erfolgen (Abb. 115a; S. 147).

Binde- und Heftmaterial

Höhere Anforderungen sind an das Bindematerial zum Anbinden der Bäume und Sträucher an Pfählen oder an Drähten zu stellen. Es muß haltbar, pflanzenverträglich und vor allen Dingen elastisch sein, wenn es als »Dauerbindematerial« für mehrere oder gar viele Jahre eine feste Verbindung zwischen Pflanze und Stützvorrichtung gewährleisten soll. Es darf weniger haltbar und braucht nicht elastisch zu sein, wenn es nur als »Heftmaterial« kurzfristig an der Pflanze verbleibt. Dafür muß es aber leicht und schnell zu verarbeiten sein. Besonders wertvoll ist es dann, wenn es sogar wiederverwendbar ist.

Diese Forderungen lassen sich im Zeitalter der Kunststoffe leichter als früher erfüllen. Geeignete Bindematerialien für Daueranbindungen an Pfählen oder Drahtgerüsten sind, neben dem mit Einschränkungen noch immer brauchbaren Kokosstrick, fertige Kunststoffbinder und, speziell für den Einsatz in Apfel-Pillaranlagen, dünne Kunststoffschläuche. Letztere haben einen Durchmesser von etwa 5 mm und werden von der Elektroindustrie als Isolierschläuche zum Einziehen von Kabeln benutzt (Abb. 115b; S. 147). Da sie im Sommer zur Zeit der stärksten Zunahme des Stamm- und Astumfanges unter der Einwirkung der Wärme eine gute Dehnungsfähigkeit bekommen, schließen sie bei sachgemäßer, anfangs ausreichend lockerer Anbringung jedes Einschnüren der Bäume aus.

Für das kurzzeitige Anheften von Jahrestrieben, wie zum Beispiel für das Aufbinden von Himbeeren und Brombeeren, kommt es in erster Linie darauf an, ein »schnelles« Material zur Verfügung zu haben. Papier- oder kunststoffummantelter dünner Draht, Schnur oder in Streifen geschnittene Kunststofftüten oder -säcke als Wegwerfmaterial und Spezialklammern aus Kunststoff für einen mehrmaligen Gebrauch können hierzu gut verwendet werden (Abb. 115c; S. 147).

In Einzelfällen, ganz besonders aber im Hausgarten, kann für das Anbinden von Einzelbäumen auch auf Material zurückgegriffen werden, das nur in kleineren Mengen anfällt und deshalb für den Erwerbsanbau nicht ausreichend zur Verfügung steht, wie altes Rolladenband und ausgediente Fahrradschläuche oder -decken. Diese Materialien lassen sich zwar nicht binden, können jedoch durch Nageln an den Pfahl ausreichend befestigt werden. Mit Ausnahme der Fahrradschläuche sind sie zwar nicht elastisch, dafür aber breit genug, um Schäden durch Einwachsen auszuschließen.

Die mechanischen Schnittgeräte

Die technische Entwicklung hat auch beim Obstbaumschnitt, als lohnintensivster obstbaulicher Pflegemaßnahme nach der Ernte, seit geraumer Zeit deutliche Fortschritte gemacht. Das zunächst angestrebte Ziel, durch den Einsatz mechanischer Säge- und Schnittwerkzeuge über eine höhere Arbeitsleistung Lohnkosten einzusparen, konnte hierbei jedoch nicht im erhofften Maße erreicht werden. In Abhängigkeit von Baumform und Erziehungsmethode sind zwar unterschiedlich hohe, insgesamt aber nur sehr begrenzt höhere Schnittleistungen zu erzielen. Sie übersteigen aber selbst in modernen Heckenanlagen und bei Spindeln und Spindelbüschen, die den Einsatz mechanischer Schnittgeräte am ehesten rechtfertigen, kaum 30%. Das ist, gemessen am Nutzen, der durch andere Mechanisierungsmaßnahmen erzielt werden konnte, nur ein geringer Vorteil. An höheren Baumformen sind fast keine Einsparungen möglich. Das Arbeiten mit diesen Geräten ist wegen der hohen Unfallgefahr auf Leitern sogar abzulehnen. Lediglich auf großflächigen, erhöhten Arbeitsbühnen ist ihr Einsatz unter Beachtung der Unfallverhütungsvorschriften vertretbar.

Anstelle der noch nicht ganz erfüllten Erwartungen hinsichtlich der Steigerung der Arbeitsleistung führte das mechanische Schneiden aber bald zu einem Erfolg ganz anderer Art. Durch den Einsatz mechanischer Schnittgeräte können nämlich Überlastungen der Arm- und Handmuskulatur und Sehnenscheidenentzündungen weitgehend vermieden werden, die als Folge monatelanger, ausschließlich manuell ausgeführter Schnittarbeit immer wieder auftreten. Ausfälle an Arbeitskräften durch kurz- oder langfristige Arbeitsunfähigkeit werden hierdurch seltener. Das ist besonders für Einmannbetriebe von nicht zu unterschätzender Bedeutung. Der Nutzen des mechanischen Schneidens ist heute viel eher in der Erhaltung der Arbeitskraft als in der Zeitersparnis beim Schnitt zu finden.

Motorsägen

Zur Mechanisierung des Schnittes gehört auch der Einsatz von Motorsägen. Die Beseitigung größerer Äste beim Auslichten, aber auch das Verjüngen und das Abwerfen der Kronen vor einer Umveredlung können mit Hilfe leichter Motorsägen wesentlich erleichtert werden. Es sind eine Reihe kleiner, preisgünstiger und sehr handlicher Fabrikate auf dem Markt, die im wesentlichen nach zwei Prinzipien arbeiten: als »Kettensäge« mit einer universellen Verwendbarkeit auch für Arbeiten außerhalb des Obstbaumschnittes (Abb. 116; S. 150), sowie als »Kreissäge« mit spezieller Eignung für das Auslichten von mittelstarken Ästen.
Die Kettensägen müssen grundsätzlich mit beiden Händen unmittelbar an der Säge geführt werden. Sie erfordern daher einen sicheren Stand des Sägeführers und können deshalb ohne Einschränkungen nur bis zu einer Höhe von etwa 2 m, im höheren Kronenbereich nur von einem absolut sicheren Standplatz, also in der Regel nicht von einer Leiter aus eingesetzt werden. Für die Kreissägen gibt es dagegen Verlängerungsstücke zum Arbeiten an höheren Kronenteilen bei gleichzeitigem sicherem Stand am Boden.

Pneumatische Baumscheren

Konstruktionsmerkmale der Geräte
Den bedeutendsten technischen Fortschritt in der Mechanisierung des Baumschnittes brachten jedoch die »Pneumatischen Baumscheren«. Sie bestehen aus 3 Grundelementen: Kompressor, Schlauchtrommel und Luftdruckschere (Abb. 117; S. 150, 151). Es sind Geräte mit recht unterschiedlicher Leistungsfähigkeit auf dem Markt. Hieraus ergeben sich in erster Linie die oft beachtlichen Preisunterschiede. Es sollte daher vor dem Einsatz einer pneumatischen Schere eine sehr sorgfältige Abstimmung der Leistungsfähigkeit des Schnittgerätes auf die Betriebsgröße und die Anzahl der gleichzeitig beim Schnitt eingesetzten Arbeitskräfte erfolgen. Fehlinvestitionen können so leicht vermieden werden.

Handgezogene Kleingeräte Wird der Baumschnitt lediglich von einer Arbeitskraft ausgeführt, kann bereits ein »handgezogenes Kleingerät« gute Dienste leisten. Derartige Geräte besitzen nur einen kleinen Luftvorratsbehälter von etwa 200 l Luft/min, der nur den Anschluß einer Schere erlaubt. Diese ist aber auch an einem so kleinen Gerät voll leistungsfähig. Der Antrieb erfolgt durch einen Benzinmotor. Deshalb sind diese Geräte verhältnismäßig leise. Ihre Einsatzmöglichkeit bleibt als preisgünstiges pneumatisches Schnittgerät mit begrenzter Leistung auf den kleinen Betrieb mit einer kleineren Obstfläche beschränkt.

Schlepper-Anbaukompressoren »Schlepper-Anbaukompressoren« mit mittelgroßen Luftvorratsbehältern von 300–500 l Luft/min gestatten bereits das Schneiden in kleinen Arbeitsgruppen. Die Luftleistung reicht hier für den Anschluß von 2 und mehr Scheren aus. Außerdem gestatten diese Geräte den Ansatz von Spezialgeräten, wie zum Beispiel Krebsfräsen zum Ausschneiden von Krebswunden. Ein wesentlicher Nachteil dieser Art der Luftbereitstellung ist der Schlepper als Antriebsaggregat. Er muß deshalb während der gesamten Einsatzzeit der Luftdruckscheren mit Leer-

117 a

117 b

117 c

Abb. 116 Sägearbeiten in Bodennähe können durch den Einsatz kleiner Motor-Kettensägen wesentlich erleichtert werden. Eine zweihändige Bedienung ist in den Unfallverhütungsvorschriften verbindlich vorgeschrieben.

Abb. 117 Der Einsatz pneumatischer Scheren
a Vom Schlepper unabhängiges, durch Benzinmotor angetriebenes Kleingerät für eine pneumatische Schere mit einer automatisch aufrollenden Schlauchtrommel.
b Schleppergetriebenes mittleres Gerät für den Anschluß mehrerer Scheren mit Schlauchaufrollung durch selbsttätigen Federzug.
c Einkolbenschere mit automatischer Sicherung gegen ein unbeabsichtigtes Betätigen des Auslösehebels für den Schnitt in der Form eines durch Federdruck bewegten Plastikringes.
d Arbeiten mit einer pneumatischen Schere in einer Obstanlage. Die straffe Führung des Zuleitungsschlauches verhindert das Verwickeln im Schnittholz.
e Durch Hochschieben des Sicherungsringes mit der arbeitenden Hand einsatzbereit gemachte Schere beim Schneiden. Die freie Hand ist durch einen Kettenhandschuh geschützt.

laufdrehzahl laufen. Dabei erreicht er in den kalten Wintermonaten nie seine günstigste Betriebstemperatur. Das führt zu erhöhtem Verschleiß, bedeutet aber für die Arbeitskräfte auch gleichzeitig eine unangenehme Lärmbelästigung.
Beides, Geräuschbelästigung und Schlepperverschleiß, können wesentlich gesenkt werden durch die Verwendung größerer Luftvorratsbehälter mit etwa 500 l Luft/min. Sie erlauben das Arbeiten von 2 Scheren über einen Zeitraum von 2 bis 3 Stunden bei abgestelltem Schleppermotor. Lediglich zum Füllen des Vorratsbehälters werden etwa 10 Minuten Schlepperleistung benötigt.

Schlepper-Anhängekompressoren und stationäre Hochdruckkompressoren Einen ähnlichen Vorteil bieten die »Schlepper-Anhängekompressoren« mit großdimensionierten Luftvorratsbehältern, deren Einsatz jedoch nur in Großbetrieben sinnvoll ist. Sowohl für einen Einsatz im Großbetrieb wie im Rahmen einer überbetrieblichen Zusammenarbeit bei der Benutzung des Füllgerätes, aber auch für mittlere Betriebe verwendbar, sind weiterhin »sta-

117d

117e

tionäre Hochdruckkompressoren« zum Befüllen von Hochdruck-Preßluftflaschen. Die Flaschen werden hierbei nach dem Füllen entweder am Schlepper montiert oder auf einem Anhänger gelagert und transportiert. Eine Preßluftflaschenfüllung reicht im Durchschnitt beim Betrieb einer Schere für etwa 7 bis 8 Stunden Baumschnitt aus.

Arbeitsweise mit pneumatischen Scheren
Die mit Hilfe der Kompressoren erzeugte und in Luftvorratsbehältern gespeicherte Luft wird über Schläuche an die Scheren geleitet. Zur Vermeidung eines zu häufigen Umsetzens des Schleppers oder Nachziehens des Schnittgerätes muß dieser Schlauch eine angemessene Länge bis zur Schere haben. Sie richtet sich nach der Leistung des Gerätes und nach der Anzahl der über Verteilerschläuche angeschlossenen Scheren. Im Interesse eines wirtschaftlichen Arbeitsablaufes sollten 60–70 m Schlauchlänge jedoch nicht unterschritten werden.

Aufrollen der Luftschläuche Ein sicheres Arbeiten mit pneumatischen Scheren ist nur möglich, wenn die Schläuche bei jedem Arbeitsgang von einer Trommel ab- und wieder aufgerollt werden. Hierfür gibt es Schlauchtrommeln mit Handaufrollung und automatisch aufrollende Trommeln. Trommeln mit Handbedienung bieten neben einem Preisvorteil die Möglichkeit zum Anschluß längerer Verteilerschläuche. Nachteilig wirkt sich das Herumliegen des abgerollten Schlauches im Schnittholz aus. Es führt zum Verwickeln und erschwert das Aufrollen. Auch die Schlauchkupplungen liegen ständig am Boden, verschmutzen und sind so häufig die Ursache für Funktionsstörungen an den Scheren. Die Verwendung von Schlauchtrommeln mit Handaufrollung verlangen das »Arbeiten-vom-Kompressor-weg«. Nur dann kann der Schlauch nach dem restlosen Abrollen wieder gefahrlos in einem Zug aufgerollt werden.
Wird der Schlauch dagegen von einer automatisch arbeitenden Trommel mit Aufrollfeder abgerollt, so muß der Schlauch zunächst abgerollt und anschließend »zum-Kompresser-hingearbeitet« werden. Dabei rollt sich der Schlauch automatisch wieder auf. Ein Verwikkeln im Schnittholz ist bei dieser Arbeitsweise kaum zu befürchten (Abb. 117a, d; S. 150, 151). Da die erforderliche Federkraft an der Trommel begrenzt ist, kann eine bestimmte Trommelgröße nicht überschritten werden. An automatisch aufrollenden Schlauchtrommeln begrenzt sich daher zwangsläufig auch die gesamte Schlauchlänge von Zuleitungsschlauch zuzüglich Verteilerschlauch.

Scherentypen Die heute verwendeten Scherentypen sind nach »Zwei- und Einkolbenscheren« zu unterscheiden. Mit beiden Scherentypen können Äste bis zu einem Durchmesser von etwa 3 cm geschnitten werden (Abb. 117c; e; S. 150, 151). Die Zweikolbenschere arbeitet weicher und stoßfreier, benötigt jedoch mehr Luft, hat eine langsamere Auslösungsgeschwindigkeit und ist schwerer als die Einkolbenschere. Diese zeichnet sich ihrerseits durch ein geringeres Gewicht, ihren schnellen Schnitt und einen Kunststoffgriff aus, der besonders im Winter bei tiefen Temperaturen das Arbeiten angenehmer macht. Für beide Scherentypen gibt es Verlängerungsstücke, mit denen auch etwas höhere Kronenteile erreicht werden können. Damit können alle zweckmäßig bodennahe erzogenen Bäume mit Luftdruckscheren geschnitten werden.

Sicherheitsvorkehrungen Als Sicherheitsschutz gegen Arbeitsunfälle, die beim Arbeiten mit Luftdruckscheren fast immer weitreichende Folgen haben, muß unbedingt auf der scherenfreien Hand ein »Kettenhandschuh« getragen werden (Abb. 117e; S. 151). Ferner sollte jeder Führer einer pneumatischen Schere eine Scherentasche zum Einstecken der nicht benutzten Schere am Arbeitsgürtel tragen.

Mähbalken und Kreissäge
Lediglich zur Abrundung der Betrachtungen über die Einsatzmöglichkeiten und den Nutzen von mechanischen Schnittgeräten sollte auch der vollmechanische Schnitt mit Mähbalken oder Kreissägen erwähnt werden. Seine Bedeutung liegt alleine im Freischneiden der Fahrgassen während der Vegetationszeit in Großbetrieben mit ausreichend langen Baumreihen. Ein Ersatz für den Winterschnitt kann dieser Schnitt ebenso wenig sein, wie etwa mit dieser Methode ausschließlich der Winterschnitt durchgeführt werden kann. In der Regel wird sogar der Sommereinsatz dieser Geräte die Winterarbeit eher erschweren als erleichtern.

Leitern und Arbeitsbühnen

Eine wesentliche Aufgabe des zweckmäßigen Obstbaumschnittes besteht darin, die Obstproduktion in Bodennähe zu halten oder dorthin zu verlagern. Je höher ein Baum ist, um so mehr Arbeit am Baum muß unter Zuhilfenahme von Leitern oder anderen Arbeitsbühnen verrichtet werden. Im Erwerbsbetrieb erhöht das zwangsläufig die Produktionskosten und im Hausgarten führt es dazu, daß manche Arbeiten wegen der beschwerlichen Ausführung häufig gar nicht ausgeführt werden. Zu den Arbeiten, die an hohen Bäumen nur aus einer erhöhten Arbeitsposition ausgeführt werden können, gehört in erster Linie der Schnitt.

Leitern für hohe Baumformen

Die Verwendung schwachwachsender Unterlagen, die Abkehr von den hohen Baumformen und die Umstellung der Erziehungsmethoden haben dazu geführt, daß die Leiterarbeit im heutigen, nach den Prinzipien der Zweckmäßigkeit ausgerichteten Obstbau stark an Bedeutung verloren hat. Dennoch kann auf den Einsatz von Leitern bei einigen Obstarten, wie zum Beispiel bei der Süßkirsche, auch heute noch ebensowenig verzichtet werden, wie in älteren Anlagen und insbesondere in vielen Hausgärten.
Ist ein Arbeiten auf der Leiter schon unvermeidlich, dann sollte wenigstens versucht werden, im Rahmen der gegebenen Möglichkeiten, wie zum Beispiel durch eine sinnvolle Auswahl des Leitermodells, die Arbeit dennoch so weit wie möglich zu erleichtern. Den heute angebotenen Leichtmetalleitern sollte bei Neuanschaffungen der Vorzug vor den wesentlich schwereren Holzleitern gegeben werden. Sie sind nicht nur leicht, sondern auch einfach zu pflegen und gegen Witterungseinflüsse weitgehend unempfindlich. Grundvoraussetzung bleibt allerdings, daß sie ausreichend standfest sind. Zwei in allen Richtungen bewegliche Stützholme geben den besten Halt. Die Leiterholme, ganz besonders aber die

Stützholme, sollen am Fußende eine zusätzliche Aufsetzplatte besitzen, die auch in weichem und tiefem Boden das Einsinken verhindert (Abb. 118b; S. 154). Die Sprossen müssen eine ausreichend tiefe Auftrittsfläche haben und sollten unbedingt mit einem Profil versehen sein, damit sie auch mit schmutzverschmierten Sohlen einen sicheren Stand gewährleisten.
Auch eine sichere Leiter kann Arbeitsunfälle nur verhindern, wenn sie sicher aufgestellt wird. Deshalb muß eine gute Obstbaumleiter einfach zu bedienen sein. Sie läßt sich dann bequem um- und so aufstellen, daß sicher und mit beiden Händen auf ihr gearbeitet werden kann. Weiter sollte sie in ihren Abmessungen den Bäumen angepaßt sein, an denen sie vornehmlich eingesetzt wird. Übergrößen erfordern unnötigen Zeit- und Kraftaufwand beim Transport und beim Umstellen, zu niedrige Leitern verleiten zu waghalsigen und gefährlichen Kletterübungen an der Leiterspitze.

Hebebühnen und Erntewagen für Großbetriebe

Für Großbetriebe, wie sie vornehmlich in südeuropäischen Ländern anzutreffen sind, wurden hydraulisch betriebene Einmann-Hebebühnen entwickelt, mit denen jeder Teil einer Krone selbstgesteuert leicht erreicht werden kann. Voraussetzung für den Einsatz derartiger Geräte ist, neben einer entsprechenden Betriebsgröße, eine sinnvolle Planung der Obstanlagen; denn nur in langen Reihen, die möglichst als hohe Hecken erzogen sein sollten, ist ihr Einsatz einigermaßen rationell möglich. Bereits die Geräte selbst sind teuer. Da sie aber neben der Arbeitskraft für die Schnittarbeit noch eine zusätzliche zweite Arbeitskraft als Schlepperfahrer erfordern, wird der durch den Einsatz technischer Mittel erzielte Vorteil zumindest zum Teil wieder durch vermehrte Lohnkosten zunichte gemacht. Ihr Einsatzbereich wird daher auch in der Zukunft auf ganz spezielle Anbaugebiete und Betriebsformen begrenzt bleiben.

Wesentlich kostengünstiger einzusetzen sind dagegen Erntewagen mit einer erhöhten Arbeitsbühne, die sowohl für die Ernte, wie auch beim Baumschnitt verwendet werden können. Neben dem Vorteil der Mehrfachnutzung bieten sie gleichzeitig mehreren Arbeitskräften Arbeitsmöglichkeiten und erfordern dennoch nur einen Schlepperfahrer. Um wirtschaftlich eingesetzt werden zu können, setzen sie allerdings eine noch genauere Abstimmung des Pflanzsystems und der Baumform auf die Form, Breite und Höhe des Wagens voraus, als die schwenkbaren Hebebühnen. In der Regel können auf diese Weise nur Hecken mit geringer Tiefenausdehnung in langen Reihen geschnitten werden, die ebenfalls nur in Südeuropa und in Übersee anzutreffen sind.

Pflückschlitten für niedrige Baumformen

Für Baum- und Kronenformen bis zu 3 m Gesamthöhe werden für den Baumschnitt weder Leitern noch Erntewagen oder Hebebühnen benötigt. Bis zu einer Höhe von 2 m lassen sie sich vom Boden schneiden, während die oberen Kronenteile bequem von »Pflückschlitten« aus erreicht werden können. Auch dieses Hilfsgerät wurde zunächst, wie der Name sagt, zur Erleichterung der Erntearbeiten entwikkelt. Erst danach stellte sich seine gute Eignung als Arbeitsbühne für die Schnittarbeiten an niedrigen Bäumen heraus. Seitdem werden die Pflückschlitten mindestens ebenso häufig beim Baumschnitt wie bei den Erntearbeiten eingesetzt (Abb. 118a; S. 154).
Der Vorteil der Pflückschlitten gegenüber den Leitern bezüglich Sicherheit und Handlichkeit kann nur voll genutzt werden, wenn einige wesentliche Konstruktionsprinzipien an den Schlitten beachtet werden. Sie müssen standfest, leicht umzusetzen, stabil und ausreichend tragfähig sein, dabei aber gleichzeitig auch ein geringes Eigengewicht besitzen. Ihr Rahmen besteht daher in der Regel aus Eisenrohr, wobei die auf den Boden aufsetzenden Teile schlittenähnlich kufenartig gebogen sind. Das

verhindert das Einsinken des Schlittens in den Boden, gleichzeitig ermöglicht es aber ein leichtes Nachziehen bei der Veränderung des Standplatzes. Die Kippsicherheit muß durch einen leicht konischen Aufbau des Schlittens gewährleistet werden, indem die Kufen an ihrer Grundfläche die Auftrittsfläche in Breite und Länge überragen. Die Auftrittsfläche selbst muß aus Vierkant-Eisenstäben oder Welldrahtgeflecht bestehen, um ausreichend rutschsicher zu sein. Zur Erleichterung des Aufsteigens auf den Schlitten ist etwa auf halber Höhe an jeder Längsseite eine durchgehende Auftrittssprosse unbedingt erforderlich.

a

b

Abb. 118 Die Arbeitsbühnen für zweckmäßige niedrige Baumformen

a »Pflückschlitten« als Arbeitsbühne für den Erwerbsanbau zur Ausführung aller Sommer- und Winterschnittmaßnahmen bis zu einer Höhe von 3 m.

b Stabile Haushaltsleiter mit breitem Sprossenauftritt und zusätzlichen breiten Aufsetzplatten an den Holmen für den Hausgarten.

Die Schnittholzbeseitigung

Abtransport, Verbrennen oder Kompostieren im Hausgarten

Die Frage, wie das Schnittholz einfach und schnell aus den Obstanlagen herausgeschafft oder in den Anlagen selbst beseitigt werden kann, stellt sich heute in erster Linie noch in den Hausgärten, gelegentlich aber auch in älteren Erwerbsobstanlagen mit kräftigen Kronen, sowie nach Verjüngungs- und Umveredlungsmaßnahmen. In den Hausgärten wird das stärkere Holz überwiegend durch einen Abtransport auf eine geeignete Mülldeponie oder durch Verbrennen zu beseitigen sein. Die regional unterschiedlichen Bestimmungen für das Verbrennen von Schnittholz in der freien Landschaft und in Wohngebieten müssen dabei allerdings beachtet werden. Das dünnere Reisigholz kann bei einer sachgemäßen Pflege des Komposthaufens im eigenen Garten verwertet werden. Allerdings sollte der Kompostierung eine ausreichende Zerkleinerung, zum Beispiel mit den für Liebhaber-Gärtner verbreitet angebotenen Komposthäckslern, vorausgehen.

In gleicher Weise ist in Erwerbsobstanlagen zu unterscheiden zwischen einer nur gelegentlich erforderlichen Beseitigung starken Holzes aus

Bild rechts: Maschinelle Schnittholzzerkleinerung
Durch Überfahren des Schnittholzes mit einem Sichel-Mulchgerät wird das Schnittholz an Ort und Stelle zerkleinert.

den Anlagen und der jährlichen Zerkleinerung des schwachen Holzes innerhalb der Obstanlagen direkt auf den Fahrstreifen. Im Gegensatz zum Obstbau früherer Jahre, wo jährlich größere Mengen starkes Holz anfielen, sind Spezialgeräte zum Abtransport des Holzes aus den Anlagen beziehungsweise zum Sammeln auf einem Brennplatz heute nicht mehr erforderlich. Jeder schleppergezogene und ausreichend schmale Allzweckanhänger kann im Bedarfsfall für den Abtransport des Holzes eingesetzt werden.

Maschinelle Zerkleinerung im Erwerbsbetrieb

Das überwiegend anfallende schwächere Holz kann durch Mehrzweck-Anbaugeräte an den Schlepper an Ort und Stelle zerkleinert werden. Mit diesen Geräten wird im Sommer das Gras in den Fahrgassen gemulcht und im Winter das Schnittholz gehäckselt. Derartige Mulchgeräte werden derzeit nach zwei Konstruktionsprinzipien gebaut. Als »Sichel-Mulchgerät« mit horizontal arbeitenden Messern müssen sie entsprechend ihrem Einsatz mit unterschiedlichen Messern bestückt werden. Für die hauptsächliche Nutzung als Gras-Mulchgerät werden schwächere, mehr schneidende Messer benötigt, zum Holzzerkleinern im Winter müssen sie gegen schwere, schlagende Messer ausgewechselt werden. Die »Schlegel-Mulchgeräte« arbeiten dagegen im Sommer und Winter mit den gleichen freipendelnden, an einer Walze aufgehängten und vertikal schlagenden Schlegeln.

Die anfänglichen Bedenken gegen ein Zerkleinern des Schnittholzes in den Obstanlagen sind heute weitgehend gegenstandslos geworden. In gepflegten Anlagen ist auch nach dem Häckseln kein höherer Infektionsdruck bei Schädlingen und Krankheiten festzustellen als in Anlagen, aus denen das Schnittholz entfernt wurde. Lediglich erkennbar krankes Holz sollte außerhalb der Anlagen verbrannt werden.

Der Beerenobstschnitt

Der Schnitt des Strauchbeerenobstes

Alle bisherigen Ausführungen über die Erziehung und den Schnitt der Obstgehölze hatten ausschließlich für das Baumobst Gültigkeit. Die Obststräucher (Johannisbeeren, Stachelbeeren und Heidelbeeren) und die Obsthalbsträucher (Himbeeren und Brombeeren) unterliegen wegen ihres völlig anderen Pflanzenaufbaues dagegen anderen Erziehungs- und Schnittgesetzen. So sind sie mit wenigen Ausnahmen immer wurzelecht, benötigen also keine Unterlagen und haben daher auch keine Veredlungsstellen. Mit Ausnahme der Stachelbeeren können, ja sollten sie sogar recht tief gepflanzt werden. Da sie zur Bildung von Stämmen nicht fähig sind, kennt man bei ihnen auch keinen regelmäßigen Kronenaufbau mit Leitästen und Rangordnungen innerhalb der einzelnen Kronenorgane. Selbst die gelegentlich in Hausgärten anzutreffenden Johannis- und Stachelbeerstämme, die durch die Verwendung von stammbildenden Unterlagen und die Ausführung von Kopfveredlungen gewonnen werden, machen hier keine Ausnahme.

Triebbildung

Sämtliche oberirdischen Organe der Büsche entstehen beim Strauchbeerenobst unmittelbar aus dem Wurzelstock. Anders als beim Baumobst werden sie unter dem Einfluß eines zweckmäßigen Schnittes bei den Sträuchern nur selten älter als 5 bis 6 Jahre, bei den Halbsträuchern sogar nur 1 Jahr alt. Nur die Kronenorgane der Stämme und die Gerüstäste bei einigen Heckenerziehungsmethoden müssen zwangsläufig ein höheres Alter erreichen, da sonst ein ständiger Neuaufbau der Pflanzen mit erheblichen Ertragsausfällen erfolgen müßte. Die Triebe der Büsche werden dagegen bereits nach wenigen Jahren durch neue Bodentriebe ersetzt. Wann das zu geschehen hat, hängt von der Obstart, gelegentlich sogar von der Obstsorte ab. Auf diese Besonderheiten der Trieberneuerung wird bei der Besprechung der einzelnen Beerenobstarten näher eingegangen.

Fruchtbildung

Die Kurzlebigkeit der Trieborgane verleiht dem Strauchbeerenobst zwar eine geringere Lebenserwartung, als sie den meisten Baumobstarten eigen ist, sie führt aber auch zu deutlich früheren Erträgen. Alle Arten tragen nämlich bereits am einjährigen Holz – die Halbsträucher sogar ausschließlich an den einjährigen Ruten – und erfordern daher keine Umwandlung von Holz- zu Fruchttrieben, wie das zum Beispiel beim Kernobst verbreitet erforderlich ist. Die Fruchttriebe können sowohl Lang- wie auch Kurztriebe sein. Dabei überwiegen in der Jugendphase die langen Triebe mit besonders schönen Früchten, während an älteren Sträuchern vornehmlich Kurztriebe mit gleichzeitig abfallender Fruchtqualität zu finden sind. Auch aus diesem Grund muß beim Schnitt für eine ständige Verjüngung der Büsche gesorgt werden.
Da alle Strauchbeerenobstarten selbstfruchtbar sind, sich also mit dem eigenen Blütenstaub befruchten können, sind sie nicht nur frühe, sondern auch sehr regelmäßige Träger. Eine sichere Unterscheidung nach Holz- und Fruchtknospen ist allerdings im Gegensatz zum Baumobst bei keiner Beerenobstart möglich. Lediglich die Terminalknospen der Langtriebe sind immer Triebknospen. Eine besondere Knospenkenntnis ist für den Schnitt des Beerenobstes aber auch gar nicht erforderlich, weil eigentlich nie ein Mangel an Fruchtknospen besteht. Deshalb sind auch Sondermaßnahmen zur Fruchtknospenbildung, wie sie zum Beispiel beim Kernobst oft ergriffen werden müssen, beim Beerenobst überflüssig. Nicht verzichtet werden kann dagegen bei einigen Arten auf Maßnahmen, die den Fruchtansatz zugunsten einer guten Fruchtqualität regulieren. Auch hierauf wird an geeigneter Stelle hingewiesen.

Schnitt und Erziehung der Roten Johannisbeeren

Von allen Strauchbeerenobstarten haben zweifellos die Roten Johannisbeeren die weiteste Verbreitung. Insbesondere in den Hausgärten sind sie stark vertreten, aber auch in kleineren Familienbetrieben gehören sie zu jenen Obstarten, die bereits früh im Jahr die ersten Einnahmen liefern.
Während es noch bis vor wenigen Jahren für die Buscherziehung keine brauchbare Alternative gab, hat in der Beurteilung der Erziehungsmethoden und des Schnittes der Roten Johannisbeeren derzeit ein Prozeß des Umdenkens eingesetzt. Vornehmlich im Erwerbsanbau werden seit Mitte der 70er Jahre die Neuanlagen mehr und mehr als Hecken am Drahtrahmen erstellt, eine Erziehungsmethode, die auch für den Hausgarten wesentliche Vorteile bringt. Dennoch überwiegen in bestehenden Anlagen zur Zeit noch immer die Johannisbeerbüsche. Im Hausgarten sind darüber hinaus vereinzelt auch Halb- und Hochstämme anzutreffen. Sie bieten jedoch mehr Nachteile als Vorteile, und es sollte deshalb auch im Hausgarten künftig auf die Stammerziehung zugunsten anderer Erziehungsformen verzichtet werden.

Johannisbeerbüsche

Nur ein schneller Holzumtrieb ermöglicht auch im fortgeschrittenen Alter der Johannisbeerbüsche noch eine gleichbleibend gute Fruchtqualität. Auf dieses Ziel der ständigen Trieberneuerung darf nicht nur der Schnitt ausgerichtet sein. Auch das Pflanzen muß so erfolgen, daß ein kontinuierliches Auswechseln älterer gegen junge Bodentriebe möglich wird. Das setzt im Gegensatz zum Baumobst ein besonders tiefes Pflanzen voraus. Zu hoch gepflanzte Büsche bilden keine Ersatztriebe aus dem Wurzelstock, so daß es schnell zur Überalterung des Holzes mit einer gleichzeitig starken Abnahme der Traubenlänge und Beerengröße kommt.

Der Schnitt der Johannisbeerbüsche besteht demnach hauptsächlich aus einem ständigen Aufbau junger Triebe zu neuen Tragästen bei gleichzeitiger Entfernung zu alter, abgetragener Äste. Trotz dieser sehr einfach erscheinenden Schnittmethode können die Büsche der Johannisbeeren nicht, wie bei anderen Beerenobstarten durchaus möglich, schematisch geschnitten werden. Es müssen vielmehr einige sortenabhängige Besonderheiten sehr genau beachtet werden.

Aufbau und Schnitt schwachwachsender Sorten

Lediglich der Pflanzschnitt kann sortenunabhängig einheitlich vorgenommen werden, indem alle vorhandenen Triebe auf eine Länge von etwa 20 cm über dem Boden zurückgeschnitten werden. Bereits vom zweiten Jahr an muß aber das sortenunterschiedliche Verhalten berücksichtigt werden. Hierbei sind 2 Sortengruppen zu unterscheiden. Zur einen Gruppe gehören jene Sorten, die keine ausreichend starken und deshalb sich nicht selbsttragenden Triebe und Äste bilden. Von den wirtschaftlich bedeutenden Sorten gehören hierzu 'Heros', 'Red Lake' und 'Stanza', von den Liebhabersorten 'Fays Fruchtbare', 'Palandts Sämling' und 'Laxtons Nr. 4'.
Aufrechtstehende und nicht auseinanderfallende Büsche können aus diesen Sorten nur dann gebildet werden, wenn alle Triebe – der fertige Strauch sollte aus insgesamt ungefähr 8 Ästen bestehen – jährlich um etwa ein Drittel ihres Zuwachses zurückgeschnitten werden. Nur mit diesem die Standfestigkeit stärkenden Schnitt kann unter der Last der Früchte ein Absinken der Triebe und Äste auf den Boden vermieden werden. Auch das Seitenholz muß bei diesen Sorten stets zurückgeschnitten werden, wobei die einzelnen Äste nach dem Schnitt einen spitzpyramidalen Aufbau mit etwas längeren Seitentrieben an der Basis und kürzeren an der Astspitze aufweisen müssen. Übermäßige Vergabelungen des Seitenholzes müssen durch Ableiten auf Triebe nahe den Hauptästen vermieden werden (Abb. 119; S. 158).

a b

Abb. 119 Der Schnitt schwachwachsender Roter Johannisbeeren

a Johannisbeerbusch der Sorte 'Heros' nach dem vierten Standjahr vor dem Schnitt.
b Nach dem Auslichten und Anschneiden der Verlängerungstriebe und des Seitenholzes.
c Einzelner Ast der Sorte 'Heros' vor dem Schnitt.
d Nach dem Einkürzen des Verlängerungstriebes und der Seitentriebe unter Einhaltung der Rangordnung mit längeren basisnahen und kürzeren Trieben an den Astspitzen.

c d

Da der jährliche Rückschnitt zwangsläufig zu einem verzögerten Aufbau der Büsche führt, darf das Auswechseln der alten Äste gegen junge Triebe bei diesen Sorten erst nach fünf bis sechs Jahren erfolgen. Um Ertragseinbußen zu vermeiden, muß das Ersetzen der überalterten Äste durch einen rechtzeitigen Aufbau junger Triebe zu leistungsfähigen Tragästen frühzeitig vorbereitet werden. Hierzu wird bereits 2 Jahre vor dem Wechsel ein Ersatz-Bodentrieb angeschnitten und im folgenden Jahr weiter aufgebaut. Nur diese Bodentriebe mit Ersatzfunktion bleiben erhalten, alle anderen werden jährlich beseitigt. Zweckmäßigerweise sollten in keinem Jahr mehr als 2 Äste ausgewechselt werden. Nur dann bleibt diese Maßnahme ohne Einfluß auf den Gesamtertrag des Busches.

Aufbau und Schnitt starkwachsender Sorten

Bei nahezu allen anderen Sorten, wie zum Beispiel bei 'Rondom', 'Heinemanns Rote Spätlese', 'Rotet' oder 'Rosetta' erübrigt sich ein jährlicher Rückschnitt der Astverlängerungen wie auch des Seitenholzes. Lediglich zu starke Nebentriebe müssen ganz entfernt werden. Der Rückschnitt erübrigt sich deshalb,

weil diese Sorten auch ohne das Zurücksetzen ausreichend kräftige und standfeste Triebe und Äste bilden. Als Folge des unterlassenen Rückschnittes bleibt das Seitenholz verhältnismäßig kurz (Abb. 120).
Daher kann die Zahl der Äste ausgewachsener Büsche bei diesen Sorten auch auf 10 bis 12 Äste erhöht werden, ohne daß die Büsche zu dicht werden. Allerdings muß wegen des fehlenden Rückschnittes das Erneuern der Äste auch bereits nach 3 Jahren erfolgen. Andernfalls nimmt die Fruchtbildung am älteren Holz zu stark zu, wodurch die Traubenlänge schnell abnimmt. Auch bei dieser Erziehung muß das Auswechseln des Holzes in Abschnitten erfolgen. Daher bestehen die leistungsfähigsten Büsche zu je einem Drittel aus ein-, zwei- und dreijährigen Trieben und Ästen.
Der unterlassene Rückschnitt erleichtert nicht nur die Schnittarbeit und führt dabei gleichzeitig zur Bildung schmalerer Äste, die wiederum eine vermehrte Astzahl je Busch erlauben, er fördert vielmehr auch die Fruchtbarkeit jedes einzelnen Triebes und Astes. Gerade am Übergang vom älteren zum jüngeren Holz bilden sich nämlich an ungeschnittenen Trieben besonders zahlreich Fruchtknospen (Abb. 121; S. 160). Diese Häufung von Fruchtknospen bleibt nach einem Rückschnitt zwangsläufig aus. Lediglich der Zwang zum Rückschnitt bei der anfangs genannten Sortengruppe erlaubt es nicht, sich generell dieses Vorteils zu bedienen und alle Sorten ungekürzt zu lassen.
Eine Sonderstellung nimmt die Sorte 'Jonkheer van Tets' ein. Sie hat mittelstarke Triebe und Äste und kann daher eigentlich keiner der beiden Gruppen zugeordnet werden. Bei der Buscherziehung führt deshalb ein unterlassener Rückschnitt während der Zeit der Fruchtreife zum Absenken der Äste bis in Bodennähe. Versandete Früchte und durchgerieselte faule Trauben sind die Folge. Deshalb muß auch bei dieser Sorte grundsätzlich zum Rückschnitt geraten werden. Da hiermit aber eine Ertragseinbuße verbunden ist, die besonders bei dieser frühesten und deshalb am Markt höchstbezahlten und auch für den Liebhaber sehr wertvollen Johannisbeersorte nur ungern in Kauf genommen wird, wurde dieser Sorte schon bald eine besondere Eignung für die Heckenerziehung zugesprochen. Hierdurch

Abb. 120 Der Schnitt starkwachsender Roter Johannisbeeren
a Johannisbeerbusch der Sorte 'Rondom' nach dem vierten Standjahr vor dem Schnitt.
b Nach dem Auslichten. Ein Anschnitt der einjährigen Triebe ist hier weder bei den Astverlängerungen noch beim Seitenholz erforderlich.
c Einzelast der Sorte 'Rondom'. Hier erübrigt sich jeder Schnitt.

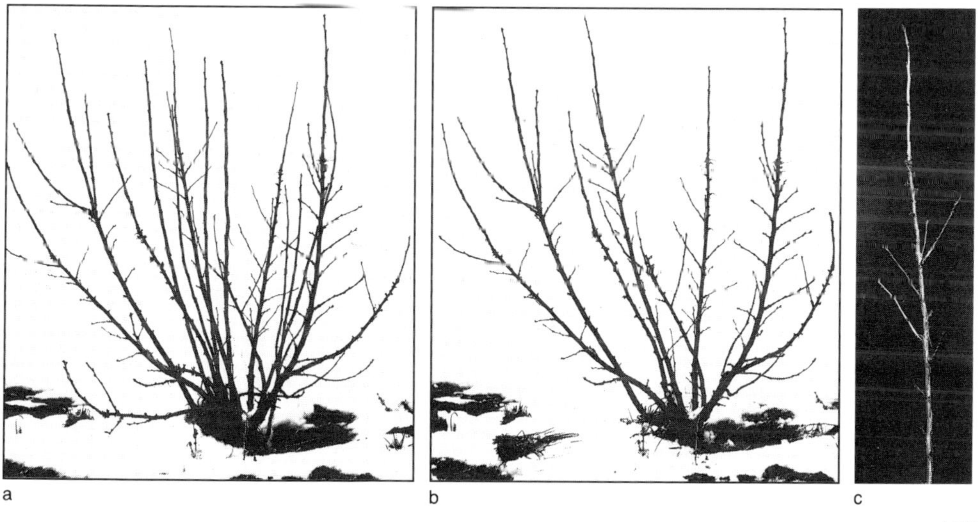

a b c

a b c

Abb. 121 Die Fruchtknospenbildung an Roten Johannisbeeren unter dem Einfluß des Schnittes
a Häufung von Knospen in der Nähe der Terminalknospe eines einjährigen Triebes der Sorte 'Rondom'.
b Starke Bildung von Blütenknospen am Übergang vom einjährigen zum zweijährigen Holz nach unterlassenem Rückschnitt des einjährigen Triebes.
c Reiche Fruchtbildung am Übergang vom einjährigen zum zweijährigen Holz im folgenden Sommer.

kann durch Anheften am Draht oder durch Abstützen mit seitlich geführten Drähten das Umlegen auch ohne Rückschnitt unterbunden werden.

Johannisbeerhecken

Behandlung einiger älterer Heckenformen

Da Johannisbeer-Qualitätsfrüchte, so wie der Markt sie heute als Schalenware verlangt und wie sie jeder Liebhaber gerne in seinem Garten heranwachsen sieht, bei gleichzeitig hohen Flächenerträgen mit der Buscherziehung nur schwer zu erzielen sind, wurde schon frühzeitig versucht, auch diese Obstart in der Form einer Hecke zu erziehen. Das führte zunächst zu lose aufgebauten Hecken, bei denen die Äste der Sträucher aller Sorten ohne Rückschnitt blieben, auf etwa 8 je Strauch beschränkt und im dreijährigen Rhythmus ausgewechselt wurden. Zwei in Reihenrichtung seitlich gespannte Stützdrähte verhinderten das Auseinanderfallen.

Diese Erziehung als »Hecke im Doppeldraht« brachte den wesentlichen Vorteil, daß auch bei den schwachtriebigen Sorten das Einkürzen überflüssig wurde und als Folge dieses naturgemäßeren Schnittes, aber auch bedingt durch die engeren Reihenabstände, die Flächenerträge deutlich erhöht werden konnten. Keine wesentliche Verbesserung erfuhr durch diese Methode aber die Fruchtqualität, weil die Trauben in den oft sehr dichten Pflanzreihen, im Laub verborgen, schlecht belichtet heranreiften. Zudem stellte die Erstellung der Drahtanlage eine zusätzliche Belastung der Anlagekosten dar. Wegen der nur mittleren Fruchtqualität brachten die Mehrerträge je Flächeneinheit hierfür keinen angemessenen Ausgleich.

Deshalb wurde gelegentlich versucht, eine Hecke ohne Drahtgerüst aufzubauen, indem die Pflanzreihen zunächst so angelegt wurden, als handle es sich um eine Buschpflanzung. Erst die weitere Erziehung vollzog sich dann nach anderen Gesichtspunkten. Vom zweiten Standjahr an wurden von jedem Busch nach jeder Seite in Reihenrichtung je ein einjähri-

ger Trieb heruntergebogen und flach auf oder in den Boden gelegt und mit in den Boden gesteckten Drahthaken am Wiederaufrichten gehindert. Aus diesen abgelegten Trieben, die sich bereits nach kurzer Zeit bewurzelten, bildeten sich nach dem Gesetz der Oberseitenförderung bald zahlreiche senkrechtwachsende Triebe. Mit ihrer Hilfe entstand schnell eine vieltriebige, zwanglos aufgebaute Hecke.
Da bei dieser Methode die Triebe bereits jeweils nach 2 Jahren ausgewechselt werden mußten, herrschte hierbei das junge und leistungsfähige Holz vor. Das ergab bei etwa 8 Trieben je Meter Hecke eine gute Fruchtqualität, erschwerte gleichzeitig aber die Unkrautbekämpfung – auch heute noch eine wichtige Arbeitsposition im Strauchbeerenobst – erheblich. Da die Triebe schon nach dem zweiten Jahr ausgewechselt werden mußten, blieb auch die Flächenleistung trotz dichter Reihen nur mäßig hoch.

Aufbau und Schnitt der »Dreiasthecke am Drahtrahmen«

Beide Heckenerziehungsmethoden konnten das Problem, eine gute Fruchtqualität bei gleichzeitig hohen Flächenerträgen zu produzieren, nur unvollkommen lösen. Die Bemühungen mußten scheitern, weil die Erkenntnis noch nicht Platz gegriffen hatte, daß dieses Ziel nur dann zu erreichen ist, wenn hierfür auch entsprechende Aufwendungen erbracht werden. Das führte zu der heute wohl intensivsten, aber auch lohnendsten Johannisbeerkultur in der Form der »Dreiasthecke am Drahtrahmen«.

Gerüstaufbau und Pflanzung Hierfür wird zunächst ein Gerüst mit Reihen-Endpfählen von 70–80 mm Durchmesser und Zwischenpfählen nach jeweils 7–8 m von 60–70 mm Stärke benötigt, die eingeschlagen etwa 1,80 m über dem Boden stehen sollten. An diesen Pfählen werden in 0,60, 1,20 und 1,80 m Höhe 3 Drähte gespannt, an denen später die Triebe aufgebunden werden können. Der Reihenabstand sollte etwa 2,50 m und der Abstand von Pflanze zu Pflanze muß 0,75 m betragen. Da jede Pflanze insgesamt nur aus 3 Ästen besteht, stehen demnach jedem Einzelast 0,25 m zur Ausdehnung in Reihenrichtung zur Verfügung.

Abb. 122 Das Beseitigen der bodennahen Triebe an Johannisbeeren bei der »Dreiastkrone am Draht« während der Sommermonate
a Die Begrenzung der Krone auf 3 Leitäste führt alljährlich zu einer reichen Triebbildung an der Kronenbasis.
b Nach dem Freischneiden der Kronenbasis bis 15 cm über dem Boden.

a

b

123 a

123 b

Abb. 123 Das Freistellen der Früchte von Roten Johannisbeeren mit Hilfe des Sommerschnittes bei der »Dreiastkronenerziehung am Draht«
a Hecke im dritten Standjahr, 'Rondom', vor dem Sommerschnitt.
b Nach dem Schnitt.
c und d Ein einzelner Strauch aus der gleichen Hecke vor und nach dem Schnitt.

Abb. 124 Der Zapfenschnitt an »Johannisbeer-Dreiastkronen am Drahtrahmen«
a Waagerechtes Ansetzen der Schere beim Wegschneiden zu starker Seitentriebe an den Gerüstästen.
b Schräger Zapfen mit gut erhaltenem unterem Astring als Folge des speziellen Zapfenschnittes.
c Kurztrieb- und Blütenknospenbildung aus dem Astring eines schrägen Zapfens 1 Jahr nach dem Schnitt (d).

123 c

123 d

124 a

124 b

124 c

Schneiden und Heften in der Jugendphase Der Aufbau der einzelnen Pflanzen bis zu ihrer endgültigen Größe erfolgt in der Regel bei allen Sorten ohne Rückschnitt der Gerüstäste. Nur unter extrem ungünstigen Standortbedingungen muß angeschnitten werden. Nach einem ungerechtfertigten Rückschnitt entstehen zu viele starke und für diese Erziehungsmethode hinderliche Seitentriebe. Außer den 3 Ästen, die das Kronengerüst bilden sollen, sind alle anderen Triebe schon beim Pflanzschnitt zu entfernen. In den folgenden Jahren empfiehlt es sich, die Stockausschläge und alle an der Basis der Gerüstäste entstandenen Triebe bereits im Frühjahr, und zwar bald nach dem Austrieb, und bei Bedarf noch einmal im Sommer im noch unverholzten Zustand auszubrechen (Abb. 122; S. 161).

Die 3 Gerüstäste werden im Abstand von 0,25 m senkrecht nach oben geführt und dabei jeweils nach dem Erreichen des nächsten Drahtes so angebunden, daß sie sich nicht am Draht verschieben können. Nach 3 Jahren ist die Gesamthöhe von etwa 1,70–1,80 m erreicht.

Schnittermine, Schnittechnik und Schneiden in der Ertragsphase Geschnitten wird hauptsächlich im Sommer, und zwar zunächst kurz vor der Fruchtreife, um die Trauben freizustellen. Dabei werden die starken Seitentriebe zunächst auf 2 bis 3 Augen eingekürzt und in einem zweiten Arbeitsgang nach der Ernte ganz entfernt (Abb. 123; S. 162). Das endgültige Beseitigen dieser Triebe darf im Gegensatz zur üblichen Schnittlehre nicht zapfenlos vorgenommen werden. Aus dem Astring der beseitigten kräftigen Triebe sollen nämlich im folgenden Jahr erneut Triebe hervorgehen, die sich im Gegensatz zu den entfernten und recht steil gewachsenen Trieben möglichst flach und schwach entwickeln sollen.

Dazu darf der Trieb nicht parallel zum Altholz weggeschnitten werden. Die Schere muß vielmehr senkrecht hierzu angesetzt werden. Nach einem derartigen Schnitt verbleibt an der Basis ein schräger Zapfen, der an der Unterseite länger als an der Oberseite ist. Dadurch werden die Beiaugen an der Unterseite des Zapfens geschont. Die Triebe, die aus ihnen im folgenden Jahr hervorgehen, müssen sich aufgrund ihrer Entstehung zwangsläufig flach und damit gleichzeitig auch schwach als Fruchtholz entwickeln (Abb. 124). Alle schwachen Seitentriebe an den Gerüstasten bleiben beim Schnitt ungekürzt.

Nach einem in dieser Weise vorgenommenen Sommerschnitt werden in den verbleibenden Sommer- und Herbstwochen die restlichen Strauchteile besonders gut belichtet und kön-

a

b

c

d

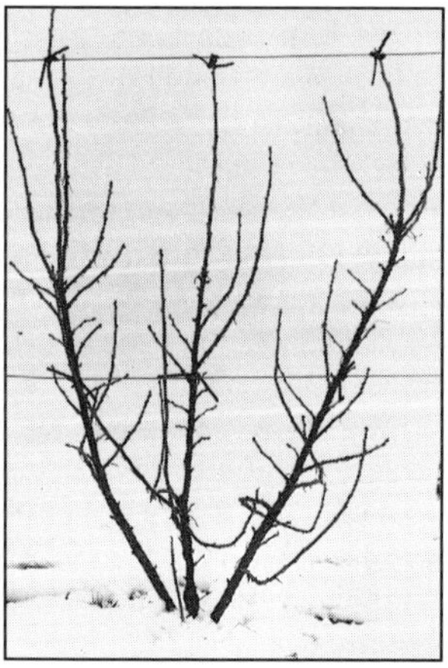
e

f

nen zahlreiche zusätzliche und gut entwickelte Fruchtknospen ansetzen. Besonders wertvoll sind dabei alle Triebe mit einer Länge zwischen 5 und 20 cm und möglichst wenig Bukett-trieben. Konnte der Sommerschnitt aus zeitlichen Gründen nicht durchgeführt werden, so muß im Winter der gesamte Schnitt nach den gleichen Grundsätzen nachgeholt werden (Abb. 125; S. 164). Andernfalls sind nach einem Sommerschnitt nur noch wenige Winterkorrekturen auszuführen.

Gesunde Johannisbeeräste können sehr alt werden. Nach einem zweckmäßigen Schnitt und ständiger Erneuerung des Seitenholzes wird daher erst in den späteren Jahren ein Auswechseln der Gerüstäste erforderlich. Durch Nachziehen junger Triebe aus dem Wurzelstock oder mit Hilfe von Seitentrieben nahe der Astbasis ist das mühelos möglich. Um nennenswerte Ertragseinbußen in der Gesamtpflanzung zu vermeiden, sollte entweder an jeder Pflanze ein Gerüstast nach dem anderen ausgewechselt, oder aber es sollten – auf 2 oder 3 Jahre verteilt – alle 3 Gerüstäste gleichzeitig an jeder zweiten oder dritten Pflanze neu aufgebaut werden.

Gelegentlich anzutreffende Abweichungen in der Zahl der Gerüstäste durch Begrenzung auf 2 oder sogar nur 1 Ast bei etwas erweiterten Pflanzabständen in der Reihe stehen nicht im Widerspruch zu der Erziehung einer Dreiasthecke. Sie sind in erster Linie regional- oder betriebsbedingt. Erziehungs- und schnittmäßig gelten hier wie dort die gleichen Grundregeln.

Abb. 125 Der Winterschnitt von Roten Johannisbeeren in »Dreiastkronenerziehung am Draht«

a Hecke nach dem zweiten Standjahr, 'Jonkheer van Tets', ohne Sommerbehandlung.

b Nach dem Freistellen der Gerüstäste durch Wegschneiden der Bodentriebe, der bodennahen Triebe und der zu starken Seitentriebe.

c und d Ein einzelner Strauch aus der gleichen Hecke vor und nach dem Schnitt.

e und f Dieselbe Behandlung an einem Strauch der an Kurztrieben reichen Sorte 'Rondom' nach 3 Standjahren und vorausgegangener Sommerbehandlung.

Schnitt und Erziehung der Schwarzen Johannisbeeren

Die geringe wirtschaftliche Bedeutung der Schwarzen Johannisbeeren als Folge hoher Pflückkosten und relativ niedriger Preise bei gleichzeitig geringen Stauchererträgen hat dazu geführt, daß wesentliche Anstrengungen zur Entwicklung moderner Erziehungsmethoden für diese Obstart bisher nicht unternommen wurden. Die Bemühungen zur Verbesserung des Wirtschaftserfolges waren daher vielmehr auf die Züchtung und die Auslese schüttelfähiger Sorten zur maschinellen Aberntung ausgerichtet, um die Erntekosten zu senken. Überall dort, wo Geräte zur maschinellen Beerntung eingesetzt werden sollen, muß sich daher die Erziehungsmethode dem speziellen Arbeitsvorgang der eingesetzten Geräte anpassen. In erster Linie kommen hierfür in schmalen Reihen gezogene Hecken ohne den Arbeitsvorgang der maschinellen Beerntung störende Gerüst- und Drahtunterstützung mit überwiegend jungem Holz in Frage.

Soll das Beernten durch Handpflücke erfolgen, was zum Beispiel in den Haus- und Liebhabergärten ausschließlich der Fall ist, werden die Sträucher fast ausnahmslos als Büsche erzogen. Der Schnitt unterscheidet sich dabei kaum vom Schnitt jener Sorten der Roten Johannisbeeren, die ohne Rückschnitt der Jahrestriebe aufgebaut werden, wie zum Beispiel die Sorte 'Rondom' (Abb. 126, 127; S. 166). Der Austausch der älteren Triebe muß hier jedoch noch frühzeitiger erfolgen. Spätestens nach dem dritten, besser schon nach dem zweiten Jahr sollte der Austausch gegen junge Triebe vorgenommen werden. Selbst bei den für Schwarze Johannisbeeren verhältnismäßig langtraubigen Sorten 'Rosenthals Langtraubige Schwarze' und 'Silvergieters Langtraubige Schwarze' führt die artbedingte Kurztraubigkeit der Schwarzen Johannisbeeren schon am dreijährigen Holz zu so kurzen Trauben, daß kaum noch nennenswerte Pflückleistungen zu erzielen sind. Lediglich am ein- und zweijährigen Holz haben die Trauben eine ansprechende Länge.

a b c

Abb. 126 Der Sommerschnitt der Schwarzen Johannisbeeren als Ersatz des Winterschnittes
a 8jähriger Johannisbeerbusch der Sorte 'Rosenthals Langtraubige Schwarze' nach der Ernte und vor dem Schnitt.
b Auslichten aller im Winter ohnehin zu beseitigenden Triebe und Äste.
c Nach dem Sommerschnitt. Bis zum Winter werden sich in diesem lichten Strauch die verbliebenen Triebe und Äste besonders kräftig entwickelt haben und reich mit Blütenknospen besetzt sein. Ein Nacharbeiten ist kaum noch erforderlich.

Abb. 127 Der Winterschnitt der Schwarzen Johannisbeeren
a Johannisbeerbusch nach dem dritten Standjahr, 'Silvergieters Langtraubige Schwarze', vor dem Schnitt.
b Nach dem Wegschneiden aller zu bodennahe stehenden jungen und älteren Triebe, der überzähligen und nicht als Ersatztriebe für die ersten zu beseitigenden 3jährigen Triebe benötigten Bodentriebe und dem Ableiten auf tieferstehende Vergabelungen.

Schnitt und Erziehung der Stachelbeeren

Im Gegensatz zu allen anderen Beerenobstarten, die sich kurzfristig ständig aus dem eigenen Wurzelstock regenerieren sollen und deshalb tief gepflanzt werden müssen, sollten alle Stachelbeeren bei der Pflanzung möglichst hoch gesetzt werden. Ein tiefes Pflanzen führt hier alljährlich zu einer Vielzahl von mehr oder weniger schwachen Bodentrieben, die beim jährlichen Schnitt nur mühevoll beseitigt werden können. Am leichtesten lassen sich die lästigen Bodentriebe vermeiden, wenn alle Stachelbeeren, unabhängig von der jeweiligen Erziehungsmethode, mit kurzen »Fußstämmen« von 0,20–0,25 m Höhe gepflanzt werden. Auf die Pflanzung echter Büsche sollte also ganz verzichtet werden.

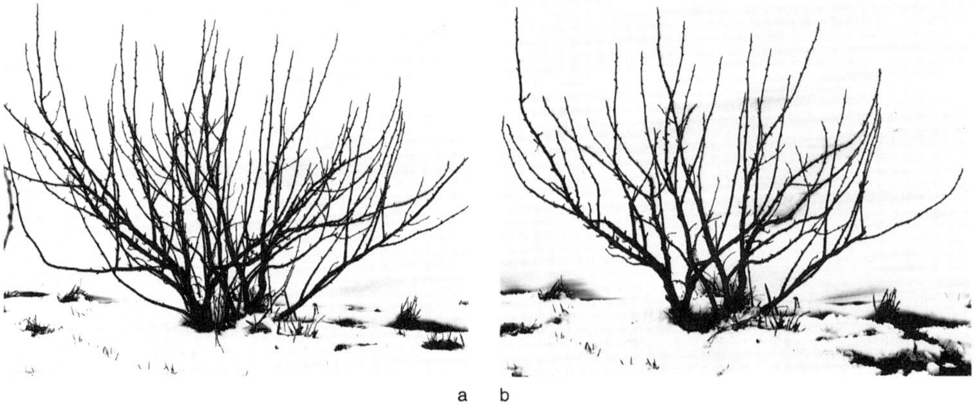

a b

a b

Abb. 128 Der Schnitt von Stachelbeer-Fußstämmchen
a 8jähriges Stachelbeer-Fußstämmchen, 'Rote Triumph', vor dem Schnitt.
b Nach dem Anschnitt aller verbliebenen kräftigen einjährigen Triebe.

Fuß- und Hochstämme

Diese Fußstämme sind nicht mit den im Hausgarten häufiger anzutreffenden »Halb- oder Hochstämmen« zu verwechseln. Im Gegensatz zu diesen wesentlich höheren Stämmen benötigen sie nämlich keinen Pfahl. Nur schnittmäßig werden ihre Kronen einheitlich behandelt, indem sie wie ein Busch mit etwa 8 bis 10 verhältnismäßig kräftigen Ästen aufgebaut werden. Ihre Kräftigung erfahren die Äste bis zum Ende der Aufbauphase durch einen jährlichen Rückschnitt. Danach wird der endgültige Kronenumfang durch jährliches Ableiten auf geeignete jüngere Triebe erhalten (Abb. 128).
Auch das Seitenholz muß eingekürzt werden, wobei entsprechend der Rangordnung und zum Zwecke einer guten Belichtung aller Kronenteile die tieferstehenden Seitentriebe länger bleiben müssen als die höherstehenden. Da geeignete Bodentriebe fehlen, kann der Austausch des alten gegen junges Holz nur im Rahmen der zur Verfügung stehenden Jungtriebe aus der Kronenbasis erfolgen. Weil derartige Triebe aber recht selten vorhanden sind, bleibt das Kronengerüst der Fuß-, Halb- und Hochstämme in der Regel über viele Jahre in seiner ursprünglichen Form erhalten.

Büsche

Im Gegensatz hierzu können echte Büsche, also Stachelbeeren ohne Stamm, nach Belieben mit Hilfe der sehr zum Verdruß jedes Besitzers eines Stachelbeerbusches überreich gebildeten Bodentriebe jung erhalten werden. Wegen des vergleichsweise schwachen Wuchses der Stachelbeeren gegenüber den Johannisbeeren und wegen des sich daher nur langsam vollziehenden Neuaufbaues zu einem tragfähigen, kräftigen Ast, dürfen allerdings hier die zu ersetzenden älteren Triebe nicht jünger als 5 bis 6 Jahre sein. Nach vollendetem Aufbau sollte ein Stachelbeerbusch aus 8 bis 10 Hauptästen mit ausreichender Seitenholzgarnierung bestehen.
Beim jährlichen Schnitt sind grundsätzlich alle überzähligen Bodentriebe ohne Ersatzfunktion zu entfernen. Die nicht aus dem Boden hervorgegangenen Jahrestriebe sind einzukür-

a b c

Abb. 129 Der Schnitt von Stachelbeer-Büschen
a 6jähriger Stachelbeer-Busch, 'Hönings Früheste', vor dem Schnitt.
b Nach dem Entfernen der nicht als Ersatztriebe für abgängiges Altholz benötigten Bodentriebe.
c Nach dem Anschnitt aller einjährigen Triebe einschließlich der Ersatztriebe.

Abb. 130 Der Schnitt der »Stachelbeer-Dreiastkrone am Draht«
a Dreiastkrone, 'Rote Triumph', nach dem dritten Standjahr vor dem Schnitt.
b Nach dem Freistellen der 3 Kronenäste, dem Beseitigen aller bodennahen und überzähligen Triebe, dem Anschneiden der Kronenäste in der Saftwaage und aller einjährigen Triebe bei Einhaltung der Rangordnung mit längeren Seitentrieben an der Basis und kürzeren in Nähe der Astspitze.

zen. Eine Ausnahme machen lediglich die Kurztriebe unter 5 cm Länge. Das begrenzt den Fruchtansatz zugunsten der Fruchtqualität der sowohl am einjährigen Langholz wie am älteren kurzen Holz tragenden Stachelbeeren. Gleichzeitig stellt aber das Einkürzen der Triebe eine echte Pflanzenschutzmaßnahme bei der Bekämpfung des besonders an den Triebspitzenden vorhandenen »Amerikanischen Stachelbeermehltaus« dar. Diese wohl wirtschaftlich bedeutendste Krankheit der Stachelbeeren kann ohne diese zusätzliche manuelle Bekämpfung nicht ausreichend unterdrückt werden (Abb. 129).

a b

Dreiasthecke am Drahtrahmen

Die Erziehung der Stachelbeeren als Hecke bekam erst mit der Einführung der »Dreiasthecke am Drahtrahmen« für Johannisbeeren Bedeutung. Versuche, diese Erziehungsmethode auch für die Stachelbeeren anwendbar zu machen, zeigten bald, daß auch diese Obstart mit vielen Vorteilen in dieser Weise kultiviert werden kann. Die »Dreiasthecke am Drahtrahmen« ist inzwischen eine sehr interessante Erziehungsform für die Stachelbeeren geworden (Abb. 132; S. 170).

Voraussetzung für das Gelingen dieser Erziehung ist auch hier die Pflanzung mit 0,20 bis 0,25 m hohen Fußstämmen. Der Aufbau der Pflanzen bis zu ihrer endgültigen Größe unterscheidet sich von dem der Johannisbeeren nur hinsichtlich des Rückschnittes der 3 Haupt- und der zahlreichen Seitentriebe. Wie bei allen Stachelbeer-Erziehungsformen muß auch hier der Aufbau des Astgerüstes durch jährlichen Rückschnitt erfolgen, und dabei muß das Seitenholz stets eingekürzt werden (Abb. 130; S. 168).

Pflanzabstände und Gerüstaufbau gleichen ebenfalls der Johannisbeerhecke, wobei lediglich die Zahl der waagerechten Drähte wegen des geringeren Jahreszuwachses auf fünf erhöht werden muß. Die Spannhöhen betragen hier 0,20, 0,50, 0,90, 1,30 und 1,70 m.

Schnitt und Erziehung der Himbeeren

Die Himbeeren gehören zu den Halbsträuchern. Ihre Jahrestriebe dienen ausschließlich als Basis für die Kurztriebbildung des zweiten Jahres, an deren Spitze sich im Frühjahr die Blütenstände bilden. Nach der Fruchtausbildung haben sie ihre Funktion erfüllt und trocknen ab.

Himbeeren können deshalb fast schematisch geschnitten werden. Unmittelbar nach der Ernte, also noch im Sommer, müssen dabei alle abgetragenen Ruten unmittelbar am Bo-

Abb. 131 Der Schnitt der »Himbeeren am Doppeldraht«

a Himbeerhecke zwischen 2 Drähten zum Zeitpunkt der Fruchtreife und gleichzeitiger starker Entwicklung der Jungruten.

b Nach der Ernte und dem Herausschneiden der abgetragenen Ruten. Die Jungruten haben jetzt ausreichend Platz für ihre Entwicklung.

a

b

Abb. 132 Die »Stachelbeer-Dreiasthecke am Draht« besteht aus einer Dichtpflanzung innerhalb der Reihen von Fußstämmchen mit 3 Ästen in Reihenrichtung. Die lästigen Bodentriebe fehlen hier ganz.

den entfernt werden. Dadurch erhalten die inzwischen nachgewachsenen jungen Ruten als Fruchtträger des folgenden Jahres mehr Raum für ihre Entwicklung (Abb. 131; S. 169). Wer schon zu diesem Zeitpunkt die erforderliche Zahl der für das kommende Jahr benötigten Ruten abschätzen kann, sollte dabei gleichzeitig die überzähligen Jungruten entfernen. Das sollten zweckmäßigerweise die schwächsten Ruten sein. Je zahlreicher die Bodentriebe sind, um so wichtiger ist die frühzeitige Beseitigung der überzähligen Triebe. Bei einigen Sorten, zu denen zum Beispiel 'Malling Promise' gehört, ist sie wegen der überreichen Wurzelschoßbildung fast unerläßlich. Ist der Sommerschnitt der Jungruten unterblieben, muß diese Arbeit im Winter nachgeholt werden.

Die Zahl der benötigten Ruten als Basis für den Ertrag des kommenden Jahres hängt alleine von der Erziehungsmethode ab. Grundsätzlich müssen Himbeeren zwar mit einer entsprechenden Drahtunterstützung als Hecke erzogen werden, in welcher Weise das jedoch geschieht, hängt von den Anforderungen ab, die der Anbauer an die Himbeerkultur stellt und mit welchem Ziel er sie betreibt.

Hecke zwischen Doppeldrähten

Den geringsten Aufwand erfordert die Erziehung der Himbeeren zwischen Doppeldrähten. Hierzu sind an End- und Zwischenpfählen in etwa 1,10–1,50 m Höhe – je nach Wuchsstärke der Sorte – zwei durch Querhölzer gehaltene und parallel zueinander verlaufende Drähte im Abstand von 0,50 m zu spannen. Zwischen diesen Drähten finden die Tragruten wie auch die heranwachsenden Jungruten Halt, ohne angebunden zu werden (siehe auch Abb. 131; S. 169). Je Meter erlaubt diese Methode 10 bis 12 Tragruten. Das Heranwachsen der Jungruten zwischen den Tragruten erschwert bei dieser Erziehungsmethode die Ernte, und auch die Jungruten werden während ihrer Hauptwachstumszeit behindert (siehe auch Abb. 131; S. 169).

Einreihige Hecke am Draht

Geringer muß zwangsläufig die Zahl der Tragruten je Meter Himbeerhecke bei der Erziehung als »Einreihige Hecke am Draht« sein. Anstelle der Doppeldrähte werden hierbei zwei Drähte übereinander gespannt. Ihre Höhe sollte ungefähr 1 und 1,60 m betragen. Für Sorten mit besonders kräftigen Ruten, wie zum Beispiel die Sorte 'Schönemann', kann auf den untersten Draht auch verzichtet werden. An den Drähten werden die Tragruten im Abstand von etwa 15 cm senkrecht aufgebunden und ungefähr 10 cm über dem obersten Draht eingekürzt. Lediglich in Junganlagen mit einer unzureichenden Zahl von Tragruten ist es vertretbar, daß die Triebe zur Steigerung des Ertrages waagerecht am oberen Draht entlanggeführt, angebunden und nur wenig angeschnitten werden.

Der Vorteil dieser Erziehungsmethode sind besonders schmale Reihen, die wiederum enge Reihenabstände erlauben. Nachteilig ist während der Sommermonate das seitliche Herauswachsen der Jungruten aus den Reihen. Das Pflücken der Früchte im Inneren der Reihen wird hierdurch erschwert.

a

b

Abb. 133 Die Sommerentwicklung einer »Himbeerhecke am V-Gerüst«
a Bald nach Austrieb beginnen die Bodentriebe den Raum zwischen den Drähten zu füllen.
b Beginnende Ernte. Nach außen wird die Fruchtreife nicht durch Jungruten behindert.

Abb. 134 Das Aufbinden und Zurückschneiden der Himbeerruten am »V-Gerüst« im Winter.

Hecke in V-form

Einige Nachteile der bisher beschriebenen Erziehungsmethoden lassen sich vermeiden, wenn das Gerüst nicht senkrecht, sondern v-förmig schräg aufgebaut wird. Dazu werden im Abstand von 6–8 m quer zur Reihenrichtung jeweils 2 Pfähle als Pfahlpaar mit unmittelbar beieinanderliegenden Fußpunkten in den Boden geschlagen. Die insgesamt etwa 1,80 m aus dem Boden herausschauenden Pfähle sollen dabei in 1,60 m Höhe einen Abstand von 1–1,10 m haben. An jeden dieser Pfähle werden 1 oder 2 Längsdrähte übereinander in 0,90 und 1,70 m Höhe gespannt. Hieran können zusammen 10 bis 14 Ruten je Meter Himbeerhecke befestigt werden. Dabei ist darauf zu achten, daß die Ruten von innen an die Drähte geheftet werden. Nur so liegen sie später mit der Fruchtlast auf den Drähten, während sie beim Anbinden von außen an ihnen hängen und leicht brechen können. Abschließend werden auch hier die Ruten kurz über dem obersten Draht eingekürzt (Abb. 134; S. 171).

Der v-förmige Aufbau des Gerüstes erlaubt das ungehinderte Aufwachsen der Jungruten in der Mitte der Hecke, ermöglicht das Anbinden einer größeren Zahl von Ruten zugunsten höherer Flächenerträge und führt gleichzeitig zu einer guten Beschattung des Bodens unter der Hecke, was zu einer merklichen Unterdrückung des Unkrautwuchses führt. Nachteilig wirken sich die erhöhten Kosten und der Aufwand für die Erstellung des Gerüstes aus. Auch die Ernte der in die Heckenmitte hineinwachsenden Früchte ist etwas erschwert. Diese Nachteile werden jedoch durch den hohen Ertrag, die ansprechende Fruchtqualität und die leichte Beerntung des weitaus überwiegenden Teils der Früchte mehr als ausgeglichen (Abb. 133; S. 171).

Schnitt und Erziehung der Brombeeren

Brombeeren wachsen unter natürlichen Bedingungen bodennahe. Um sie als Kulturpflanze wirtschaftlich und zweckmäßig bearbeiten zu können, benötigen sie daher ein Unterstützungsgerüst. Dieses sollte, unabhängig von der jeweiligen Erziehungsmethode, aus Endpfählen mit einer Zopfstärke von 70 bis 80 mm und Zwischenpfählen im Abstand von 6–8 m und einem Durchmesser von 60 bis 70 mm bestehen. Alle Pfähle sollten eine lichte Höhe über dem Boden von 1,80 m haben.

Die Anzahl und Höhe der an den Pfählen zu befestigenden waagerechten Unterstützungsdrähte kann variieren und ist von der Erziehungsform abhängig. Grundsätzlich ist zwischen einer Erziehung in »Palmettenform« und der Erziehung mit »senkrechter Rutenstellung« zu unterscheiden. Die Palmettenerziehung benötigt insgesamt 4 Drähte in einer Höhe von 0,75, 1, 1,45 und 1,80 m, für die senkrechte Stellung sind 3 Drähte 0,60, 1,10 und 1,80 m über dem Boden erforderlich.

Alle Drähte, die darüber hinaus zusätzlich angebracht werden, verändern nicht in erster Linie die Erziehungsmethode, sondern haben nur ergänzende Sonderfunktionen. So kann sich in klimatisch ungünstigen Lagen mit strengen Winterfrösten das Anbringen eines weiteren Drahtes in 0,40–0,50 m Höhe als zweckmäßig erweisen. An ihm können die Jungruten bis zum Aufbinden im Frühjahr abgelegt und zum Schutz vor Frostschäden abgedeckt werden.

Abb. 135 Das Aufbinden der Brombeerranken
a und b Senkrechtes Aufbinden der »unbedornten« Sorte 'Thornfree' mit etwa 25 cm seitlichem Rankenabstand vor und nach dem Schnitt vor dem Austrieb im Frühjahr.
c Palmettenartiges Aufbinden der »bedornten« Sorte 'Theodor Reimers' zum gleichen Zeitpunkt.

a b c

a b c

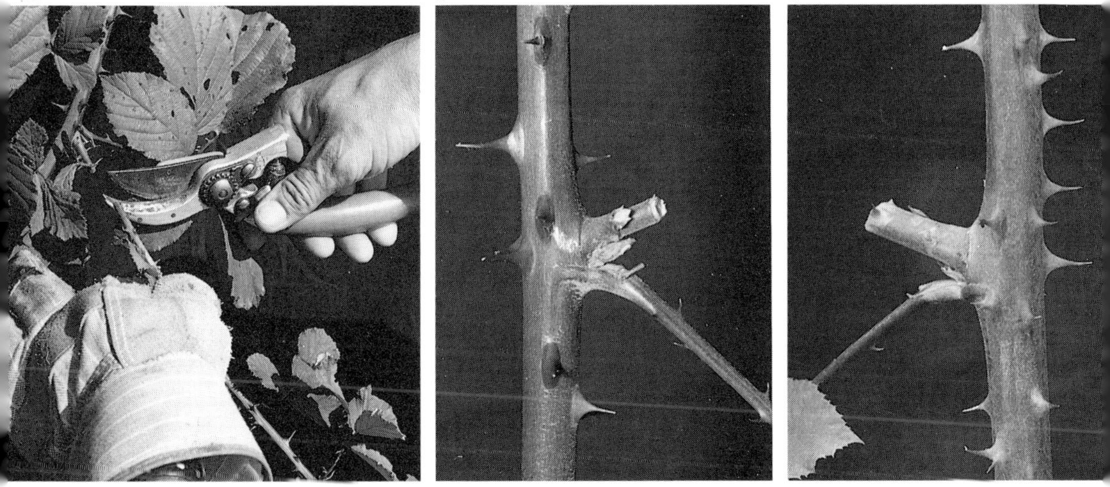

Abb. 136 Die Technik des Entgeizens der Brombeeren
a In Abhängigkeit von der Stärke der Ranken und der Ertragserwartung werden die Geiztriebe auf 1 bis 2 Augen eingekürzt.
b Eine gut entwickelte Basisknospe kurz vor dem Laubfall nach frühzeitigem Entgeizen.
c Eine schwache Knospe, die einen dementsprechend schlecht entwickelten Fruchtstand erwarten läßt, zum gleichen Zeitpunkt nach verspätetem Entgeizen.

Auch mit der Errichtung eines Doppelgerüstes im Abstand von 0,50 m und Querträgern zwischen den einzelnen Pfählen anstelle des einfachen Drahtrahmens ist weder eine Veränderung des Aufbaues der Hecke verbunden, noch nehmen die Doppeldrähte Einfluß auf die Schnittmaßnahmen. Lediglich das getrennte und von Jahr zu Jahr wechselnde Anheften der Tragruten an der einen und der Jungruten an der anderen Gerüstseite wird hierdurch ermöglicht. Das macht die gesamte Brombeerhecke sehr übersichtlich und erleichtert die Erziehung und den Schnitt. Andererseits entstehen zusätzliche Kosten durch das Erstellen des zweiten Gerüstes, und die Flächenleistung wird als Folge des erhöhten Platzanspruches für die Pflanzreihen durch das breite Gerüst geringer. Beides beeinflußt den Wirtschaftserfolg ungünstig.

Mit Ausnahme der sogenannten aufrechtwachsenden Sorten 'Wilsons Frühe' und 'Taylors Fruchtbare', die in gleicher Weise wie Himbeeren gestützt und erzogen werden, können an diesem Gerüst alle zur Zeit angebauten Brombeersorten erzogen werden. Also sowohl die »bedornte« Sorte (die allgemein als Dorn bezeichnete Bewehrung der Brombeeren ist botanisch richtig ein »Stachel«) 'Theodor Reimers', wie auch die heute überwiegend bevorzugten dornenlosen Sorten. Lediglich die Pflanzweite muß der Sorte und der Erziehungsmethode angepaßt werden. So benötigt 'Theodor Reimers' einen etwa 1,5mal so großen Abstand in der Reihe und von Reihe zu Reihe wie die übrigen Sorten, und die Erziehung mit senkrechtstehenden Ruten erlaubt einen um die Hälfte geringeren Abstand in der Reihe als die Palmettenerziehung.
Nach einem Pflanzschnitt etwa 0,40 m über dem Boden im Pflanzjahr beginnt vom zweiten Standjahr an der jährlich wiederkehrende Aufbau der Hecke. Das Anbinden der Ruten erfolgt dabei jeweils im zeitigen Frühjahr, und zwar unmittelbar nach den letzten nennenswerten Frösten. Da in der Regel mehr Ruten vorhanden sind, als benötigt werden, sollte die Auswahl der Ruten nach ihrer Stärke erfolgen. Je stärker eine Rute ist, um so zahlreicher werden an ihr Früchte gebildet und um so

a△ c▽

b

Abb. 137 Das Entgeizen der Brombeeren im Sommer

a Kräftige Geiztriebe lassen kaum den reichen Fruchtbehang der Sorte 'Thornfree' erkennen.

b Das Entgeizen an den »dornenlosen« Sorten kann ohne Schutzhandschuhe erfolgen.

c Nach dem Entgeizen können die Früchte reifen.

besser ist die Fruchtqualität. Bei der Erziehung mit senkrechten Ruten erfolgt das Aufbinden der Sorte 'Theodor Reimers' im Abstand von 0,40 m, während für alle anderen Sorten ein Rutenabstand von 0,25 m ausreichend ist. 10 cm über dem obersten Draht werden sie eingekürzt (Abb. 135a, b; S. 172). Die Palmette dagegen wird durch schräges bis waagerechtes Anbinden der Ruten an die Drähte gebildet (Abb. 135c; S. 172). An jeden Draht wird nach jeder Seite eine Rute geheftet, deren Länge bei 'Theodor Reimers' 2 m, bei anderen Sorten 1,50 m nicht überschreiten sollte. Zu lange Ruten mindern die Fruchtqualität. Beim Aufbinden müssen bei beiden Erziehungsmethoden gleichzeitig die noch vorhandenen Geiztriebe entfernt werden.

Sommerschnitt

Bereits während des Sommers wächst in der Form von Jungruten aus dem Wurzelstock die Basis des nächstjährigen Ertrages heran. Sie stehen dabei in Konkurrenz, aber auch im Schutz der gleichzeitig fruchtenden vorjährigen Triebe. Um sie vor Beschädigungen, insbesondere vor Windbruch, zu schützen, sollten sie bei der Erziehung am einfachen Drahtrahmen zwischen den Tragruten hochgeführt werden. Wenn es die Zeit erlaubt, können sie auch – zunächst noch ziemlich wahllos – bereits dabei am Draht befestigt werden.

Die Schnittarbeit konzentriert sich auf die Monate Juli und August. Während dieser Zeit müssen die Geiztriebe zwei- bis dreimal entfernt werden (Abb. 137; S. 174). Hierunter sind jene Triebe zu verstehen, die sich aus den Blattachseln der aus dem Wurzelstock hervorgegangenen Jungruten entwickeln. Sie treten dann besonders zahlreich auf und wachsen kräftig, sobald die Ruten über dem obersten Draht entspitzt wurden.

Der Rückschnitt der Geiztriebe kann auf 1 oder 2 Augen oder bis auf die Basisknospe des Triebes erfolgen. Je mehr Augen am Geiztrieb verbleiben, um so höher wird der Ertrag des folgenden Jahres, um so geringer wird aber auch die Fruchtqualität bezüglich der Fruchtgröße ausfallen. Stehen junge Triebe in ausreichender Zahl zur Verfügung, mit denen das Gerüst dicht genug besetzt werden kann, so wird dem Schnitt auf die Basisknospen der Vorzug zu geben sein (Abb. 136; S. 173). Bei einer zu geringen Rutenbildung empfiehlt es

a

b

c

Abb. 138 Die Kiwipflanzen sind »zweihäusig«

a Nur weibliche Pflanzen sind zur Fruchtbildung fähig. Sie sind an den Blüten zu erkennen, die Stempel und Narben besitzen.

b Den männlichen Pflanzen fehlen diese Blütenorgane. Sie besitzen ausschließlich Staubgefäße, die den Blütenstaub zur Befruchtung der weiblichen Blüten liefern.

c Kiwis erreichen unter mitteleuropäischen Klimaverhältnissen oft nur nach dem Vereinzeln der Fruchtbüschel eine ausreichende Fruchtgröße.

sich, zur Ertragssicherung eher auf 2 Augen zu schneiden.
Zum Sommerschnitt zählt auch das Abschneiden der Tragruten kurz über dem Boden nach dem Abernten der letzten Früchte. Zum Schutz der Jungruten vor Wind, Sonne und Winterfrösten sollten allerdings die abgeschnittenen Heckenteile mit dem Laub in der Hecke gelassen und erst im Frühjahr mit der Verrichtung der Frühjahrsarbeiten beseitigt werden.

Frühjahrsschnitt

Einen Winterschnitt sollte es nur in klimatisch besonders begünstigten Lagen geben. In mitteleuropäischen Breitengraden wird daher der Schnitt während der Vegetationsruhe in aller Regel ein Frühjahrsschnitt sein. Das erhöht in erster Linie nach Schadwintern mit strengen Frösten die Möglichkeit der Auswahl von ungeschädigt gebliebenen Ruten. Dabei werden die Triebe, soweit sie nicht im Schutz der alten Ruten am Gerüst überwintert haben, sondern zum Schutz vor Winterfrösten abgelegt und abgedeckt wurden, hochgebunden. Danach folgt für alle Tragruten das Anbinden am endgültigen Platz in der Hecke und das Zurückschneiden auf die richtige Länge. Alle überzähligen Ruten, die nicht bereits während des Sommers entfernt wurden, müssen hierbei ebenso entfernt werden, wie die noch vorhandenen Geiztriebe.

Schnitt und Erziehung der Kulturheidelbeeren

Nur auf extrem sauren Böden können Gartenheidelbeeren kultiviert werden. Das schränkt den Anbau auf wenige Betriebe in Norddeutschland und Bayern mit den entsprechenden Böden und den Hausgarten ein, in dem mehr aus Liebhaberei als des großen Erfolges wegen der Anbau »mal probiert« werden soll.
Der Schnitt ähnelt sehr dem Schnitt der Johannisbeeren. Er ist allerdings weitaus weniger intensiv durchzuführen. Gartenheidelbeeren werden ausschließlich als Büsche erzogen. Sie erfordern außer dem Pflanzschnitt, bei dem ein Rückschnitt der starken Triebe auf 30 bis 40 cm und die Beseitigung zu schwacher Triebe vorgenommen wird, eigentlich erst nach 3 bis 4 Jahren den ersten richtigen Schnitt. Von hier an sind jährlich alle kranken und abgestorbenen Triebe und Äste zu entfernen und zu dicht stehendes Holz zu beseitigen. Mit zunehmendem Alter sollte damit gleichzeitig ein schwaches Verjüngen einhergehen, indem jeweils die älteren Äste herausgenommen werden. Nach 8 bis 10 Jahren können sich auch stärkere Eingriffe in der Form eines Verjüngungsschnittes als nützlich erweisen. Jedoch muß danach mit einer etwa zweijährigen Ertragsminderung gerechnet werden.

Schnitt und Erziehung der Kiwis

Nur in wenigen, vom Klima sehr begünstigten Gebieten Mitteleuropas, wie zum Beispiel an der Deutschen Weinstraße, in Rheinhessen und an der Bergstraße, ist der Anbau von Kiwis möglich. Gemäßigte Winter und eine lange Vegetationszeit sind unverzichtbare Voraussetzungen für den Bestand einer Anlage und das Reifwerden der Früchte.
Die Kiwipflanze gehört zu den wenigen Obstarten, die zweihäusig, also getrenntgeschlechtlich sind. Die Pflanzen haben entweder nur männliche oder ausschließlich weibliche Blüten (Abb. 138a, b; S. 175). Deshalb muß darauf geachtet werden, daß bei der Pflanzung nur weniger Exemplare neben die weiblichen Pflanzen, die alleine zur Fruchtbildung befähigt sind, wenigstens eine männliche Pflanze gesetzt wird. Bei der Pflanzung ganzer Reihen reicht eine männliche Pflanze zur Befruchtung von sechs bis sieben weiblichen Kiwi-Pflanzen aus.
Kiwis sind Schlingpflanzen. Ihre Erziehung erfordert daher ein Gerüst. Es kann freistehend zum Aufbau einer Palmette in den Abmessungen des Brombeergerüstes erstellt werden. Die Höhe sollte dabei aber 2,30 m betra-

gen. Aber auch eine 2 m hohe Pergola mit einem 2 m breiten Abstand der Spaliere kann als Stützgerüst dienen. Für die Palmettenerziehung werden 3, für die Pergola 2 Drähte benötigt. Der Vorteil der Pergola-Erziehung besteht in einer leichten Beschattung durch die Querhölzer und das Laubdach.
An den vorhanden Drähten bzw. auf den Verbindungshölzern oder -drähten der Pergola werden die kräftigen Langtriebe angebunden und dienen als Basis für die Fruchttriebbildung. Die Fruchtbildung selbst erfolgt ausschließlich an einjährigen Kurztrieben. Fruchtholz, das älter als 3 Jahre ist, liefert nur geringe Erträge und kleine Früchte. Es muß daher stets rechtzeitig für eine Erneuerung des Fruchtholzes aus den Hauptästen Sorge getragen werden.
Der günstigste Schnittermin ist das zeitige Frühjahr unmittelbar nach Winterende. Dabei werden nach dem vollendeten Aufbau der Hauptäste alle aus ihnen hervorgehenden starken Jungtriebe, falls überflüssig, entfernt, sonst als künftige Basis für die Fruchttriebererneuerung um ein gutes Drittel eingekürzt. An den Fruchttrieben erfolgt gleichzeitig ein Rückschnitt um mindestens ein Drittel bis höchstens zur Hälfte ihrer Länge. Bei starkem Behang müssen zugunsten einer ausreichenden Fruchtgröße die Früchte im Sommer gelegentlich ausgedünnt werden (Abb. 138c; S. 175).

Literatur

BARTL, A.: Himbeeren – Verschiedene Anlagesysteme und Schnitt. Rh. Monatsschrift 12. S. 457–459, 1976

BAUKMANN, M.: Erfahrungen mit mehrjährigem Kiwianbau. Obstbau 9. S. 271–274, 1977

BOCKSTEDTE, W. und A. HERR: Werkzeuge für den mechanischen Schnitt der Obstgehölze. Obstbau 1 u. 2. S. 4–6, 24–25, 1976

BOCKWOLDT, D.: Erfahrungen mit Pflanzen auf schwacher Unterlage in Schleswig-Holstein. Obstbau 3. S. 65–66, 1976

BÖMECKE, H. und F. ZAHN: Schnittmaßnahmen für die Kirsche. Mitt. Jork 23. S. 95–98, 1968

BÖSSER, N.: Zwetschenanbau in der Pfalz. Obstbau 5. S. 116–118, 1976

ENGEL, G.: Umstellung zu dichter Spindelanlagen. Erwerbsobstbau 3. S. 53–56, 1961

ENGEL, G.: Schnittaufwand und Ertrag von Äpfeln. Obstbau 2. S. 34–36, 1977

ENGEL, G.: Mechanischer Schnitt von Apfelbäumen auf M9 in Dichtpflanzungen. Rh. Monatsschrift 2. S. 40–41, 1977

ENGEL, G.: Sommerschnitt beim Kernobst. Rh. Monatsschrift 7. S. 330, 1983

ESCHENBACHER, H.: Das Nordholländische Anbausystem aus der Sicht eines Praktikers. Obstbau 1. S. 13–14, 1983

FEUCHT, W.: Wachstumsgesetze bei fruchtenden Apfelbäumen. Rh. Monatsschrift 4. S. 164–166, 1980

FEUCHT, W.: Das Obstgehölz. E. Ullmer 1982

FEY, W. und A. G. WIRTH: Der Spindelbusch, 8. Auflage. E. Ullmer, 1954

FRICK, F.: 'Boskop' in Dichtpflanzung (Pillarsystem). Erfahrungen aus der Versuchs- und Beratungstätigkeit. Erwerbsob. 9. S. 135–137, 1973

FRIEDRICH, G.: Der Obstbau. 6. Auflage. Neumann-Neudamm 1970

FRIEDRICH, G. und H. PREUSSE: Obstbau in Wort und Bild. Eine Anleitung für Selbstversorger. Neumann-Neudamm 1970

FUNKE, W.: Wie man durch Ringeln die Blütenbildung bei Obstbäumen erzwingt. Der Garten 5. S. 210–213, 1978

FUNKE, W.: Jetzt ist Zeit für Kronenkorrekturen. Der Garten 7. S. 309–313, 1978

FUNKE, W.: Obstbäume auch für kleine Gärten. Der Garten 10. S. 419–422, 1978

FUNKE, W.: ABC der Obstbaumpflanzung. Der Garten 11. S. 452–456, 1978

FUNKE, W.: Obstbaumschnitt. Der Garten 12. S. 486–489, 1978, 2. S. 52–56, 3. S. 83–85, 4. S. 164–167, 5. S. 217–221, 6. S. 282–285, 7. S. 352–354, 8. S. 396–399, 1979

FUNKE, W.: Brombeeren – Obst mit hohen Qualitäten. Der Garten 4. S. 193–196, 1981

FUNKE, W.: Umveredlung wie sie nicht jeder kennt. Der Garten 9. S. 441–443, 1981

FUNKE, W.: Obstbaumschnitt mit Nebenwirkungen. Der Garten 12. S. 573–576, 1981

FUNKE, W.: Fruchtbarkeit und Wachstum nach Maß. Der Garten 4. S. 156–160, 1982

FUNKE, W.: Sommerschnitt kann Winterschnitt ersetzen. Der Garten 8. S. 362–365, 1982

FUNKE, W.: Baumschere richtig geführt. Der Garten 10. S. 440–443, 1982

FUNKE, W.: Ohne Baumsäge und Wundpflege geht es nicht. Der Garten 1. S. 13–16, 1983

FUNKE, W.: Sortenwechsel durch Obstbaum-Umveredlung. Der Garten 3. S. 86–89, 4. S. 152–156, 5. S. 214–217, 1983

FUNKE, W.: Die Systematik des Obstbaumschnittes und ihre Anwendung für die praktische Schnittarbeit. Baumzeitung 3. S. 68–73, 1983

FUNKE, W.: Die wichtigsten Schnittregeln für Kern-, Stein- und Beerenobst. Top agrar-extra 1. S. 62–66; 68–73, 1983

GÖTZ, G.: Süß- und Sauerkirschen. E. Ulmer 1970

DE HAAS, P. G.: Studien über die Freimachung an 27jährigen Birnen- und Apfelbuschbäumen. Gartenbauwissenschaft 10. S. 611–650, 1937

DE HAAS, P. G. und G. SCHENK: Untersuchungen zum Obstbaumschnitt. Sammelreferat. Gartenbauwissenschaft 30. S. 435–466, 1965

DE HAAS, P. G. und W. HILDEBRANDT: Die Unterlagen und Baumformen des Kern- und Steinobstes. E. Ulmer 1967

DE HAAS, P. G.: Kritische Überlegungen zum Winterschnitt beim Apfel am Beispiel eines 10jährigen Versuchs an Hecken. Gartenbauwissenschaft 40. S. 241–252, 1975

HEIN, K. und E. FULDA: Technische Hilfen in der Obsternte. Landtechnik 16. S. 436–441, 1973

HEIN, K.: Erfahrungen mit der mechanischen Ernte von Sauerkirschen. Erwerbsobstbau 17. S. 4–7, 1975

HILGEFORT, J. und M. TIEMERLING: Die Ausbreitung des Himbeeranbaues in den Kreisen Vechta und Cloppenburg. Obstbau 9. S. 354–356

HILKENBÄUMER, F.: Obstbau, Grundlagen, Anbau und Betrieb. 4. Auflg. P. Parey, Berlin 1964

HILKENBÄUMER, F. und G. ENGEL: Dichtpflanzung mit Kernobst. Erträge, Rentabilität, Pflanzung, Schnitt. Erwerbsobstbau 11. S. 122–143, 1969

HILKENBÄUMER, F.: Schnitt der Obstgehölze, 9. Auflg. Neumann-Neudamm 1973

HILLEBRAND, E. und H. STADTMÜLLER: Eintriebiger Spindelanbau bei Roten Johannisbeeren – erfolgversprechend hinsichtlich Qualität und Rentabilität. Obstbau 6. S. 270–274, 1983

KAETHER, K. E.: Der Einsatz von Elektrosägen beim Baumschnitt, eine Arbeitsstudie. Erwerbsobstbau 10. S. 172–174, 1968

KEIPERT, K.: Beerenobst. E. Ulmer 1981

KEMMER, E.: Die Systematik des Obstbaumschnittes. 10. Merkblatt Institut für Obstbau Univ. Berlin, 5. Auflg. 1948

KÖHNE, J.: Versuche zur Bekämpfung der Stippigkeit. Mitt. Obstbau Tettnang 16. S. 1–2, 1972

KOLBE, W.: Einfluß verschiedener Schnittverfahren und chemischer Triebhemmung im Vergleich zu ungeschnittenen Apfelbäumen auf Ertrag, Fruchtqualität und Krankheitsbefall im Dauerversuch. Erwerbsobstbau 10. S. 246–255, 1983

LIND, K.: Pneumatische Schnittgeräte – Überlegungen vor dem Kauf. Obstbau 11. S. 474–476, 1982

LEMMENS, J. J.: Erfahrungen mit dem Sommerschnitt. Obstbau 7. S. 172–176, 1978

MAURER, K. J.: Schalenobstbau. E. Ulmer 1968

METZNER, R.: Das Schneiden der Obstbäume und Beerensträucher. E. Ulmer, 14. Auflg. 1979

NEIDHARDT, M.: Neue Anbaumethoden bei Süßkirschen, Oppenheim 1976

NEIDHARDT, M.: Tendenzen im Kirschenanbau. Obstbau 4. S. 94–98, 1977

NEIDHARDT, M.: Die Situation des Süßkirschenanbaues. Obstbau 5. S. 168–174, 1980

OBERHOFER, H.,H. MANTINGER und K. WERTH: Obstbau heute. Südtiroler Beratungsring 1968

O'DANIEL, W.: Rationalisierung und Arbeitserleichterung durch Technik im Obstbau. Obstbau 7. S. 283–285, 1979

O'DANIEL, W.: Rationalisierungsmöglichkeiten für die Winterarbeit der Kernobstbauern. Obstbau 6. S. 260–261, 1981

PLOCK, H.: Die Aprikosenkultur und ihre Anbauprobleme. Obstbau 9. S. 268–270, 1977

RÜGER, H.: Erste Eindrücke von extremen Apfeldichtpflanzungen. Obstbau 10. S. 472–478, 1982

SCHALK, A.: Holländische Erfahrungen mit Roten Johannisbeeren und Stachelbeeren. Obstbau 6. S. 170–174, 1977

SAURE, M.: Der Obstbaumschnitt als Eingriff in pflanzliche Regelungsvorgänge. Beitrag zum Verständnis der Schnittwirkungen. Erwerbsobstbau 4, 5. S. 79–83, 113–120, 1981

SCHMID, H.: Veredeln der Obstgehölze. E. Ulmer 1982

SCHMITZ-HÜBSCH, H. und L. FÜRST: Intensivobstbau in Heckenform. E. Ulmer, 3. Auflg. 1962

SCHUMACHER, R.: Die Fruchtbarkeit der Obstgehölze. E. Ulmer, 2. Auflg. 1975

SCHWARZ, K. G. und H. RIMMELE: Der Arbeitszeitaufwand für die Kultur verschiedener Obstarten und -sorten. Obstbau 11. S. 347–350, 1978

SCOTTI, P.: Nordholländischer Schnitt auch im Rheinland? Rh. Monatsschrift 1. S. 8–10, 1980

SCOTTI, P.: Optimale Schnittermine. Rh. Monatsschrift 12. S. 418, 1975

SCOTTI, P.: Apfel-Dichtpflanzungen – was ist zu beachten? Rh. Monatsschrift 12. S. 457–459, 1976

SCOTTI, P.: Erziehung junger Apfel-Intensivanlagen im Meckenheimer Raum – Schwerpunkt Schnitt. Obstbau 11. S. 511–513, 1982

SEBBEL, H.: Cox auf der Unterlage M9. Obstbau 1. S. 8–12, 1983

SEIPP, P.: Kultursysteme im Himbeeranbau. Obstbau 8. S. 334–335, 1981

SILBEREISEN, R.: Apfelsorten. Marktsorten, Neuheiten, Mostäpfel. E. Ulmer 1980

V. SOOSTEN, R.: Der Schnitt der Schlanken Spindel aus der Sicht des Praktikers. Obstbau 2. S. 35–43, 1976

V. SOOSTEN, R.: Himbeeren – eine interessante Kultur? Obstbau 4. S. 97–100, 1976

STADTMÜLLER, H.: Neue Maßnahmen im Johannisbeeranbau. Rh. Monatsschrift 11. S. 518–519, 1981

UTERMARK, H.: Sommerschnitt. Mitt. Jork 1972, 1973, 1976

UTERMARK, H.: Sommerschnitt bei Äpfeln bringt viele Vorteile. Erwerbsobstbau 8. 122–123, 1976

VAN DE VRIE, C.: Profilschnitt ... nähere Untersuchungen wert. Obstbau 3. S. 68–70, 1978

WEBER, H.-J.: Johannisbeeren – eine interessante Kultur? Obstbau 7. S. 325–326, 1983

WIDMER, A. und W. RIESEN: Anbautechnik. Obstbau 2. S. 61–62, 1983

WINTER, F.: Welche Kulturmaßnahmen sind besonders geeignet, die Wirtschaftlichkeit des Apfelanbaues zu verbessern? Obstbau 3. S. 72–80, 1980

WINTER, F., H. JANSEN, W. KENNEL, H. LINK und R. SILBEREISEN: Lucas' Anleitung zum Obstbau. E. Ulmer, 30. Auflg., 1981

WINTER, F.: Zur Frage des zweckmäßigsten Anbausystems beim Apfel. Obstbau 5. S. 212–220, 1983

WIRTH, A., T. MELI und W. ZBINDEN: Der neuzeitliche Kirschenanbau. Eidgen. Forschungsanstalt für Obst-, Wein- und Gartenbau Wädenswil, 1974

WIRTH, A. und W. ZBINDEN: Erfahrungen bei der Erziehung von Süßkirschenhecken mit verschiedenen Sorten. Schweiz. Zeitschrift für Obst- und Weinbau 4. S. 91–98, 1978

ZAHN, F. G.: Ausschneiden, eine Möglichkeit der Behandlung von Gummifluß und Nekrosen bei Süßkirschen. Mitt. Jork 26. S. 205–208, 1971

Register

Zahlen in Fettdruck bedeuten Hauptverweis

Register

Praktische Helfer bei der Gartenarbeit

BLV Gartenberater

Martin Stangl

Freude und Erfolg im eigenen Obstgarten

Der Gartenexperte Martin Stangl informiert vollständig über den erfolgreichen Anbau von Kernobst-, Steinobst- und Beerenobstarten sowie von Nüssen. Vermittelt wird das Grundwissen des Obstanbaus für »Einsteiger« sowie fundiertes Praxiswissen für Profi-Ansprüche. Ein gesondertes Kapitel widmet sich dem Pflanzenschutz. Übersichtlich und anschaulich sind die vielen Farb- und Schwarzweiß-Fotos, Grafiken und Tabellen sowie der monatliche Arbeitskalender.

207 Seiten, 141 Farbfotos, 42 s/w-Fotos, 24 Zeichnungen

Martin Stangl

Mein Hobby der Garten

Martin Stangl vermittelt aus praktischer Erfahrung alles, was an Fachwissen gebraucht wird, damit das Gärtnern »Hobby« bleibt. Die Fülle der Tips und Hinweise reicht von der Einrichtung des Gartens und Gerätekunde über Einjahresblumen, Zwiebel- und Knollenpflanzen, Stauden, Rosen, Ziergehölze, Rasen, Obst, Busch, Hecke, Spalier bis hin zu Beerenobst, Gemüsebau, Kräutern und Gewürzen.

8. Auflage, 263 Seiten, 296 Farbfotos, 36 farbige Zeichnungen mit 88 Einzeldarstellungen, 3 farbige Pläne

BLV Garten- und Blumenpraxis 351

Peter Klock

Veredeln leicht gemacht

Einem Gärtner, der die Techniken des Veredelns beherrscht, öffnen sich viele Möglichkeiten seinen Garten zu bereichern. Praxisnah und leicht nachvollziehbar erklärt der Autor den handwerklichen Ablauf. Im Mittelpunkt steht die Veredelung des heimischen Obstes sowie von Ziergehölzen, Kübelpflanzen und Topfobst. Die gebräuchlichsten Veredelungsarten sind mit detaillierten Arbeitsfoto-Serien und Zeichnungen illustriert.

127 Seiten, 87 Farbfotos, 25 zweifarbige Zeichnungen

BLV Garten- und Blumenpraxis 306

Helmut Loose

Obstbaumschnitt

Wie man mit einfach erlernbaren und naturgemäßen Schnittmaßnahmen für Kern-, Stein- und Beerenobst bessere Ernteergebnisse erzielt und den biologischen Wert des Obstes wesentlich steigern kann, wird hier praxisnah erklärt und auf vielen Fotos und Zeichnungen gezeigt. Der Hobby-Gärtner erfährt alles über Sommerschnitt, Verjüngungsschnitt, Wundbehandlung und lernt die 10 goldenen Regeln des Obstbaumschnittes kennen.

6. Auflage, 127 Seiten, 61 Farbfotos, 41 s/w-Fotos, 64 farbige Zeichnungen

In unserem Verlagsprogramm finden Sie Bücher zu folgenden Sachgebieten:

Garten und Zimmerpflanzen · Natur · Angeln, Jagd, Waffen · Sport und Fitness · Pferde und Reiten · Wandern und Alpinismus · Auto und Motorrad · Essen und Trinken · Gesundheit.

Wünschen Sie Informationen, so schreiben Sie bitte an:
BLV Verlagsgesellschaft mbH, Postfach 40 03 20, 8000 München 40.

BLV Verlagsgesellschaft München